国家社会科学基金艺术学一般项目资
湖南省传媒与文化传播研究生培养创新应

我国文化资源的资本转换路径及政策选择研究

王文锋　杨　珊　吴旖旎 ◎ 著

Research on the Capital
CONVERSION
Path and Policy Choice of China's
Cultural Resources

中国财经出版传媒集团

图书在版编目（CIP）数据

我国文化资源的资本转换路径及政策选择研究/王文锋，杨珊，吴旖旎著. --北京：经济科学出版社，2022.12

ISBN 978-7-5218-4447-4

Ⅰ.①我… Ⅱ.①王…②杨…③吴… Ⅲ.①文化产业-产业发展-研究-中国 Ⅳ.①G124

中国国家版本馆 CIP 数据核字（2023）第 012326 号

责任编辑：于 源 陈 晨
责任校对：蒋子明
责任印制：范 艳

我国文化资源的资本转换路径及政策选择研究

王文锋 杨 珊 吴旖旎 著

经济科学出版社出版、发行 新华书店经销

社址：北京市海淀区阜成路甲 28 号 邮编：100142

总编部电话：010-88191217 发行部电话：010-88191522

网址：www.esp.com.cn

电子邮箱：esp@esp.com.cn

天猫网店：经济科学出版社旗舰店

网址：http://jjkxcbs.tmall.com

北京密兴印刷有限公司印装

710×1000 16 开 15.75 印张 267000 字

2022 年 12 月第 1 版 2022 年 12 月第 1 次印刷

ISBN 978-7-5218-4447-4 定价：72.00 元

（图书出现印装问题，本社负责调换。电话：010-88191545）

▶序 言◀

当今之世界，正处于百年未有之大变局；当今之中国，正处于中华民族伟大复兴之关键。应对世界百年未有之大变局，文化是重要软实力；实现中华民族伟大复兴，文化是重要力量源泉。着眼建成文化强国远景目标，2022年8月，中共中央办公厅、国务院办公厅印发《“十四五”文化发展规划》，全面推进社会主义文化强国建设。2021年5月，文化和旅游部印发《“十四五”文化产业发展规划》，推动文化产业高质量发展，为社会主义文化强国建设奠定坚实基础。发展文化产业是满足人民多样化、高品位文化需求的重要基础，也是激发文化创造活力、推进文化强国建设的必然要求。

文化资源是文化产业发展基础，但文化资源优势不等于文化产业优势，文化资源只有转换为文化资本才能发挥文化的潜在价值和获得经济价值，才能形成文化的产业化发展。文化资本是文化产业的核心，文化产业实际是通过文化资本的投入、转型生产和运营的产业①。文化产业的发展与文化的资本化或文化资源的转换是一体两面的过程，是相互作用的过程和结果。

我国是一个文化资源大国，探讨如何将文化资源优势转变为文化资本优势，实现文化产业强国的转变，其意义在于：首先，对文化资源的资本转换路径及政策选择研究，为文化资源开发与利用的研究开辟了新的视野和路径，丰富和拓展了文化生产理论，推动对传统文化研究的创新发展，具有较强的理论价值；其次，对文化资源资本转换能力的评估以及相应资源配置模式选择的研究，不仅可以为政府合理安排文化资源转换项目提供决策依据，为文化资源开发与传承的矛盾解决提供可行的思路，而且可以指导文化资源转换项目选择合适的投资开发主体，对文化资源优化配置与可持续利用具有现实指导意义。

本书遵循理论研究与应用研究相结合的原则，坚持问题导向，从“资源—资产—资本”三位一体资源管理的视角，围绕“文化资源如何转换为

---

① 牛宏宝. 文化资本与文化（创意）产业［J］. 中国人民大学学报，2010（1）：145－153.

文化资本”这一核心命题逐步展开研究，并提出政策建议。

本书主要的建树，一是剖析文化资源资本转换的过程及其机理。成果分析了文化资源的挖掘、价值再生与转化过程，即文化资源的资源化过程、资产化过程以及资本化过程，深入研究了我国文化资源挖掘与价值实现的资本转换机理。二是建构了文化资源资本转换能力及其评价体系。不同区域、不同类型的文化资源，其资本转换能力是不一样的。成果基于影响文化资源资本转换能力的主要因素，构建了包含资源化能力、资源资产化能力、资产资本化能力三个基本维度的多层次、多指标的文化资源资本转化能力评价指标体系。三是研究了文化资源资本转换的资源配置模式选择。成果基于文化资源配置理论，归纳总结了文化资源资本转换的三种基本资源配置模式，即以政府为主导的计划配置模式、以市场为主导的市场配置模式以及由两者不同程度组合的混合配置模式。

研究的主要特色在于文化资源资本转换理论框架的构建。成果基于“资源—资产—资本”三资一体资源管理观，提出包含资源化、资产化、资本化三个过程的文化资源资本转换路径，并分析转换过程中文化资源的属性转化与价值转化及其相互关系，提出基于转换过程机理、转换能力评价、转换模式选择的文化资源资本转换理论分析框架。

研究可能的创新，一是研究视角的创新。成果从“资源—资产—资本”的视角研究文化资源到文化资本的转换，为文化资源开发与利用的研究开辟了新的视野和路径。二是理论观点的创新。成果通过规范的逻辑推演分析，建构文化资源资本转换理论框架，阐明文化资源的资源化、资产化和资本化的转换过程及内在机理，在文化资源开发利用理论、文化产业管理理论上有所创新和扩展。三是研究方法的创新。成果综合文化学、资源科学、经济计量学、管理运筹学、人文地理学等多学科交叉知识，运用文献分析法、归纳与演绎相结合的方法、定性与定量相结合的方法对文化资源资本转换路径及其政策选择进行了研究。

研究存在的不足，主要在于不同类型、不同区域的文化资源，其资本转换能力并不相同，资源配置模式也有很大区别，因此应该选取更多更典型的样本，对区域文化的资源化类型与方向、资产化价值评估、资本化价值评估以及资本转换能力和资源配置主导模式开展实证研究。

未来尚需深入研究的问题，一是文化资源的价值评估与产权界定是文化资源资本转换的前提和基础，但由于文化资源本身的复杂性与不可量化性，需要进一步探讨文化资源价值评估及产权界定的方法，进一步完善理论框架。二是影响文化资源资本转换能力的因素有很多，而且大多是模糊概念，需要进一步探索更为科学有效的评价体系和评价方法，以期对不同区域、不同类型的文化资源进行因地制宜的科学评价。

是为自序！

王文锋
2022年8月18日

▶目　录◀

第一章　资本转换：文化资源大国迈向文化产业强国 …………… 1

一、文化资源资本转换的主要价值…………………………………… 1
二、文化资源资本转换存在的主要问题……………………………… 5
三、有关文化资源资本转换的研究综述……………………………… 9
四、主要研究思路及主要内容 ……………………………………… 12
小结 …………………………………………………………………… 15

第二章　文化资源的资本转换：理论基础与分析框架………… 17

一、相关概念界定及理论基础 ……………………………………… 17
二、文化资源的价值内涵 …………………………………………… 34
三、文化资源的价值属性 …………………………………………… 36
四、文化资源资本转换的理论分析框架 …………………………… 38
小结 …………………………………………………………………… 43

第三章　文化资源的资本转换过程及其机理 ………………… 45

一、资源化过程：文化资源的挖掘 ………………………………… 45
二、资产化过程：文化资源的价值再生 …………………………… 54
三、资本化过程：文化资源的资本转化 …………………………… 64
四、文化授权：文化资源价值多元开发的实现 …………………… 72
小结 …………………………………………………………………… 80

第四章　文化资源的资本转换能力及其评价模型 …………… 81

一、文化资源资本转换能力的影响因素 …………………………… 81
二、文化资源资本转换能力评价指标体系构建 …………………… 98
三、文化资源资本转换能力的综合评价…………………………… 111

小结……………………………………………………………………………… 121

第五章　文化资源资本转换的资源配置模式选择 ……………………… 122

一、文化资源配置理论…………………………………………………… 122
二、文化资源配置的三种基本模式……………………………………… 127
三、文化资源资本转换的交易费用……………………………………… 131
四、模式选择：基于 Heckman 两阶段计量模型 ……………………… 140
五、实证分析……………………………………………………………… 144
小结……………………………………………………………………………… 177

第六章　文化资源资本转换的风险分担机制及政策选择 ……… 178

一、文化资源资本转换的风险分担机制………………………………… 178
二、促进文化资源资本转换的政策选择………………………………… 193
小结……………………………………………………………………………… 208

主要参考文献…………………………………………………………………… 209
附录……………………………………………………………………………… 218
后记……………………………………………………………………………… 242

第一章　资本转换：文化资源大国迈向文化产业强国

文化资源的资本转换，简言之，是指文化资源向文化资本的转换。中华文化源远流长、灿烂辉煌。在5000多年历史长河中，各族人民的思想文化彼此交流、交锋、交融，积淀了非常丰富的中华传统文化资源。有学者指出“人类发展过程中所创造的一切含有文化意味的文明成果以及承载着一定文化意义的活动、物件、事件以及一些名人、名城等，我们都把其认为是某种形式的文化资源”①。站在新的历史时代，面临百年未有之大变局，传承和发展中华民族优秀文化，大力开发利用中华文化资源，对传承中华文脉、全面提升人民群众文化素养、维护国家文化安全、增强国家文化软实力、建设社会主义文化强国，具有重要的战略和现实意义②。由此，在文化资源的产业化开发上，如何实现文化资源大国向文化产业强国的转变，如何将具有五千多年文明史的文化资源优势转变为文化资本优势，成为当前我国文化和经济发展面临的重要命题，而这一命题的核心就是文化资源如何向文化资本转换。

一、文化资源资本转换的主要价值

推进文化资源向文化资本的转化，实现文化资源大国向文化产业强国的转变，对全面建成小康社会，实现富强民主文明和谐美丽的社会主义现代化强国梦具有重要的理论和实践价值。

---

① 施炎平. 从文化资源到文化资本——传统文化的价值重建与再创［J］. 探索与争鸣，2007（6）：50-54.

② 中共中央办公厅、国务院办公厅印发《关于实施中华优秀传统文化传承发展工程的意见》［N］. 人民日报，2017-01-06.

（一）理论价值

1. 提供文化资源研究的新视角

我国是一个丰富的文化资源大国，中华文化源远流长，历久弥新，是中华民族宝贵的财富。但是文化资源不等于文化产品，文化资源优势也未必能转化成文化产业发展的优势，要想提升我国的文化产业发展，就要积极促进文化资源向文化资本转换。近年来，诸多学者从产业经济学、社会学、文化学等不同理论视角展开研究，而本书从资源资本化的理论视角，引入“资源—资产—资本”三位一体资源管理模式进行相关研究。“资源—资产—资本”三位一体资源观是以产权管理为核心，数量、质量、生态一体化，资源、环境、社会一体化，实现产业链整体繁荣，促进产业可持续发展的新型资源管理模式①。从资源资本化的理论视角研究文化资源到文化资本的转换，为文化资源开发与利用的研究开辟了新的视野和路径，丰富和拓展了文化资源理论研究。

2. 拓宽文化生产的理论内涵

在不同的历史时期和不同的社会形态，文化生产表现出不同的生产方式、生产形态和生产特征。在文化艺术发展史上，长期以来，人们认为文化及文化生产只是一种具有独特审美价值的精神生产，是一种纯粹的非功利性的活动，创造的是精神财富。这样的文化艺术观把文化与经济对立起来，直到马克思提出艺术生产理论。马克思认为艺术是受生产普遍规律支配的特殊的生产形态，艺术生产者通过艺术生产可以获取一定的利润和促进资本的增值。自20世纪90年代以来，随着人们文化消费需求增加、文化市场的兴起以及现代科技的发展，文化艺术生产方式和运作模式开始逐步发生变化，市场主导的资本化运作逐步渗透其中。至此，文化资源作为生产要素不断转换成文化资本，促进物质财富和精神财富不断扩展。正如李涛（2007）所言“文化资本通过资本把文化与经济串联起来，使人们清楚地认识到文化也是一种象征性的经济，这对于历史上‘文不经商、士不理财’那种偏激的认识和思维，无疑是个全新的反拨，也为考察文化生产和文化发展提供了新的视角”，作为文化与经济互动的产物，文化资本拓宽了文化生产的内涵，催生了新的文化与经济形态。加强文化资源向文化资本

---

① 付英．论矿产资源、资产、资本一体化管理新机制［J］．中国国土资源经济，2011（4）：4-8.

转换的内在机理和路径研究，无疑为文化生产和文化发展提供了新的理论视野。

3. 推动传统文化研究创新发展

习近平同志指出："要加强对中华优秀传统文化的挖掘和阐发，使中华民族最基本的文化基因与当代文化相适应、与现代社会相协调，把跨越时空、超越国界、富有永恒魅力、具有当代价值的文化精神弘扬起来。"① 如何把丰裕的中国传统文化遗产转化为现代文明建设的生产力，弘扬中华优秀传统文化、推动中华文化创新发展，既是历史和现实的迫切需求，也是传统文化研究面临的新任务、新课题。首先，通过对传统文化资源的挖掘和整理，传统文化研究实现由以前侧重知识性整理和学科化建构向重在传统文化精神特质和价值意义发现的转向。其次，随着人们对美好精神文化生活的不断向往，普通公众渴望走进中华文化，愿意为文化衍生品买单，传统文化研究从学院派、精英式学问风格转向大众化、民间性的文化活动②。最后，随着科学技术和创意表现对文化产业的影响日益加深，传统文化研究视野由文化资源本身扩展至文化传播技术、渠道和话语方式等外衍领域。总之，传统文化资源向文化资本转换的研究，促使传统文化研究对象从物质领域拓展到非物质领域，研究范围从文化特质禀赋到文化价值，从文化产品到文化产业，从文化本体研究到技术与渠道研究，理论视角更为开放和整体化。

（二）实践价值

1. 深化文化产业体制改革，实现高质量发展

推动文化资源向文化资本的转换，必然要求改革与之相悖的一些文化体制机制，深化文化产业体制改革，为文化资源的资本转换提供制度保障，不断激活文化产业发展活力，不断创造出新的文化资本。党的十八大以来，我国文化体制改革开始进入"深水区"，文化产业体制改革不断深入。特别是 2019 年，党的十九届四中全会提出"完善以高质量发展为导向的文化经济政策"，2020 年，党的十九届五中全会强调"深化文化体制改革，完善文化产业规划和政策，加强文化市场体系建设，扩大优质文化产品供给"，2021 年，文化和旅游部、国家开发银行发布了《关于进一步加大开发性金

① 习近平在哲学社会科学工作座谈会上的讲话［N］. 人民日报，2016－05－19.

② 施炎平. 从文化资源到文化资本——传统文化的价值重建与再创［J］. 探索与争鸣，2007（6）：50－54.

融支持文化产业和旅游产业高质量发展的意见》，提出做好融资规划和资金支持工作，为各级文化部门和企业提供综合性金融服务等。这一系列推动文化改革发展的经济政策，为深化新一轮文化体制改革、引导社会资本参与文化产业发展提供政策支持。在相关政策的推动下，文化产业不断冲破不合时宜的文化体制桎梏，在深入挖掘文化资源特色的基础上激发文化资源资本转换潜能，使其能够以文化产品、文化精神财富等形式在市场上流通，解放和发展了文化生产力，实现提升我国文化软实力、经济增长质量和人民文化幸福感的高质量发展。

2. 完善文化产业供给侧结构，推动经济增长方式转变

推进文化产业供给侧结构性改革是落实新时代党中央总体战略布局的重大举措，是建设社会主义文化强国的必由之路，也是促进文化经济增长方式转变的重要力量。文化资源的资本转换属于文化产业供给侧的范畴，通过对技术、资本、劳动力等生产资源要素供给侧的结构性改革，政府、企业、社会等相关供给侧主体的联动推进，改变不合理的产业供给结构，形成文化资源向文化资本的良性转换。目前我国文化产业供给侧结构性矛盾主要表现在产品结构、产业结构、区域结构等系列结构性问题，通过优化资源要素的配置效率，促进资源要素在不同领域的合理流动，实现文化产品的供给与需求相匹配、新型文化业态和传统类文化业态结构的平衡发展以及文化产业东部、中部、西部区域的均衡发展，推动文化产业逐渐向规模化和集群化发展，实现由主要依靠大规模投资、大量资源消耗的粗放式增长向主要依靠生产要素配置和使用效率提高、科技进步、劳动者素质提升、管理创新的集约型经济增长方式转变。

3. 强化国际文化竞争力，提升中国文化软实力

文化资源向文化资本的转化，需要开发可资源化的文化资源，生产具有国际文化竞争力的文化产品，打造文化特色，提高文化产品附加值，不断增加文化资本。党的十八大以来，按照党中央全面深化改革的总体部署，坚定文化自信，增强文化自觉，通过对外文化交流、对外文化贸易、对外文化投资，充分挖掘中华优秀传统文化资源，大力推进中华文化“走出去”，提升中华文化国际影响力和竞争力。美国哈佛大学教授约瑟夫·奈将一个国家的综合国力分为硬实力与软实力两种形态。硬实力一般由国家的基本资源（如人口、国土面积、自然资源）、经济力量、科技力量以及军事力量等组成，而软实力一般通过文化、意识形态吸引力体现出来。中国文化产业则属于文化软实力的重要组成部分。具有国际市场竞争力的中国文化产业，可以"讲好中国故事，传播中国好声音"，推动中华优秀传统文化走向世界，增强国家文化软实力。

二、文化资源资本转换存在的主要问题

文化资源通过产业开发形成现实的文化生产力，并通过资本化形成文化商品和服务，对推动文化产业转型和高质量发展具有非常重要的作用。近年来，随着我国文化产业的发展，文化资源的保护与开发利用成效显著，但无论在相关主体的思想观念、制度建设等主观方面，还是在经济基础、技术发展等客观方面，文化资源资本转换都还存在诸多问题。

（一）文化资源开发思想观念陈旧

思想观念指相关主体对文化资源产业开发的主观认知问题，这种认知程度直接影响文化资源产业开发的广度和深度。我国文化资源数量庞大，地域分布广泛，而地域经济社会发展状况不同，文化资源的保护和开发的意识与水平也存在差异。目前，我国文化资源保护与开发理念相对落后，许多地方依然存在重开发轻保护的思想，严重阻碍文化资源产业开发。

一方面，在开发利用上存在盲目开发、无序开发的乱象。我国文化资源丰富，但是从被开发角度来说，并不是所有的文化资源都适合开发。有的文化资源可产业开发，有的则不宜开发而需保护传承。前者在市场和开发方面显然更具优势，而后者比如宗教文化类资源等，其市场转化难度较大①。冯骥才曾说："文化再创造没错，盲目开发就有错。"文化资源的开发不能只顾眼前，要有长远的发展理念和前瞻眼光，着眼区域社会经济发展大局，突出区域文化资源特色，对当地文化资源开发与利用进行整体谋划和布局。由于对文化资源缺乏系统性的认知理解，文化资源的开发过程也没有开展科学评估，开发方式简单粗暴，采取"大水漫灌"盲目开发的方式，一些具有强烈民族文化特征的民俗习俗被随意篡改，不仅可能不可逆转地损害潜质极好的文化资源，而且不利于文化资源开发的可持续发展。

另一方面，诸多文化资源并未得到应有的保护与挖掘。文化资源是实现文化资本转化的必要条件，对文化资源的保护与挖掘是资源转化的前提与基础。徐望（2017）提出，文化资源具有一定的共享性和流动性，若不

---

① 徐望．建构新的文化资源观［J］．中国国情国力，2017（12）：13－16.

能对其进行有效的保护，极易造成文化资源的流失。由于文化特质禀赋的差异性，文化资源的开发应建立在文化资源的深度挖掘上，需要确立“点面观”，在把握文化开发总体性规律的同时深挖本地文化资源的特质禀赋，寻找其独特性，并建立与之相匹配的开发模式。而在当前的具体实践中，缺少系统化梳理和科学化评估，包括对文化资源的外在品相和内在底蕴的挖掘、梳理和评估，对其特殊性的理解不够深入，未能有针对性地挖掘文化价值。由于对开发利用方式的多样性认知不够，导致文化资源的开发利用方式单一，产业结构同质化，特色不突出，产业开发呈现严重内卷，进而影响文化资源开发利用的可持续发展。

（二）文化资源资本转换技术水平较低

文化资源转化为文化资本的过程也就是文化资源的资本化过程，即各种可开发的文化资源转化为可以增值的文化资本，并赋予其资本属性的过程。文化资源的资本化以文化资源保护为基础，以生产文化产品和发展文化产业的形式实现文化资源向文化资本的转化，本质上是文化资源不断开发利用的过程。然而，文化资源的开发利用不仅需要引入必要的现代工业技术，也需要统筹应用现代运营管理技术，目前不管是文化资源的可资源化，还是文化产品化、产业化阶段，现代化技术应用水平整体还比较低。

首先，原生态文化可资源化现代技术含量不高。原生态文化是历史上形成的最初始的、最质朴的没有经过加工的文化发展状态①。它具有资源属性，可以被开发出来作为生产要素进入文化再生产，形成文化产品或服务，实现文化资本的价值增值。对原生态文化进行资源开发利用，除了要求其本身具有资源价值性外，还需要具备资源开发的技术和经济可行性。从技术上来讲，就是需要通过收集、整理、修复、重组等多种文化挖掘的可资源化技术手段，将未开发的处于自然状态的各种有形或无形的原生态文化资源开发形成具有使用价值的文化资源，比如对古迹遗址、人文景观的修复与再造等。目前，虽然已经有3D虚拟现实技术、网络技术对古迹、古物等进行虚拟仿真复原，微钻阻力仪、地质雷达、红外热成像仪等现代技术设备对古树、古建筑、文物等进行科学仪器的定量检测，无损检测精度有了很大提高，但整体而言现代技术对原生态文化可资源化的应用无论广度

---

① 吴仕民．原生态文化摭谈——兼谈少数民族传统文化的保护与发展［J］．西南民族大学学报（人文社科版），2006（11）：1-4.

还是深度都还有很大的提升空间。

其次，文化产品开发的创新性与科技性不足。在文化资源向文化产品转化的过程中，部分地区的资源利用方式比较单一且落后，缺乏创新性和吸引力，较少将高新科技融入文化资源的挖掘、文化产品的生产和文化产业的发展中，难以适应高速发展的文化经济市场。一是部分地区的资源转化方式单一，仅限于对文化现象进行复原，缺乏创意性表现。二是部分地区尝试文化展演活动、文化创意产业园等创意性开发方式，但效果欠佳，陷入同质化和空洞化的陷阱。本应充满创意元素的创意产业园中空有文化园的“表”，而没有创意内容的“里”，不仅浪费建设资源，也亵渎了文化资源，导致文化生产变质①。三是部分地区尝试对文化资源进行创新性再创造，但存在低俗化和娱乐化趋势，隐含着偷换价值观的问题，改变了文化资源原有的价值属性。如闫玉刚（2021）所描述的“比基尼京剧”和“美女人体粽”等为吸引眼球而污染文化资源的现象，以及将红色故事抽离原有历史背景并与其他故事相拼凑，改变其内涵的戏说红色经典，解构了文化资源的内涵和艺术性。还有，一些民族文化资源长期以来都是依赖传统民族文化和手工技艺开发文创产品，这固然有其原生态的、纯手工的民族文化特色，也是有其存在和传承保护的必要，但随着时代和科技的发展，一些文创产品需要规模化生产，满足大众文化需求，就需要引入现代高新技术，打造既体现民族文化特色又具有现代工业水平的文化产品。目前我国文化资源转化中较少融入高新技术，在文化价值挖掘阶段，运用科技设备和手段进行文物修复、资源保存，以及使用数据库和物联网进行资源梳理和汇总的方式尚未普及，许多地区仍采用低效率的传统手段进行资源整理和保护。在资源开发过程中，较少使用虚拟现实技术（VR）、云网输出等高新技术手段进行内容呈现，较少通过 H5、动漫等形式将文化宣传融入新媒体平台，难以借用互联网的传播力和影响力进行文化宣传，未能将物联网、人工智能等技术的红利转移到文化产业中来。没有技术的加持，创意的落地受到限制，趣味性和吸引力难打造，难以将文化产品真正融入互联网场域，从而限制了文化资源的资本化进程。

最后，文化产业运营开发模式不完善。技术的支撑不仅体现在文化资源的开发和文化产品的生产制造技术上，还表现在整个文化产业运营开发的管理技术方面。可以说，文化资源开发利用的整个产业链条是一个复杂

---

① 徐望．建构新的文化资源观［J］．中国国情国力，2017（12）：13－16.

的系统工程，需要现代管理技术统筹管理，从创意研发到生产制造、营销传播以及资本运作等都需要现代管理技术和手段的支撑。我国许多文化资源的开发模式相对老旧且单一，大多数小微企业还停留在手工小作坊阶段，文化产业运营模式尚不完善，难以实现从文化资源优势到文化产业优势的转化。另外，我国诸多具有独特区域文化特色的地区，文化产业集群化发展水平较低，没有将具有当地文化特色的文化产品生产优势转化为产业开发优势。放眼国外文化市场，迪士尼等文化品牌不仅在挖掘自身特质、确立品牌调性的基础上打造了特有知识产权（IP）和品牌形象，还通过动漫周边、游乐园等附加产业形成完善的产业链，为其文化产品赋予了丰厚的附加值。这为我国文化产品和文化产业发展提供了很好的借鉴。整体来说，我国文化产业中"文化+"的业态新格局尚未成型，文化产品的收益来源单一，文化产业的优势尚未凸显。

（三）文化资源资本转换金融支撑较弱

金融是现代经济发展运行的"血液"，是推动文化产业高质量发展的重要驱动力。文化产业具有轻资产、长周期、高风险的投资特点，一般很难获得金融投资机构的青睐，融资难、融资贵的顽疾依然存在。首先，金融机构提供文化信贷产品动力不足。文化产业多为中小微企业，特别是文化资源产业开发初期往往起点低、发展慢、规模小、盈利低，属于典型的弱势产业，而且文化企业拥有的多是著作权、商标权、专利权等无形资产，与金融机构大多要求固定资产或实物资产等抵押相冲突，信用保障弱，再加上整个文化市场发育也还不很成熟，金融机构介入的风险较大，提供并创新金融产品和服务的积极性不高。其次，与中小微文化企业特别是民营企业难以获得金融支持不同的是，部分国有文化企业与金融资本主动对接不够。与其他产业不同，文化产业具有政治属性和经济属性两重属性，对非公有资本的进入有比较严格的限制。一些国有大中型文化企业占据大量的国有资源，尽管金融机构给他们融资提供各种便利和优惠，但这些实力雄厚的国有文化企业并没有太大的贷款需求，也就很难借助金融资本的力量做大做强。最后，文化资源开发与资本市场对接不够。文化企业的融资渠道主要有企业自筹、银行信贷、证券资本市场、财政资金、产业基金等，其中证券资本市场是现代文化金融体系的基础，可以提高财政资金、产业基金等资金使用效率，引导社会资本向重点文化企业聚集，促进多层次、多元化、多渠道的文化金融服务体系的构建。但目前我国文化市场资源配置机制没有理顺，知识产权、人力资本等要素市场没有建立，市场资源无法得到有效配置，严重制约文化资源开发对接资本市场的发展。

（四）文化资源资本转换制度建设滞后

制度经济学认为，经济有效的制度可以为科学有效的经济决策提供制度支持，降低交易中产生的实施成本和摩擦成本等交易成本，实现交易收益最大化。文化资源资本转换中存在的制度性建设滞后主要表现在两个方面。一是制度层面上缺乏有效的战略指导，与优势文化资源匹配不当。比如相关层面的政府是否出台指导、支持和规范当地文化资源开发利用的法规性文件或制度，是否贯彻落实上级政府部门的有关战略部署等。还有，一些地区本身民族文化资源非常丰富，但在产业布局上不是整合民族文化资源，突出民族特色，而是重点向高新技术为主导的创意产业倾斜，从而导致优势的民族文化资源因缺乏有效的政策指导和扶持而日渐式微，而所谓的高新技术产业因本身区域经济基础薄弱和市场发育不良以及高新技术人才严重匮乏，以致根本不具备发展的竞争优势。二是制度层面的服务保障与文化资源资本转换需求不对等。文化资源的资本转换离不开健全的文化市场体系，而后者的建设又依赖于良好的制度环境提供服务保障。这种制度层面的服务保障主要包括区域内的文化服务能力、交通保障条件以及中介文化服务机构参与等的相关政策法规建设。只有针对区域文化资源产业开发及资本转换的需求，因地制宜，有针对性推出适合本地文化资源开发利用和文化市场培育的政策法规，才能在制度层面为区域文化资源的开发利用及资本转换提供服务保障。

三、有关文化资源资本转换的研究综述

（一）国内相关研究

随着2000年党的十五届五中全会正式提出“文化产业”以来，文化产业迅速发展，成为20多年来我国发展速度最快的产业之一。与此同时，有关文化产业发展的理论研究也日益丰富起来，特别是随着产业的纵深发展，如何盘活文化资源，促进文化资源向文化资本的转化研究日渐增多。综合而言，已有相关研究主要围绕产业逻辑与非产业逻辑两个维度展开。

从产业逻辑来看，主流的研究视角是从产业经济学出发，聚焦“文化

资源的产业化开发”，侧重文化产业背后的产业逻辑和经济属性，如吕庆华（2005）、董雪梅（2008）、刘丽娟（2013）、孙克（2013）、苏慧和周鸿（2013）、王秀伟和汤书昆（2015）等。这些研究普遍认为，要实现文化资源向文化资本的转化应以（文化）资源为基础，将所有可产业化发展的文化资源，通过市场化运作，实现文化资源的优化配置和再生产，最大限度地发挥文化资源的经济价值和社会价值，让文化资源优势转变成为文化资本。徐艳芳（2011）认为，如果文化资源不进入生产以及消费层面，文化资源优势实则是一种静止的、未转换的、潜在的优势。只有将文化产业资源中的诸多要素，如可产业化的文化资源、人才、地域优势、资金支持等结合起来，通过一定的改造创新，加之以成熟、适合、完整的技术手段，才能将文化资源优势转化成为文化商品的优势。另外，仅仅是单一的文化商品优势还不足以形成文化产业的集群优势，这些单一的文化商品只有经过产业化生产、规模化生产、链条化生产以及工业化集聚化大生产，才能把单纯的文化商品的优势转换成为文化产业发展的优势，最终完成文化资源到文化资本的转换。当然，文化资源优势并不必然地转换为文化资本优势，甚至有些文化资源丰富的地方还存在“资源诅咒”现象（即文化资源丰富的地区比那些文化资源不足的地区经济增长还更慢），对此，有学者（沈思，2011）指出对文化资源缺乏缜密而有效的资本化运作是主要原因。此外，也有很多学者从文化旅游、文化创意、文化转换以及传播媒介等研究视角对文化资源向文化资本转换的途径和方式进行了探讨。例如，施炎平（2007）从文化创意角度提出传统的文化研究为现代的文化文明建设提供资源，就需要设计出方式手段来促进传统文化资源转换成为文化资本，其中最关键的就是创意。

从非产业逻辑来看，研究学者主要是从人类学和社会学的视角作了相关研究，如李旭（2011）、王娟（2009）等。这类视角的研究是基于布尔迪厄（Pierre Bourdieu）社会学意义上的文化资本内涵，关注的焦点主要集中在文化资源资本化背后不同场域权力的运作和话语的控制，对作为产业意义的文化资本运作少有论述。蒋萍（2018）把这种文化资本背后的权力角斗放在全球化背景下讨论，认为西方近现代的历史就是一部殖民扩张的历史，一方面打破了全球相互孤立、相互隔绝的局面，另一方面西方的政治、文化在源源不断地向被殖民地扩张，逐渐瓦解了被殖民地自身的政治文化，文化殖民的影响仍然长期存在。“东方”与现代西方的相遇，已经超出了单纯的地缘政治而演绎为在全球化语境下文化领域内的交流与碰撞。

（二）国外相关研究

首先是关于文化资本理论的讨论。“文化资本”这一概念最早是由布尔迪厄（1973，1986）提出并进行系统理论的阐释，认为资本不是只有一种形式，而已深化成三种形式，分别是经济资本、文化资本以及社会资本。不过，作为社会学家的布尔迪厄，对资本的划分更大程度上是站在社会学的角度解释资本内涵，并没有明确指出文化资本存在着经济资本属性，甚至是刻意将其掩盖。在很大的程度上，只是象征性地使用了“资本”这一概念，认为它是一种能让社会承认的权威，关注的重点仅仅是权力的控制以及再生产。因此，他所提到的“资本”仅仅是对经济行为的隐喻。虽然他区分了文化资本与经济资本、社会资本的不同，但没有进入产业逻辑层面，没有从文化经济学的角度进行理解分析。

美国社会学家古德纳（Alvin W. Gouldner，2002）在布尔迪厄“文化资本”理论的基础上又有所发展，认为随着社会现代化进程的加快，工业化的高速发展，民族国家兴起和民族语言的发展形成，那些有着技术管理能力以及文化知识的知识分子将会结合起来，形成一个新的阶级。与旧阶级不同的是，这些知识分子新阶级拥有丰富的文化知识、技术水平和社会道德，他们崇尚自由并且自我独立，他们的资本并不是以往的金钱、货币等，而是他们自身拥有的知识文化、专业的技术水平以及由此建立形成的批判性话语文化权。古德纳认为“资本”在“文化”与“经济”概念中具有同样的地位，而文化资本是真正自治的①。因此，他提出知识分子作为“新阶级”，他们的财富资本是以自身拥有的文化资本作为衡量，而不是传统阶级的财富资本。与布尔迪厄提出的文化资本相比，古德纳的“文化资本”理论为现代社会符号化消费的合理性提供支撑，可以更好地解释符号消费经济中的资本性特征。无论是布尔迪厄还是古德纳，二者的文化资本理论主要囿于社会学科，关注的重点是权力的控制和再生产。

与布尔迪厄和古德纳从权力和控制的角度研究不同，思罗斯比（David Throsby，1999）从经济学意义上对文化资本概念进行了界定和论述，认为文化资本是一种能够贡献文化价值的无形或有形资产，是体现或蕴含在资

① 胡娜．“文化资本”理论对我国文化艺术管理活动的启示［J］．华北电力大学学报（社会科学版），2015（3）：96－101．

产中文化价值的贮存量，这种存量可以带来商品或服务的流通，同时具有文化价值和经济价值。价值或文化价值是思罗斯比定义文化资本的一个核心概念，也是文化资产能够转化成文化资本，实现经济价值或经济资本转换的基础所在。但思罗斯比将文化资本定义为一种“资产”，意味着其所指的文化资本（无论是有形的还是无形的）很大程度上相当于“文化资源”。因此，思罗斯比文化资本理论不能有效区分文化资源和文化资本，其所强调的文化价值亦不能有效反映文化资源到文化资本的变化。

此外，国外其他相关研究主要集中在文化旅游对区域文化资源的商业化开发，以及文化资源转化或开发与城市再造的关系。比如，玛丽亚·杨森－弗比克（Myriam Jansen－Verbeke）、格达·K. 普里斯特利（Gerda K. Priestley）和安东尼奥·P. 罗素等（Antonio P. Russo et al.，2010）对于文化资源的旅游式开发进行了研究，而路易丝·C. 约翰逊（Louise C. Johnson，2009）对有关文化资源开发与城市再造的问题进行了探讨。吉娜达·曼朱克（Zinaida Manzhukh，2003）等对媒体技术在文化资源保护和开发中的应用进行了研究。

（三）国内外研究述评

国内外学者从不同视角对文化资源向文化资本的转化进行相关研究，积累了比较丰富的研究成果，特别是基于产业逻辑所展开的系列研究，比较契合本书逻辑，对本书具有积极的借鉴意义。但是，已有研究对文化资源、文化资产、文化资本三者之间很少有明晰的区分，常常不加区别地混淆待之。概念的模糊，也导致对三者之间的内在转化机理研究不足。因此，本书从“资源—资产—资本”三位一体资源管理的视角，对文化资源、文化资产、文化资本三者的内涵及外延进行界定，并厘清三者之间的相互关系，建构文化资源资本转换理论框架，深入剖析文化资源资本转换的资源化、资产化、资本化三个过程及其转换作用机理，探求文化资源向文化资本转换的路径并提出相应的政策建议。

四、主要研究思路及主要内容

（一）基本思路

本书遵循理论研究与应用研究相结合的原则，以问题为导向，从“资源—资产—资本”三位一体资源管理的视角，围绕“文化资源如何转换为文化资本”这一核心问题逐步展开研究。在理论研究部分，首先通过文献检索，采用对比分析、归纳总结和演绎推理等方法构建文化资源资本转换的理论框架，然后在此基础上，对文化资源资本转换的过程进行深入分析，揭示其内在转换机理，并建构数学模型对其转换能力评价以及资源配置模式选择等问题进行量化研究。最后，基于文化资源投资开发的风险分担机制，提出推进文化资源资本转换的政策建议。具体研究思路框架如图 1－1 所示。

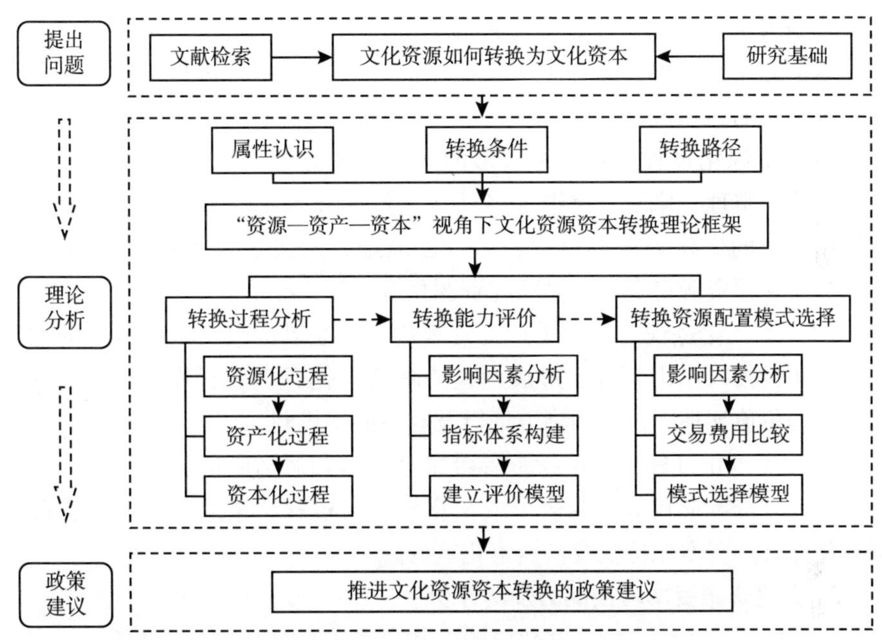

图 1－1　研究思路框架

（二）主要内容

1. 文化资源资本转换的理论框架

（1）相关概念界定与理论基础。对文化资源、文化资产、文化资本等相关概念的内涵及外延进行界定，并厘清相互之间的关系，梳理价值理论、产权理论、资源资本化理论以及文化资本理论，为本书提供理论基础。

（2）文化资源的价值内涵与价值属性。归纳总结现有研究中对文化资源属性的认识及其再利用特征，揭示文化资源的价值内涵与构成，并结合价值理论探讨文化资源价值属性及其在文化资源资本转换中价值实现的基础性。

（3）文化资源资本转换理论框架的构建。从原生态文化资源的再生产出发，分析文化资源资本转换所具有的内外部条件。基于“资源—资产—资本”三位一体资源管理观，提出包含资源化、资产化、资本化三个过程的文化资源资本转换路径，并分析转换过程中文化资源的属性转化与价值转化及其相互关系。在此基础上，构建文化资源资本转换的理论研究框架，提出对文化资源资本转换的转换过程分析、转换能力评价、转换的资源配置模式选择进行研究。

2. 文化资源资本转换过程及其机理

本部分主要分析文化资源的挖掘、价值再生与转化过程，探究文化资源资本转换的内在机理。

（1）资源化过程。将各种有形的或无形的处于自然状态的文化元素，通过收集、整理、修复、重组等多种文化挖掘技术手段，恢复或开发成具有使用价值的文化资源的过程，如古迹遗址、人文景观的修复与再造等。重点分析文化资源可资源化类型与资源化方向的选择。

（2）资产化过程。按照生产经营规律，建立以产权约束为基础的管理体制，实行投入产出管理，形成产权清晰的文化资产的过程。重点研究文化资产的价值评估、产权明晰方法以及收益回报机制。

（3）资本化过程。能给投资者带来收益且归属清晰的文化资产产权进入市场，以资本形式流动起来形成文化资本的过程。重点研究文化资源的资本化方式、资本化价值及其资本化运营。

3. 文化资源资本转换能力及其评价

不同区域、不同类型的文化资源，其资本转换能力是不一样的。

（1）资本转换能力影响因素。从文化资源化技术成熟程度、经济社会发展状况（比如文化资源化投资力度、可资源化规模等）以及具体转化项目的物品属性（纯公共物品、私人物品及混合物品）、外部性、市场竞争潜力和运营收益预期等方面具体分析。

（2）资本转换能力评价指标体系。构建包含资源化能力、资源资产化能力、资产资本化能力三个基本维度的多层次、多指标的文化资源资本转化能力评价指标体系。

（3）资本转换能力评价模型。运用模糊综合评判法建立评价模型，其中指标层各评价指标权重采用层次分析法（AHP）确定。

4. 文化资源资本转换的资源配置模式选择

在文化资源资本转换过程中，政府与市场是两大基本的资源配置主体。在这部分，首先，归纳总结文化资源资本转换的三种基本资源配置模式，即政府主导转化模式、市场主导转化模式及由两者不同程度组合的混合配置模式的特点。其次，从文化资源资本转换的交易属性和资源配置模式属性两方面，分析影响文化资源资本转换交易费用的影响因素。最后，构建文化资源资本转换的资源配置模式选择模型，把文化资源资本转换过程中的各项任务（项目）作为交易费用衡量对象，运用赫克曼（Heckman）二阶段计量方法对文化资源资本转换资源配置模式的选择进行定量研究，以此来确定文化资源资本转换过程中政府与市场的边界，选择最优的资源配置模式。

5. 推进文化资源资本转换的政策选择

（1）文化资源投资开发的风险分担机制。在剖析我国文化产业资本市场现状的基础上，对文化资本市场的风险构成进行分析与计量，力图建立"政府—文化企业—社会投资者"三位一体的资本转换风险分担机制。

（2）促进文化资源资本转换的政策选择。①树立以价值增值为导向的文化资源开发理念，加强文化资源可资源化技术研究，提高文化资源资本转换能力；②根据文化资源资产投资收益回报机制，实施差异化的文化资源资本转换管理政策；③构建多层次和多样化的文化资本产权交易市场，拓宽文化资源开发融资渠道；④建立文化产业投资基金，充分发挥财政资金的引导作用，调动文化企业及社会资本投资的积极性；⑤合理选择文化资源资本转换的资源配置主导模式，划分文化资源资本转换过程中政府与市场的边界，降低交易费用，提高转换效率。

小结

文化资源的资本转换是实现我国文化资源大国迈向文化产业强国之路的内在要求。本章在阐述推进文化资源向文化资本转化的重要理论和实践价值的基础上，分析了文化资源保护与开发利用实践中存在的诸多主客观问题，认为我国文化资源在向文化资本转化的实际过程中存在文化资源的开发不够充分；文化资源的转换率较低、转换能力较弱，许多优质的文化资源没有通过有效的途径转化为符合市场需求、满足人们期望的文化产品；巨大的资源存量没有成为促进经济社会发展的文化资本等。这些问题固然是由多方面原因造成的，但其中缺乏清晰的转化路径和适宜的政策是制约当前文化资源开发和转化的重要因素。由此，本章在理论研究层面对文化资源资本转化的国内外相关研究进行了全面梳理，并提出了本书的基本思路和主要内容。

第二章　文化资源的资本转换：理论基础与分析框架

文化资源、文化资产、文化资本是文化资源资本转换的三个核心概念，本章在对其内涵与外延进行厘清、界定的基础上，进一步梳理文化资源资本转换研究中可能关涉的价值理论、产权理论、资源资本化理论等，为本书研究提供理论基础。同时，基于对文化资源价值内涵与价值属性的深入剖析，探讨文化资源资本转换所具有的内外部条件，从“资源—资产—资本”三位一体资源管理观的视角，分析资源化、资产化、资本化三个转换过程中文化资源的属性转化与价值转化以及三个过程转化的相互关系，并以此为基础构建文化资源资本转换的理论分析框架，研究文化资源资本转换过程及其机理、转换能力及其评价、转换模式及其选择等。

一、相关概念界定及理论基础

（一）相关概念界定

1. 文化资源

从词义学来讲，“文化资源”由“文化”与“资源”两部分构成。文化，也许是最显而易解又最说不清道不明的概念。汉语中的文化，目前最早可追溯到《易·彖传》的释贲卦：“小利而攸往。刚柔交错，天文也；文明以止，人文也。观乎天文，以察时变，观乎人文，以化成天下。”可见，在五千多年以前，中国对文化最初的认知中就已经将天文、地文、文明纳入重要的认知范畴，开始具有从精神、物质、制度文明三个不同层面进行阐释的意识。而国外对文化定义和性质、意义的解析澄清，无疑要数美国人类学家阿尔弗雷德·克洛依伯（Alfred Kroeber）和克莱德·克拉克洪（Clyde Kluckhohn）出版的《文化：概念和定义批判分析》（1952 年版）最为全面和大家所公认。作者按照一些基本主题，将纷繁多样的文化定义归类成哲学、艺术学、教育学、心理学、历史学、人类学、社会学、生态学和生物学等九个门类的定义。联合国教科文组织将文化定义成“被视为一个社会和社会集团的精神和物质、知识和情感的所有与众不同显著特色的集合总体，除了艺术和文学，它还包括生活方式、人权、价值体系、传统以及信仰”[①]。所以，有学者认为文化就是各种意义上的社会生产和再生产，是社会意义和意识的生产、消费和流通的过程[②]。

与文化一样，对资源的意会和理解，从字面上来讲并不困难，但实际上要对其下一个确切的定义时，却众说纷纭，无法给出统一的定论。从自然资源，到社会资源、经济资源，再到知识资源、信息资源，资源的含义和范围都在不断扩大。在众多不同的认知当中，有学者认为资源本质上是能被利用并给利用者带来利益的事物（物质或意识）。资源至少有两个基本特性：一是它是依附于或相对于一定主体而言的，没有脱离主体而独立存在的资源。二是资源可被其所依附的主体用于实现一定的目的[③]。

综上所述，人们对于“文化”和“资源”这两个概念都还处在认知模糊和意见不一的层面，这就进一步导致人们对于“文化资源”的定义同样不能达成共识。有的从经济学研究生产要素价值的视角，认为文化资源与文化生产有密不可分的联系，即前者作为后者的前提条件，同时以各种形态（包括物质形态和非物质形态）存在于其具体过程当中（程恩富，1994；胡惠林，2003）。有的从哲学价值论的视角，强调文化资源所拥有的价值，认为它是一种产品或成果。其中产品来自人们的物质活动，而成果则主要指精神方面的成果，即经过思维活动所形成的劳动成果（米子川，2004；申维辰，2005）。有的从地域特色的角度，突出文化资源的原生性，认为每个地方的文化资源都是当地自然和人文特征的映照，具有当地独有的风情，应当在保护这种独特地域特征的基础上，挖掘出符合当地特征的文化资源，进而生产出与当地文化资源相适应的文化产品[④]。有的契合现代社会的发展，加入创意与智能的元素，对现有文化资源进行重新加工或创新改造，这是将创新和文化资源紧密联系起来，突出创新对于文化资源发掘的深刻影响[⑤]。还有学者（唐月明）从产业开发的角度，将文化资源和经济生产联

① D. Paul Schafer. Culture：Beacon of the Future［M］. Twickenhan：Adamantine Press，1998：28.

② 陆扬. 文化定义辨析［J］. 吉首大学学报（社会科学版），2006（1）：151－154.

③ 李维华，韩红梅. 资源观的演化及全面资源论下的资源定义［J］. 管理科学文摘，2003（2）：10－14.

④ 欧阳友权. 文化产业通论［M］. 长沙：湖南人民出版社，2006.

⑤ 姚伟钧. 中国文化资源禀赋的多维构成与开发思路［J］. 江西社会科学，2009：219－224.

系起来，认为所谓的文化资源，应该具备一定的文化内涵，同时还要值得被投资，并且能够为人们带来一定的经济效益。

根据不同的标准，人们对文化资源有不同的分类。有的根据性质不同，将文化资源分为物质文化资源和精神文化资源，其中物质文化资源是有形的、可见的，精神文化资源是无形的、不可见的，如吕庆华（2006）、董雪梅（2008）。物质文化资源既包括可用于文化生产活动中各种自然原生态的物质资源、环境和条件，如用于竹艺的竹子、陶瓷的泥土、雕刻的木材石料等，还有各类可供文化旅游的自然景观、古迹遗址等，也包括文化生产活动中经过劳动再创造可用作生产工具或文化产品载体的次生物质资源，如摄影器材、灯光音响器材、印刷机以及剧场、图书馆、博物馆等文化设施和设备。精神文化资源包括文化遗产以及教育、科学、文学艺术、道德、法律、宗教、民俗等精神产品中所蕴含的、可用于文化生产和活动的内容和形式。还有的将文化资源分为历史文化资源和现实文化资源，可再生文化资源和不可再生文化资源等。有的学者（如胡惠林、李康化等）突出文化人才的作用，将文化人才作为与物质文化资源、精神文化资源并列的文化资源类型，包括从事文化产品生产、创造和经营，提供文化娱乐活动服务的各级各类专门人才。刘吉发（2005）将文化资源分为四种形态，即符号化意义的文化资源、经验型的技能文化资源、垄断性的旅游文化资源和创新型的智能文化资源。

上述文化资源的定义和分类，虽然都反映了文化资源的基本内涵，但其阐述较为片面、莫衷一是，同时也存在一定的缺陷，或者过于宽泛模糊，不具有可操作性，或者过于狭隘或部分重合，不利于全面分析。我国学者庞朴（1988）把文化分为三个层次：第一层是外围层的物质部分，是“第二自然”或对象化了的劳动，是凭借客观存在的各种物质所呈现出来的文化载体，如建筑、机械工具等。第二层是中间层面，即隐藏在外层物质里的人的思想、感情和意志，如机器原理、雕塑的美感等；或者不需外层物质作为载体的人的精神产品，如科学猜想、社会理论、宗教神话等，以及人类精神产品非物质形式的对象化，如政治制度、组织等。第三层是深层次的文化心理部分，包括价值观念、思维方式、审美情趣、道德情操、宗教情绪、民族性格等。文化的物质外层是最活跃的因素，变动不居；而理论、制度的中间层是最权威的因素，规定着文化整体的性质；心理的核心层最为保守，是决定文化类型的最主要因素，亦可视为文化的灵魂。庞朴的文化分层比较具体明晰，具有范围涵盖的广泛性和包容性，同时在研究方面也具备一定的可行性和操作性。因此，从广泛意义上说，文化资源是指人所创造的一切生活方式（态度、信仰、传统、习俗、价值观和惯例）和为满足或实现这些方式所形成的人类活动和成果（人类生活中的智力、道德和艺术方面及物质形式）以及基于这些方式所形成的心理和行为过程。它包含物质层（物的部分）、制度层（心物结合的部分）和心理层（心的部分）①。

2. 文化资产

界定文化资产的概念，除了要梳理对文化的理解外，还要对资产的定义有清晰的界定。资产定义更多是从会计学层面提出，并经过了一个逐步认识的过程。1929 年，美国会计学家约翰 · B. 坎宁（John B. Canning，1929）首先将经济学引入会计学，提出“资产是指任何货币形态的未来劳务或任何可转换为货币的未来劳务（那些由合同所产生的未来劳务，而合同双方彼此都未履行的除外），而其对某人或某批人的收益权是有合法保证的。这种劳务只有在对某人或某批人有用时才是资产”②。该观点将资产与劳务混为一谈，并强调资产的有用性和合法性。1940 年，W. A. 佩顿（W. A. Paton）与 A. C. 利特尔顿（A. C. Littleton）在《公司会计准则导论》中提出“成本主要由两部分构成，一部分是已消耗的，称之为费用；另一部分是未消耗的，称之为资产”。这种观点将资产与费用作了明确区分，但忽视了资产可以为企业带来经济利益。1970 年，美国会计原则委员会（APB）提出“资产是公认会计原则确认和计量的企业经济资源，资产也包括某些虽不是资源但按公认会计原则确认和计量的递延借项”。这一观点开始明确资产本质是一种经济资源，但依旧未能够阐明资产在经济方面的实质，即资产的潜在价值在于其可以产生未来经济利益。1985 年，美国财务会计准则委员会（FASB）提出“资产虽是从过去发生的事宜中所获取，但它却是一种可能的未来经济利益”，并且认为这种“未来经济利益”包括这样一个能力，即“单独地或同其他资产结合在一起，能对未来现金净流入做出贡献”③。这个定义虽然表明了资产可以带来未来经济利益，但又忽略了 APB 先前揭示的资产是一种经济资源的本质。1993 年，国际会计准则委

① 李义杰. 媒介与文化资本——基于中国武术文化资源资本转换的研究［D］. 杭州：浙江大学，2012.

② John B. Canning：The Economics of Accounting［M］. New York：New York Ronald Press Co.，1929.

③ FASB. The Elements of Financial Statements［S］. SFAC No，3，1985.

员会（IASC）提出："资产是一项作为过去活动的结果而为企业所控制的资源，在未来的某个时段里，它将可以为该企业带来一定的经济利益。"①

在我国改革开放以前，较为严重的"左倾"错误思想导致我国学界一直有意回避使用"资产"的概念，直到20世纪80年代末，我国才开始陆续有人提出一些对"资产"的定义，并逐步向国际会计通行准则看齐。2001年，我国开始执行的《企业会计制度》将"资产"定义为"过去的交易、事项形成并由企业拥有或者控制的资源，该资源预期会给企业带来经济利益"。这基本与IASC提出的概念趋同。还有学者进一步补充，认为"资产是特定企业由于交易和事项（包括资本投入或退出的产权交易）以及交易虽未执行但在法律上不可更改的契约而取得或控制，而由企业配置和运用，旨在为企业带来未来经济利益（未来现金净流入）的经济资源"②。

通过对资产定义的历史考察，可以形成几个基本认识：第一，资产本质上是由企业控制，归企业支配运用的资源；第二，经过优化配置之后，资源才能流入企业以形成资产；第三，资产给企业带来的经济利益具有未来性和潜在性，换言之，资产的效能是一种服务潜能。这种服务潜能，主要表现为：直接出售为现金或转换其他资产；在生产中可作为劳动资料和劳动对象，并在生产后转化为半成品、产品（或转化为劳务），然后通过销售，转化为现金流入；供经营和其他活动中使用；作为抵押品或担保品；租赁给其他企业或单位或个人使用③。

关于文化资产的定义，目前国内各界依旧说法各异，尚未形成统一。而正式文件中涉及的相关概念界定，主要有2004年财政部发布的《民间非营利组织会计制度》（2005年1月1日起实施），其中将"文物文化资产"定义为"用于展览、教育或研究等目的的历史文物、艺术品以及其他具有文化或者历史价值并作长期或永久保存的典藏等"。这一定义显然不是文化企业层面上的文化资产定义，并没有反映文化资产的经济特征。2007年，财政部等五部委联合发布《关于在文化体制改革中加强国有文化资产管理的通知》，对国有文化资产给出了界定，即"新闻出版、广播影视、文化艺术领域的国有企事业单位占有和使用的国有资产"。这个定义把文化资产等同于文化单位的资产，是依据资产所有者而非资产属性来进行的定义。在

① IASC. 关于编制和提供财务报表的结构体系［M］//国际财务会计与会计准则. 北京：中国物资出版社，1993.

②③ 葛家澍. 资产概念的本质、定义与特征［J］. 经济学动态，2005（5）：8－12.

上述有关“文化”和“资产”定义的基础上，本书将文化资产界定为在政府或市场的作用下，通过一定的机制被优化配置给预期效率高、效益好的企业，然后在企业内部进行再分化、重组形成各类生产要素，能为企业未来带来预期收益的文化资源。可见，文化资产本质上是一种归文化企业控制、使用，已进入生产开发阶段的文化资源。与没有进入生产阶段的文化资源相比，文化资产更具有专属性、排他性和生产性，构成文化企业核心的生产要素，能产生效益且产权清晰。

3. 文化资本

自 20 世纪 70 年代提出以来，文化资本这个概念便表现出极大的潜质和发展张力，被广泛应用到社会学、教育学等多个学科领域。各个领域所涉及的专业内容不一样，对文化资本的审视角度也就不一样，故而关于文化资本的界定也就并不统一。

一般认为，文化资本首先由法国社会学家皮埃尔·布迪厄（1973）在其《文化生产与社会再生产》中提出①，并在 1989 年的《资本的形式》一文中做出详细的阐述。他把资本作为社会研究中场域分析的主要工具，认为场域内力量竞争的逻辑实际是资本的逻辑，资本不仅是场域内力量竞争的目标，也是用以竞争的手段和工具。他认为，资本是积累起来的劳动（以物化的形式或“具体化”“肉身化”的形式），这种劳动可以作为社会资源在排他的基础上被行动者或群体所占有。他把资本分为三种基本的类型：一是经济资本（economic capital），这种资本可以立马直接转换成金钱，并且这个转换过程是通过私人产权的制度化来实现的。二是文化资本（cultural capital），主要指从家庭背景和通过教育投资而获得的能力、习性、资格证书、资源以及由此而来的文化地位配置等。这种资本在某些条件下能够转换成经济资本，其转换过程是以教育资质的形式制度化的。三是社会资本（social capital），是指由社会关系所形成的资本，也有转换成经济资本的可能，而这一转换过程是以某种高贵头衔的形式被制度化的。三种资本类型中，经济资本是基础性的类型，其他资本类型都是从它分离出来的，也都是可以相互转换的。其中，布迪厄认为文化资本以三种形式存在：第一种是以具体的形式，即以精神或肉体的持久的“性情”形式存在，通常指通过家庭教育以及教育投资而积累和嵌入个体身体中的习性、

① 也有学者认为把文化作为资本的理论提出开始于公认的社会学之父奥古斯德·孔德，见古德纳的《知识分子：未来和新兴阶级》。

能力、素质等文化形式。这种形式的文化资本表现为三个特征，一是与个体肉身紧密嵌合，不能与占有它的个体身体进行分离，类似于贝克尔、舒尔茨等所提出的人力资本；二是只能通过家庭教育或阶层熏陶等方式无意识地间接传承，而不能像货币资本、财产权等可作为礼物或遗产进行直接馈赠或继承；三是它的积累是有限的，不能超越个体自身的生物性局限及其表现能力，而是随着占有者个体的生物性存在（生物能力、记忆等）的衰落和消亡而不复存在。第二种是以客观的形式，即客观化为具体物质载体的文化产品形式（如图片、图书、辞典、乐器）存在，可以将这些产品看作是理论物质化的表现方式，也可以是某些理论、问题的批判，等等。这种形式的文化资本可以被一代代直接传递，但需要与第一种具体形式的文化资本相结合才能被予以定义和获得显现。第三种是以体制的形式，即由体制认可的关于某种文化能力的资格或证书，如学术资格或学位证书等的形式存在。与第一种具体形式的文化资本不同的是，这种体制形式的文化资本可以摆脱个体肉身的限制而受到制度的保障。“学术资格和文化能力的证书起了很大的作用，这种证书赋予其拥有者一种文化的、约定俗成的、经久不变的、有合法保障的价值”而且“只有当文化资本被教育制度认可时，即被转换成一种资格的资本时，文化资本（至少在劳动力市场）才能不断增长而发挥出全部功效”①。

尽管布迪厄提出的文化资本充分阐述了其经济学意义，强调文化资本可以转换为经济资本，但他从根本上不是基于产业的逻辑，无意于揭示文化资本在产业领域的功能和作用，而只是将资本的概念应用于社会学研究范畴，考察和解释社会结构和社会阶级分化中不同个人、阶层或场域之间资源配置的差异以及以资本形式存在的权力作用关系，终究无法摆脱社会学框架的桎梏。

最早将文化资本概念回归到产业领域应用的当属澳大利亚经济学家戴维·思罗斯比（David Throsby）。1998 年6 月15 日，西班牙巴塞罗那举行了第十次文化经济国际会议，戴维·思罗斯比在此次会议上进行了重要发言，他指出，文化资本概念得以建立的基础在于文化价值和经济价值之间的关系。他还从经济意义上探讨了文化资本在投资分析、经济增长，以及经济可持续发展等方面所具有的重要影响。随后这篇发言内容以《文化资

---

① 布尔迪厄．文化资本与社会炼金术［M］．上海：上海人民出版社，1997.

本》为题发表在《文化经济学杂志》(1999年)①。2000年，戴维·思罗斯比出版了自己的经济学书籍——《经济学与文化》，他在书中具体阐明了文化资本的概念，并对文化资本在文化经济学领域的具体应用进行了详细说明。思罗斯比认为："文化资本即作为贡献文化价值的资产。更具体地说，文化资本就是蕴含在某种财产中的一个具有文化价值的存量，该存量反过来可以形成一定时间内的货物和服务流或者商品，这种物品可以既有文化价值又有经济价值。该种财产可以存在于有形的和无形的形式中。"通过文化资本概念的厘定，思罗斯比认为可以将其"应用于投资评估技术，该种技术可以应用于其他脉络之中，如资本预算和成本—效益分析"②。思罗斯比把文化资本分为有形的和无形的两种。有形的文化资本（即具有物质存在形态的文化资本）积累存在于被赋予了文化意义的建筑、遗址、艺术品以及其他以私人物品形式存在的手工艺品等之中。这些财产导致服务流，这种服务流可以作为私人或公共物品直接进入最终消费阶段，也可以投入未来产品或服务的生产之中，产生新的产品和服务，包括新的文化资本。无形的文化资本以既定群体共有的观念、习性、信仰、传统和价值的形式存在，也表现为以公共品形式存在的系列艺术品样式，如作为公共财产的音乐、文学等。这些无形的文化资本同样可以形成产品流和服务流，也可以进入私人最终消费或投入未来新的文化产品生产。思罗斯比认为有形的文化资本的文化价值可以产生经济价值，比如历史建筑之类的"文化遗产"可能因为其文化价值而使得其经济价值显著提升。与有形的文化资本相比，无形的文化资本虽然可能具有很大的文化价值，但它可能没有什么经济价值。比如"现有的音乐作品和文学作品存量、文化习俗和信仰的存量、语言存量，都有巨大的文化价值，但是，除了未来收益权（例如文学作品和音乐作品的版权费）之外，它们都不能作为资产进行交易，因而都不具备经济价值。反而这些资产存量引起的服务流会产生文化价值与经济价值"③。

思罗斯比通过文化资本的概念工具对文化产业（文化工业）进行了经济学意义上的思考，但他所提出的文化资本概念，以文化价值的贡献为依据，模糊了文化资源与文化资本之间的区别。因为文化资源也具有文化价值，在这方面与文化资本没有根本不同。另外，思罗斯比忽视了文化资本

---

① David Throsby. Cultural Capital [J]. Journal of Cultural Economics, 1999 (23).

② D. 思罗斯比. 文化经济学 [M]. 台北：台北典藏文化家庭有限公司，2003.

③ D. 思罗斯比. 经济学与文化 [M]. 王志标，张峥嵘译. 北京：中国人民大学出版社，2011.

形成中财产权的制度考量，并没有阐释清楚文化意义上的文化价值是如何向经济意义上的财产转换的。

为进一步厘清文化资本的概念，我们有必要再去追溯对资本概念的理解。奥地利经济学家庞巴维克（Eugen von Böhm – Bawerk）在他于 1923 年出版的《资本实证论》一书中对从杜阁（A. R. J. Turgot）、亚当·斯密（Adam Smith）到马克思（Karl Marx）、卡尔·克尼斯（Karl Knies）等众多经济学家提出的资本概念进行历史考察后，指出对资本概念的理解主要有两种倾向：一是认为资本就是指财货具体本身；二是认为资本不是一个具体实在的量，而是蕴藏在财货里的非物质性的抽象的价值。秘鲁经济学家赫尔南多·德·索托（Hernandode SOTO）在《资本的秘密》（2000）中也通过回溯资本的原始意义以及梳理经济学家们对资本的不同认识，认为资本并非积累下来的资产，而是蕴藏在资产中能开展新的生产的潜能。而且这种抽象的潜能必须被赋予确定的、切实可见的形式才能把它体现出来。“就像能量一样，资本也是一种处于休眠状态的价值，只有使他获得活力，我们才能够超越资产表面的状态，积极思考资产可能转化成的新的状态。这需要我们确立一种过程：把资产的经济潜力固定成一种形式，使之可以生产剩余价值”①。索托把未能活化或获得转化的资产称之为“僵化的资本”。从这个角度来说，资本就是一种潜在或待实现的价值，具有一定的抽象性与非物质性。资本价值实现的过程就是再生产或剩余价值创造的过程，但资本必须外化为确切的实在的可感知形式，正如庞巴维克所理解的“那些用来作为获得财货的手段的产品”。

如果把文化资本看作产业资本的一种表现形式，那么文化资本就是蕴含在文化资产中可再生产或创造剩余价值的潜能或价值，其外化的具体表现形态则是相关的文化产品或服务。只有那些被活化、提取了“潜能或价值”，并被转换、固定形成可再生产或创造价值的文化资源（资产）才能成为文化资本，否则只能是“僵化的文化资本”。然而，文化资源（资产）向文化资本转换和生产的过程，实际也是文化的公共性或共享性被经济主体排他性占有以及由此带来可预期收益的过程。这一过程的实现，需要有所有权和相关法律制度的保障机制，即财产权的制度安排。正如古德纳所言：“如果文化的任何部分要成为‘资本’，它所产生的商品必须被私人占有，

---

① 赫尔南多·德·索托. 资本的秘密［M］. 于海生译. 北京：华夏出版社，2007.

而这种私人占有被习俗和国家所保护。”① 因此，“现代产权制度是将文化创造铸造成文化资本的经济制度架构和基础，只有这样形塑出来的文化—知识财产，才是一种真正的资本，才能具有一般资本所具有的排他性、有限性、可交易性、可分割性和可操作性特点”，而且“现代产权制度对文化资本的形塑，并非只体现在文化—知识财产的归属问题上，更重要的是它从制度层面形塑或架构了文化资本权利人与文化发展的生产与再生产之间的新路径”②。

文化资源、文化资产、文化资本是本书最核心的三个概念。在对三个概念的梳理与界定中，我们基于产业的逻辑，把文化看成是文化产业发展的一个内生变量，作为产业投入的一种要素来考察，而不是置于产业之外，将其看作一种对文化产业发展有所影响的外生变量。从这个意义上来看，我们把文化资源尽可能界定宽泛，凡是文化产业发展所能利用的所有物质的、非物质的文化资源都可纳入其中，而文化资产是进入文化产业、进入企业内部生产开发，形成文化企业生产要素的那部分文化资源。这就好比将一个庞大而驳杂的文化资源进行“萃取”，从而筛选提炼出对企业有利用价值的那部分文化资源。文化资本则是对文化资产进行活化、提取并转换、固定形成具有价值增值的相关（有形或无形的）文化产品或服务，并在产权制度的架构下形塑成文化—知识产权。这实际上就是在文化资产的基础之上，将其再一次进行“萃取”提炼的过程。由此可见，并不是所有的文化资源都可以资本化，也不是所有的文化服务可以转化为版权产业。只有经过生产开发、转化形成相应的文化产品或服务并通过市场交易、流通、消费，满足人们的需求，进而实现价值增值的那部分文化资源，才具有资本属性，才可以实现文化资本的转化。

（二）相关理论基础

1. 价值理论

价值理论是经济学涉及资源配置、产权关系、财富分配以及经济发展等许多层面的基础理论。在经济学发展史上，曾经涌现出劳动价值论、要素价值论、效用价值论、均衡价格价值论、斯拉法价值论等诸多价值理论流派，但综合来看，以上诸多理论基本可以归纳总结到劳动价值理论和效

---

① 艾尔文·古德纳. 知识分子的未来和新阶级的兴起［M］. 顾晓辉，蔡嵘译. 南京：江苏人民出版社，2002.

② 牛宏宝. 文化资本与文化（创意）产业［J］. 中国人民大学学报，2010，24（1）：145－153.

用价值理论这两个较为典型的方面。

（1）劳动价值理论。

劳动价值理论的产生可追溯到早期的货币价值论和使用价值论，其中货币价值论偏重商业，而使用价值论则偏重农业。公元 15 世纪至 17 世纪，西欧盛行的重商主义认为货币是财富，是价值的基本形式。早期的重商主义者，如英国的威廉·斯塔福（William Stafford）、法国的蒙克莱田（Antoine de Montchrétien）等，主张通过国家的行政干预来控制货币的自身运动，防止货币外流，为国家积累货币，也就是积累国家财富。晚期的重商主义者，如英国的托马斯·曼（Thomas Mun）、法国的让·巴蒂斯特·柯尔培尔（Jean Baptiste Colbert）等，则认为货币只有在流通中加速周转才会带来更多的财富，因此他们主张国家应加大货币输出，以扩大国外商品进口，但必须保证总体的对外贸易顺差，进而确保更多货币流入国内。18 世纪，法国一些重农主义经济学家，如弗朗斯瓦·魁奈（Francois Quesnay），认为财富和价值的创造实际是物质的使用价值的创造和增加，而且只有农业和矿业通过土地创造物质，增加物质财富和使用价值，其他工商业活动只是改变了物质形态，并没有创造和增加物质。

把劳动作为创造人类财富的主要源头，并系统阐述了劳动价值论的是英国古典经济学家亚当·斯密。他在《国民财富的性质和原因的研究》一书中提出，劳动价值理论需要解决三个核心问题：一是交换价值的真实尺度是什么，也就是商品价值大小由什么决定的问题；二是构成真实价格的各个部分究竟是什么，即价值的构成问题；三是为什么商品的市场价格或实际价格有时不能与其自然价格相一致？市场价格与自然价格究竟有着怎样的关系？他认为“只有劳动才是价值的普遍尺度和正确尺度，换言之，只有用劳动作标准，才能在一切时代和一切地方比较各种商品的价值”，并且指出商品价值的决定主要有三种：一是价值由耗费的劳动决定；二是价值由所购买或支配的劳动（即活劳动）决定，而活劳动是用工资来购买获得，所以价值也就是由工资所决定；三是价值由收入决定。因此，亚当·斯密提出一般社会劳动决定价值，这是他对劳动价值论的巨大贡献。但是他把购买的劳动混同于商品生产耗费的劳动，后来他也意识到两者之间的矛盾，并为了解释这个矛盾，提出商品的价值除了由工资决定外，还由利润和地租等来决定，从而由科学的劳动决定价值论转到庸俗的收入决定价值论。而且，他还认为工资和利润、地租一样都是生产费用，所以收入决定价值也就是生产费用决定价值。亚当·斯密的这些观点都成为生产费用价值论者参照的重要理论依据。

作为古典经济学集大成者，大卫·李嘉图（David Ricardo）对亚当·斯密的劳动价值论进行了扬弃。一方面，他肯定了亚当·斯密关于商品背后涉及的劳动量决定其交换价值，以及使用价值不能作为交换价值的尺度的观点，认为“这是政治经济学上的一个极端重要的学说”[①]。同时，李嘉图还指出部分商品的价值只由它们的稀少性决定，比如稀有的雕像、图画、书籍、古钱等，当然这类商品在市场交换中只占极少一部分，绝大部分商品价值都是由生产所必需的劳动量决定的。另一方面，李嘉图批判了亚当·斯密关于劳动决定价值理论的不彻底性。他否定了斯密关于价值由工资、利润和地租三种收入构成的错误观点，认为价值可以分解为各种收入，但并非由各种收入决定，比如工资提高了，只是改变了各种收入之间的占比，并不意味着商品价值量的变化。他也批评了斯密用购买的劳动作为价值尺度的观点，他认为一定社会内所购买得到的活劳动量（工资）总是等于一定量的必要生活资料，不会随着劳动生产率的变化而变化，而生产商品所耗费的劳动量则一般会随着劳动生产率的提高而降低。应值得注意的是，虽然大卫·李嘉图的劳动价值论依旧存在诸多问题和不足，但对亚当·斯密的劳动价值理论做了进一步的发展和完善。

马克思以古典经济学劳动价值论为理论基础，建立起了科学的劳动价值论。他把社会财富分为商品财富和非商品财富，并从劳动产品的角度将商品财富细分为两个类别，分别是劳动产品商品财富和非劳动产品商品财富，还对劳动产品商品财富的价值进行了深入研究。马克思认为，劳动产品商品财富的价值与社会关系有着密不可分的联系，其本质就是一种劳动，而这种劳动又是由生产过程中所消耗的具体时间决定的。商品具有价值和使用价值的二重性，使用价值是价值的载体。马克思认为商品的交换价值是价值的表现形式，通常由市场供求关系所决定，而价值是交换价值的本质和内容。关于劳动或劳动能力的理解，马克思概括出一种说法，即“人类自身所拥有的、每当人生产某种使用价值时就运用的体力和智力的总和”[②]，认为“劳动是非原料，非劳动工具，非原产品……劳动不是作为价

① 李嘉图．政治经济学及赋税原理［M］．郭大力，王亚南译．北京：商务印书馆，1962.

② 资本论（第一卷）［M］．中共中央马克思恩格斯列宁斯大林著作编译局译．北京：人民出版社，1975.

值本身，而是作为价值的活的源泉存在”①，阐明了社会经济发展的动力源泉。马克思承认劳动者是财富创造的主体，指出超过劳动者必要生活资料之外的价值便是剩余价值，从而提出了剩余价值理论。另外，马克思剩余价值理论的提出，颠覆了人们对于经济规律的传统认知，明示了资本主义的运作及发展规律，并对劳动者的价值予以了充分肯定，这也是马克思科学劳动价值理论被称为政治经济学上的一次里程碑式变革的重要原因②。

（2）效用价值理论。

法国经济学家让·巴蒂斯特·萨伊（Jean – Baptiste Say）把商品的效用（即使用价值）等同于价值，“当人们承认某东西有价值时，所根据的总是它的有用性，这是千真万确的……物品的效用就是物品价值的基础”③，并且认为商品的效用是由劳动、资本和土地三个生产要素所共同创造的，反对斯密只重视商品价值与劳动之间的关系，没有把资本和土地这两个重要元素考虑进来。萨伊等提出的生产要素价值论从效用论出发，先后提出了生产费用论、供求论等，其中效用论后来进一步由边际效用学派继承和发展成为边际效用价值论，而生产费用论和供求论后来由新古典经济学派发展成为均衡价格价值论。

新古典经济学的著名代表英国经济学家威廉姆·斯坦利·杰文斯（William Stanley Jevons），从人的主观心理分析出发，以商品的效用为基础，以数理分析为工具，创建了边际效用价值理论。他认为所谓效用就是人们对物品提供的快乐或痛苦所进行的主观评价，是检验物品是否有用的唯一标准。因此，他认为商品价值的基础就在于效用，并且提出用最后效用程度对商品的主观价值进行量化分析。所谓最后效用程度是指最后一单位产品所提供的效用程度，也即边际效用。他认为最后效用程度决定商品的价值，是商品价值评价的尺度。杰文斯的边际效用价值理论从需求层面刻画人们对财富的主观评价，但没有也无法解释财富的来源与增长问题。

作为新古典经济学派的主要代表，英国经济学家阿尔弗雷德·马歇尔（Alfred Marshall）认为边际效用决定需求，生产费用决定供给，而供给与需求所达成的市场均衡价格则决定了价值，从而提出均衡价格价值论。在马歇尔的均衡价格价值论里，价值实际就是交换价值，而交换价值又可由价

---

① 资本论（第二卷）［M］. 中共中央马克思恩格斯列宁斯大林著作编译局译. 北京：人民出版社，1975.

② 裴小革. 劳动价值论及相关理论的演变和比较［J］. 劳动经济研究，2016，4（2）：3 – 27.

③ 萨伊. 政治经济学概论［M］. 陈福生，陈振骅译. 北京：商务印书馆，2020.

格来表示，所以价格实际可以当作价值，价值分析实际就是价格分析。这为分析市场供求关系如何影响价格波动以及研究市场价格如何引导和配置市场资源，提供了一个重要的理论依据。尽管均衡价格价值理论某种程度上承认了商品的二重性，既承认了效用的作用，也就是承认了商品的使用价值，又承认了价格的作用，也就是承认了商品的交换价值以及交换物之间所蕴含的社会关系，但是该理论对商品交换价值的认识有所偏差，否定了商品交换价值是人类劳动创造的结果，从而无法科学揭示商品价值的本质和产生的根源。

2. 产权理论

（1）产权的含义。

现代西方产权理论主要以20世纪60年代科斯（Ronald H. Coase）的经济思想为基础，着重研究产权制度、激励机制与经济行为之间的关系，并经过阿尔钦（Armen Alchian）、德姆塞茨（Harold Demsetz）、张五常、诺斯（Douglass C. North）、威廉姆森（John Williamson）等经济学家的发展，逐步形成比较完整和严密的产权理论框架和体系。科斯在著作和文章中并没有直接给出产权的定义，但在专访中谈到产权是产权主体对财产所拥有的一组权利。人们拥有某种产权并不必然拥有相应的财产，同时拥有某项财产也并不必然具有该财产的某项产权。德姆塞茨在《关于产权的理论》一文中从产权的经济功能和社会功能给出产权明确的定义“所谓产权，是指自己或他人受益或受损的权利”“产权是社会的工具，其意义来自这样一个事实：在一个人和他人做交易时，产权有助于他形成那些他可以合理拥有的预期。”尼科尔森（Walter Nicholson）从法学的视角认为“产权是所有权和所有者的各项权利的法律安排”①。阿尔钦不仅强调产权的强制性和权利性，还认为产权具有市场可交换性。他在其著作《产权：一个经典注释》中提出了这样的观点，认为“产权是社会强制实施的一种权利，并以这种权利来选用一种经济品。私有产权则是将这种权利分配给一个特定的人，它可以同附着在其他物品上的类似权利相交换”②。菲吕博腾（Furubotn）与佩杰威齐（O. Pejovic）在《产权与经济理论：近期文献的一个综述》一文中对先前产权理论进行比较全面的学术梳理后，对产权作了个总结性定义：

---

① W. 尼科尔森．微观经济理论：基本原理与扩展［M］．9版．朱幼为等译，宁向东审校．北京：北京大学出版社，2008.

② 罗纳德·H. 科斯等．财产权利与制度变迁：产权学派与新制度学派译文集［M］．刘守英等译．上海：格致出版社，2014.

“产权不是人与物之间的关系，而是一种由物品及其使用者所引发的一种行为关系，产权安排规范了使用者在使用物品时的行为，让每个人都必须遵守规定，否则就必须承担相应的后果。”①

总而言之，西方产权理论对产权的定义强调了产权主体对财产拥有的权利以及由此所决定的经济利益和市场可交换的有机统一，三者共同构成产权内涵的有机整体。其中对财产拥有的权利是产权主体获得经济利益的来源，而市场可交换性是财产权利转化为经济利益的手段和工具。需要着重提出的一点是，用来参与市场交换的财产的种类不受限制，既可以是有形的商品也可以是无形的服务，因为其本身只是财产权利的载体而已，真正市场交易的是特定的权利，即产权主体占有、使用、处置特定财产的权利。另外，西方产权理论认为产权的范畴不仅包括所有权，还包括所有权所派生出来的一系列其他的权利，如占有权、使用权、处置权、馈赠权、经营权、继承权等。产权主体可以拥有全部的产权权能，也可以只拥有部分权能。②

尽管西方产权理论突出了产权主体对财产的权利，但却忽视了在财产中反映出的人际关系。而马克思主义产权理论虽然没有明确提出产权的概念，但把产权置入财产、法权、所有权和财产关系的范畴加以讨论，重点关注产权关系中建立在物的基础上的人与人的关系，更触及产权的本质内涵。

（2）产权的起源。

关于对产权起源的认识，现代西方产权理论与马克思主义产权理论有本质区别，但在一些具体问题的研究方面又持有相似的看法。首先，关于产权起源的动因，西方产权理论认为人口相对过剩与经济资源相对稀缺之间的矛盾是产权产生的根本动因。而马克思主义产权理论将产权分为公有产权和私有产权，提出公有产权关系的产生与人类在原始自然条件下抵御恶劣的自然条件有关，由此建立起这种赖以生存的基本社会关系；而私有产权关系的出现则是以原始公有的产权关系为基础，经过社会生产力发展与家庭制度演变进而形成。由此可见，马克思主义产权理论对产权起源的分析更为透彻，即社会生产力的发展和家庭的演变，而西方产权理论只是

---

① 罗纳德·H. 科斯等. 财产权利与制度变迁：产权学派与新制度学派译文集［M］. 刘守英等译. 上海：格致出版社，2014.

② 于鸿君. 产权与产权的起源——马克思主义产权理论与西方产权理论比较研究［J］. 马克思主义研究，1996（6）.

从外部条件即人口压力和资源稀缺加以解释。但两者都认为，资源的有限性和稀缺性是产权产生的必要条件。其次，对产权起源的不同认识，导致两个理论对产权含义的不同理解。西方产权理论认为产权即私有产权，其产生是产权主体对效用的最大化追求的结果，也是人类稀缺资源优化配置的结果。马克思主义产权理论认为产权包括公有产权与私有产权，前者是原始社会早期人类生活资料和生产资料在原始共同体内共同占有和使用，而后者是自原始社会晚期出现剩余产品后一部分人占有和支配原始共同体财产所形成的产权关系。而且，从历史唯物主义的视角，马克思主义产权理论将私有产权与人类历史相结合，认为其是历史发展过程的必然产物，也将随着人类社会的发展演变而消失，同样作为人类最初自然形成的公有产权关系，也必将随着人类社会的发展，经过否定之否定的历史变迁，达到新的更高层次形态的公有产权关系。最后，两个理论都认为资源的稀缺性是产权起源的必要条件，但二者对资源稀缺产生的原因有不同的解释。西方产权理论认为资源稀缺的产生是由于人口的快速扩增与资源的相对稳定而引致人口对资源的相对压力带来的，而马克思主义产权理论认为资源的稀缺是一定生产力水平下的相对稀缺，也就是有限的资源相对剩余产品刺激人们无限占有欲望的稀缺。

（3）产权的关系与功能。

厘清了产权的含义，关于什么是产权关系就好理解了。简单而言，所谓产权关系是指产权主体财产的权利关系。主要表现为四个方面的权利关系：一是不同产权主体所有权与所有权之间的关系；二是同一产权主体所有权内部管理权、监督权、运营权之间的关系；三是产权主体所有权与其派生出来的经营权、使用权等财产权之间的关系；四是所有权派生出来的财产权内部经营权、使用权等之间的关系。现代产权制度的核心是产权清晰。所谓产权清晰，不仅包括财产所有权主体是明确的，即财产的归属清晰，还包括产权实现（交易）过程中相关主体之间的责、权、利是清晰的。通过明晰产权，对产权主体及相应的权利关系进行有效划分，并达到规范和约束产权主体及其权利行使行为的目的，减少交易成本，优化资源配置。

在理解了产权的关系后，我们对产权的核心功能便能做出更好的解读了。产权核心功能可以理解为对产权主体之间的关系及产权主体对产权客体的关系的界定。产权功能的有效发挥，要求产权具有排他性、受限性、可转让性、可分割性。产权的排他性是指产权主体对其所拥有产权权能的排他性占有或独占。产权的受限性是指产权主体的排他性产权应该在一定的规则或制度下运行，不是无限可用的。产权的可转让性是指产权主体拥有的产权权能可以转让他人，也就是说财产所有者可以出售或赠送拥有的财产。产权的可分割性是指产权主体可以按照财产的特定要素对其拥有的产权权能进行分割。产权分割的过程是对资源的使用价值进行二次发掘并利用的过程，便于增进资源的配置效率，进而达到资源配置的最优化。

3. 资源资本化理论

（1）资源资本化的定义。

资源资本化属于发展经济学的重要范畴。从发展经济学来看，资源转化与资源配置同样重要，经济发展的过程就是资源向资本转化的过程。发展经济学提出欠发达国家和地区或许存在着资源丰富但资本稀缺的状况，只有将资源转化为资本，通过经济的货币化促进资源进入可交换的市场，才能带动资本流向当地，促进当地经济的发展。段进朋等（2008）认为从经济学上来说，资源资本化需要借助市场机制的影响力，将资源从一般意义上的无差别（或差别不大）的有用物转化为具有商品性、能带来价值和剩余价值的特殊意义上的有差别的有用物。刘滨谊等（2009）认为资源资本化存在于资源所有者对资源的开发利用过程中，将资源看作与货币资本、实物资本、人力资本等一样的资本形态，共同投入到资源的开发活动中，进行市场的资本化运作，实现资源的价值增值，为资源所有者带来经营收益。潘泽江（2011）则认为资源资本化是将产权化、证券化以及票据化后的各类资源转变成可流通的资本的过程。王艳龙（2012）认为将资源丰富的地区所蕴含的潜在资源优势转化为现实的经济优势才是资源资本化的本质，也就是把未来的资源收益部分转让和有期限转化为现实的、可利用资本的过程。综上所述，资源资本化是在进行资源开发的同时，通过市场机制的作用，将未来资源收益变现，成为现实资本，并使其与货币资本、实物资本、人力资本相结合，最终达成资源价值的增值与效益最大化目标。从资源资本化的定义可以看出，首先，资源进行资本化的条件是市场机制的利用。资源只有通过市场化运作，才可能转化为资本。其次，资源资本化需以其他要素资本的合理配置加之以科学管理利用来实现。资源只有与市场中的人力资本、货币资本等其他要素资本结合，才能将自然形态的资源转化为社会形态的资本，进入产业资本循环，促进社会再生产。最后，实现资源价值增值是资源资本化的主要目的。资本在资源保护、开发和利用的流动运转中，必须把是否实现资源价值增值作为衡量资源是否得到有效保护、合理开发和充分利用的主要检验指标。

(2) 资源资本化的条件。

从资源资本化的定义来看，在资源资本化过程中需要满足一定的市场机制以及相应的体制，这些是必要的基本条件。但满足了基本条件，并不意味着所有的资源都能转化为资本，还需要几个必要条件：一是资源要具有使用价值，也就是有用性。没有使用价值的资源，人们就不会有使用或交换的需要；二是资源要具有稀缺性。正因为稀缺，才会使人们迫切希望能够占有或控制资源；三是资源要产权明晰。只有明确资源的占有权、使用权、处置权、收益权、馈赠权、经营权、继承权等系列产权权能的权利与义务，理顺产权关系，才能保证资源的资本转换过程中权属清晰、权责明确；四是资源可以参与市场配置。资源资本化需要资源首先能转化为产品（商品），这样才能进入市场进行交易、优化资源配置。从资源资本化需要的条件来看，核心是资源的产权问题。只有资源产权清晰，才能作为完整的商品参与市场的自由交易，才能实现真正的资本化。

(3) 资源资本化的功能。

资源资本化的作用和功能主要表现在：一是促进区域经济发展。经济发展在一定意义上等同于资源资本化。资源只有转化为资本，才能为经济发展提供动力，推动区域发展。二是通过引入市场机制便于资源优化配置，其中也包括稀缺资源。三是解决或缓解资源开发利用过程中资金短缺的问题。在资源开发融资的过程中，资源资本化可以把未来的资源收益转化为现实的、可利用的资本。

二、文化资源的价值内涵

从价值理论可以得出，文化资源的价值源泉有三，包括效用价值、劳动价值和要素价值。首先，按照效用价值理论，有用性是文化资源具有价值的前提和必要条件。文化资源的效用既可以表现为直接效用，也可表现为间接效用，其效用大小由人类的需求满足程度决定。其次，按照劳动价值理论，文化资源凝聚着人类劳动，其价值量的计算与生产或再生产文化资源所耗费的社会必要劳动时间有关。一般包括以下几类劳动：一是挖掘、开发形成初始文化资源时消耗的劳动；二是发展、保存、维护、传承文化资源所耗费的劳动；三是将其转化为其他（产业）用途所耗费的劳动；四是修复和治理可能存在的环境破坏所耗费的劳动。最后，在文化资源的开发、保护和利用中，除了投入了劳动之外，人类还投入了许多生产要素，如资本、技术等，这些生产要素价值也成为文化资源价值源泉的组成部分。

从价值功能属性来看，文化资源在人类发展历程中产生了重要影响，具有重要的历史价值、文化价值、社会价值、经济价值、科学价值、艺术价值以及环境价值等多元价值作用。

（1）历史价值。文化资源是特定历史时代发展的产物，不仅集中反映当时社会政治、经济、文化、科技等丰富的历史信息，而且本身构成人类历史发展的重要部分，对记录人类文明与时代文化特征及走势发挥了巨大作用，足以为后人评说。比如古建筑、遗址、文物等蕴含的历史信息，生活民俗、社会民俗所反映的历史变迁等，都具有重要的史料价值。

（2）文化价值。文化资源本身就是文化，其文化价值在于其本身的资源禀赋，可以为文化再生产提供原材料。

（3）社会价值。作为特定国家、民族或区域的独特文化传统和精神信仰，文化资源具有强烈的精神凝聚作用，蕴含着丰富的精神内涵，激发人们的自豪感、认同感，增强国家或地区的文化软实力。

（4）经济价值。文化资源的经济价值是其产业化开发利用的应有之义，其中既包括直接产生经济效益的经济价值，如文物参展、遗址参观的门票收入，文艺创作付费等，也包括间接产生经济效益的经济价值，如历史文化资源所延伸出来的各类旅游收入、地产收入等。

（5）科学价值。文化资源的科学价值主要体现在三方面：一是从本体而言，许多历史文化资源本身具有很高的科学研究价值，如金字塔、万里长城等历史古建筑；二是一些文化资源（比如壁刻、古籍文献等）为其他科学研究提供重要的参考依据；三是在文化资源的保护与开发中，科学技术的作用逐渐凸显出来，比如莫高窟等历史古迹和文物的数字化保护与传承。

（6）艺术价值。在人类的历史发展过程中，许多文化资源都是特定历史阶段的人们用艺术化的手段创造出来的。这些文化资源有的是有形的物质形态，如雕塑、建筑等，有的是无形的非物质形态，如民间音乐、戏曲等，但无论何种形态，都具有很强的艺术感染力，给人以艺术的享受、情操的陶冶、精神的愉悦。

（7）环境价值。在文化资源的开发利用中，有可能破坏原有文化资源所处的生态环境，由此进行修复和治理所花费的生态补偿就是文化资源的环境价值。在对文化资源的环境价值有了足够的认识后，更便于人们开发文化资源、保护其生态环境了。

三、文化资源的价值属性

从文化资源价值的属性来看，学者们的研究重点不一，不过也主要集中在文化资源价值的内在特征和外部特征上。胡兆量（2006）认为文化资源价值具有潜在性、滞后性、整体性和区域性的特点。第一，文化资源有许多可以对象化，比如精神文化中的音乐、绘画、诗歌、小说等，还有物质文化中的建筑、园林、服饰、陶瓷等，但也有许多文化资源是无法对象化的，比如理想、信念、信仰、理论、制度等纯精神文化。这些无法对象化的精神文化资源，因为无形而不好价值度量，并非意味其没有价值或者价值量小。与一些能够物化的文化资源不同，这些精神文化资源作用于人类的思想层面，对社会发展与人类进程产生了重大意义。第二，文化经济是典型的体验经济，在人们对文化产品的体验认知加深、体验环境改善的过程中，文化资源的价值被不断挖掘和释放。另外，对一些不可再生的文化资源，如古建筑、绘画书法孤本等，在经历了漫长的岁月后，呈现出明显的古董效应，越来越价值增值，也表现出价值的滞后性。第三，文化资源的价值不仅体现在文化资源本身，而且与文化资源所处的自然背景、社会整体活动等融为一体。只强调文化资源本体价值的研究，而忽略其所处背景和环境的整体性价值研究，将有损文化资源的整体价值。第四，不同地区，不同国家和不同民族，都具有不同的审美标准和欣赏情趣，因此，区域也影响了文化资源的最终呈现，甚至产生了迥异的文化价值。

陈骅（2010）则从时代性、可变性、扩张性、商品性和教化性五个方面探讨了文化资源价值的外部特征。首先是文化资源的时代性，他认为有以下体现：一是文化资源在不同的历史时代呈现不同的价值，这种价值能随时代发展而增值；二是文化资源所体现的时代精神，一般时代精神越强其体现的价值就越大。文化资源价值的可变性的产生原因有二，其一是开发利用的目的不同而产生的价值变化，其二是地域的区别造成人们的审美和消费差异而形成的价值变化。文化资源价值的扩张性，一方面体现在它与其他资源相互作用，共同形成对社会系统的价值张力；另一方面表现在文化资源在地域传播中所呈现的地域扩张。文化资源价值的商品性是文化资源在向文化资本转化过程中的应然属性，也是文化产品实现市场价值的必要条件。文化资源价值的教化性，主要表现为文化资源教化作用所呈现的文化传承、精神感化和带给人们的身心愉悦。

除了具有一般资源的可再生性和非排他性外，作为一种特殊的资源形式，顾阳芹（2016）认为文化资源具有创造性、动态性、完整性、多样性等一些特殊的属性。创造性是指人类在利用传统文化资源的同时，要发挥主观能动性，开展创造性的劳动，开发出更高附加值的新的文化资源。所谓动态性，是指文化资源在开发利用中，既有可能被不断挖掘出新的文化价值，衍生出新的文化资源，也有可能对开发过度的文化资源（比如一些文化遗产）加以保护。所谓完整性，强调的是文化资源的系统性和整体性，精神形态的思想、意识、信仰等往往通过历史遗迹、建筑等物质形态呈现，两种不同形态的文化资源相互渗透、相互依托，共同形成文化资源统一体。关于多样性，包括两方面的含义，分别为事物多样性和价值多样性。

在上述文化资源及其价值属性的探讨中，顾阳芹提出的创造性、动态性、完整性、多样性等文化资源的特殊属性，与胡兆量提到的文化资源价值具有潜在性、滞后性、整体性、区域性等特点，本质是一致的，只是表述和侧重层面略有不同而已。陈骅提出的文化资源价值的时代性和可变性，都反映了文化资源价值的动态变化属性，而这种动态属性又衍生出多样性的特点。关于文化资源价值的扩张性，实际是文化资源价值整体属性的彰显表征。它不仅存在于文化资源内部，如精神文化资源与物质文化资源的层次性等方面，还反映在文化资源与外部其他资源的相互作用和相互联系。由此可知，文化资源的属性也表现在其创造性、动态性、系统性和地域性方面。

至于陈骅提到的文化资源价值的商品性和教化性，准确地讲应该是文化产品或文化商品的属性，而不单纯是文化资源的属性范畴。作为一种资源，文化资源具有使用价值，这是文化资源开发利用的前提，也是文化资源资本转化的坚实基础。当文化资源实现了价值增值、归属于一定的所有者，就逐渐形成具有资源稀缺性、使用价值、产权明晰的文化资产属性，这也可以说是文化资源转化为文化资产的其中一环，这一过程也进行了一定的市场化配置。文化资产进入产权市场，就可形成带来收益、具有流动性、实现价值增值的文化资本。文化资本和文化资产的转换离不开文化资源，而文化资本是文化资源价值的实现。其中，价值核算与产权清晰及市场机制的构建是文化资源资本转换的关键。

四、文化资源资本转换的理论分析框架

（一）原生态文化资源的再生产

“原生态文化”的概念自提出以来，许多学者分别从人类学、民族学、生态学等不同视角进行界定和使用，并逐步形成了三种基本的研究范式：实证主义、文化生态学的解释范式、文化再生产理论①。实证主义范式把原生态文化当作实体性的客体对象进行研究，认为原生态文化是历史上形成的最初始的、最质朴的没有经过加工的文化发展状态②。文化生态学的解释范式借助自然科学的生态学模式，重点对“人与自然关系”的文化样式进行解释，强调并存多元文化与并存多元自然与生态系统的耦合运行，认为原生态文化资源具有可再生资源的特点和性能③。文化再生产理论范式提出原生态文化与现代社会转型有着密切联系，是转型过程中对文化资源进行的再生产，是技术复制时代被生产、被建构的陌生化过程④。刘宗碧（2009）认为这三种研究范式各有特点与不足。在他看来“原生态文化”问题本质上是一种再生产行为，是为了满足发展的需求将传统文化资源进行自我再生产，而且这种生产与原生态文化资源的开发利用相关联，在市场机制下以商品形态的方式不断重构。

综合已有研究，首先，原生态文化是一种资源，是一种最原始、未开发、呈自然状态的文化资源，具有重要的历史价值、文化价值和社会价值。它具有资源属性，可以被开发利用。其次，按照原生态文化的“非断非常”性⑤，将原生态文化作为生产要素纳入现代社会的文化再生产，获得文化产

---

① 吴仕民．原生态文化摭谈——兼谈少数民族传统文化的保护与发展［J］．西南民族大学学报（人文社科版），2006（11）：1－4.

② 张云平．原生态文化界定及其保护［J］．云南民族大学学报（哲学社会科学版），2006（4）：67－70.

③ 杨庭硕．“原生态文化”疏证［J］．原生态民族文化学刊，2009（1）：9－13.

④ 刘晓春．谁的原生态？为何本真性——非物质文化遗产语境下的原生态现象分析［J］．学术研究，2008（2）：153－158.

⑤ 熊关在《原生态民族文化保护观质疑》（载于《商业时代》2007年第19期）一文中，指出“非断非常”是原生态文化的本质属性。所谓“非断”即“有根”，“指原生态文化不是那种只有变化，没有传承；只有变迁，而无灵魂；只有随波逐流，而无主脉；只有开放，而无凝聚力的文化”。所谓“非常”即“变”，“指原生态文化不是那种一成不变，僵死呆滞，没有生命活力的文化，而是常变常新，与时俱进，开放共融，不断创新的文化”。

品或服务，不仅可以实现原生态文化的良性变迁，也可以为投资者带来收益。资源化、资产化后的原生态文化已经不是绝对意义上的“原汁原味”的“原生态”文化。本书不仅将原生态文化作为对文化资源向文化资本依次转换的资源化、资产化、资本化的理想过程进行理论分析的起点，强调原生态文化资源的原始性和自然状态，而且也主张原生态文化是人类社会发展演变的时代产物，可以通过商品化、资本化而不断重构和再生产，使原生态文化成为动态的文化、活着的文化而代代相传。

（二）文化资源资本转换的内外条件

所谓文化资源资本转换，简言之就是文化资源的资本化转换过程。由上述资源资本化理论和文化资源的价值内涵及属性分析可知，从内部条件来看，文化资源的资本化转换首先需要原生态文化可以资源化，即对其进行开发利用后足以使价值变现。这个资源化的过程，既要求原生态文化具有资源价值性，还需要有资源开发的技术和经济可行性。此外，文化资源资本转换应满足相应条件，即资源化后的文化产品产权清晰、可进行市场化运作。原生态文化经过资源化后，进一步文化再生产出文化产品或服务，形成相应的具有使用价值的文化资产。而文化资产再进一步转换形成文化资本，必须要有明晰的产权和可以市场化自由配置。

从外部条件来看，一是综合运用行政和法律手段，建立原生态文化进行资源化、产品化的系列法律和宏观政策保障，包括在开发利用中建立以行政和法律手段为主的生态环境治理责任机制，形成原生态文化生态环境补偿机制，明确生态补偿的责任主体、确定补偿标准等。二是以市场手段和法律手段为主，提供文化产品市场化、资本化运作的实践基础。只有经过市场化的开发和运作，生产出符合消费者需要的文化产品，并通过资本化运作实现价值的增值，文化资源才有可能转换为文化资本。其中，核心是建立明晰的产权制度，理顺产权关系，包括明确文化资源所有权、开发权、经营权、收益权等权属的权利和义务。三是建立文化资源资本价值评估的第三方技术支持。在文化资本的融资、资本转让、资本收益评估等诸多资本运作环节，都需要综合考虑文化资源的价值、市场需求、开发条件等多方因素，才能对文化资本的价值进行科学评估。

（三）文化资源资本转换的路径分析

1. “资源—资产—资本”三位一体资源管理观

“资源—资产—资本”三位一体资源管理观是以价值为导向的新型的资

源开发利用管理理念和方法。“资源”主要指资源的实物状况，强调资源的自然属性。“资产”主要强调资源的经济属性，突出资源的经济价值。“资本”则是资产在不断流动中实现价值增值的价值。在满足相应的条件后，三者可以进行一定程度的转化。资源资产化指在资源开发和社会再生产过程，通过投入产出管理，将资源形成资产，并明确资产产权权属。资产资本化意为有清晰产权的资产进入市场，以资本的形式在市场流动中实现价值增值。①

“资源—资产—资本”三位一体资源管理观的提出使资本转换路径有了不一样的视角。文化资源的资本转换最初是从原生态文化的资源化开始，将原始的、呈自然状态的原生态文化开发成具有使用价值的文化资源；资源化后的原生态文化资源被投资者进一步开发形成具有清晰产权的文化产品或服务，实现文化资源的资产化；文化资产产权在文化产权交易市场流转交易，实现文化资产的价值增值，最终实现文化资源的资本转换。可见，原生态文化通过资源化过程转化为可开发的文化资源，然后又通过资产化过程转化成为文化资产，再通过资本化过程转化成为文化资本。三个过程的系列转化，不仅实现了原生态文化资源、效益的转化，更实现了文化资源价值的增值。

2. 三个过程的属性和价值转化

原生态文化资源化过程是最原始、未开发、呈自然状态的文化资源经过挖掘、开发，形成具有资源价值的过程。应以变应变，做到分级分类开发，综合运用遗址复原、古迹复建、文物修复、景观再生等开发技术手段和策略，对各类原生态文化资源进行开发，并将其转化为文化资源，通过各种途径增加其资源价值。加强原生态文化的资源化管理，也就是说主要通过行政和技术手段，对原生态文化资源从物质形态上进行管理，包括原生态文化资源的权属管理、存量管理和增量管理等。通过资源化过程，原生态文化资源实现价值再造或价值增值，完成较低资源价值向较高资源价值转化的过程。

文化资源的资产化过程并不复杂，是将资源化后的原生态文化资源作为一种资产，按照投入产出的经营机制，建立以产权清晰为核心的管理体制，增加文化资源产权的可交易性，确保资源所有者权益得到保护，以及

① 仲冰．“资源—资产—资本”视角下我国矿产资源价值实现路径研究［D］．北京：中国地质大学，2011.

文化资源价值保值增值的过程。在这个过程中文化资源不仅实现了管理形态的变化——由实物形态向价值形态转变，还进行了一定的价值转化——由资源价值向货币化价值转变。

文化资源进行资本化的途中首先将文化资产产权投入市场，以产权的形式进行市场交易，以资本的形式进行流转的过程。在这一过程中，文化资源投资者通过出让、出租、转让、置换或者股份等多种形式进行投资，本质是文化资产产权的市场化配置，进而使文化资源转化为可以实现价值增值的文化资本。实质上，资本化便是将文化资源价值转变的过程，使得潜在价值成为现实价值，未来价值成为现有价值，最终实现文化资源价值的资本转换。

3. 三个过程的转化关系

文化资源的资源化、资产化以及资本化过程是文化资源资本转换相互联系、相互影响的统一整体。

首先，原生态文化的资源化过程影响其文化资本转换的过程。原生态文化是最原始、未开发的潜在资源，其资源化过程是文化资源社会经济文化价值再生过程，也是其价值显化、提升、提质的过程。而且，其不同的资源化方向选择，实现的价值提升也有很大的不同，并进而影响后续的文化资源资产化、资本化过程。比如，如果原生态文化只是局限或停留在遗址复原、古迹复建、文物修复、景观再生等，则其价值可能较低，很难实现资源的资本转换，但如果能将原生态文化与旅游、科技、商务等有机融合，将原生态文化资源配置到最优的用途和功能，则可以显著提升原生态文化资源的再利用价值，将其价值最大化。

其次，文化资源资产化极大影响着文化资本的转化。在文化资源资产化的途中免不了资产价值评估和产权清晰，这也是后续文化资源资本转换的前提和基础。科学选择因地制宜的资产评估方法为文化资源进入市场，实现资本化提供了交易基础，引导投资者理性投资。同时，在资产化过程中，通过产权的分割与设置，明晰产权，可以促进文化资产产权的自由流转，影响文化资源资本转换方式的选择与文化资源市场配置模式的选择。

最后，文化资源资本化过程影响着原生态文化的资源化过程。在文化资源的资本化过程中，清晰的产权可以在文化资本市场进行出让、转让、出租等多种市场化产权配置，形成多向的产权流动机制，从而可以吸收政府、企业、个人等多元投资主体的社会投资，理顺文化资本投融资体制机制，为原生态文化的资源化过程建设多元的融资渠道。

总之，从文化生产与交易的角度来看，原生态文化资源最初表现为自然的状态，经过文化挖掘转变为文化资源，再通过文化生产投入转化为文化资产，最后进入文化市场流转交易形成文化资本。当然，文化资源向文化资本依次转换的资源化、资产化、资本化过程只是一种理论路径，三个过程相互影响、相互联系，在实践中并非都具有如此明确的先后顺序，可以根据具体情况灵活安排。图 2 -1 描述了文化资源资本转换的路径、条件、手段以及价值实现。

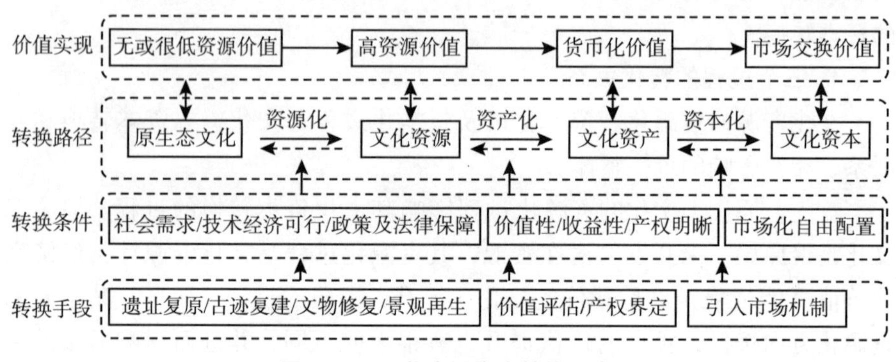

图 2 -1　文化资源资本转换示意

（四）文化资源资本转换的理论框架

通过文化资源资本转换的路径分析可知，原生态文化资源经过资源化、资产化、资本化三个过程转化为文化资本，而对于一些资源价值不高或不存在的原生态文化资源便转化为特定的文化资本，经过市场运作对其价值实现增值。对此，有三个方面的转化问题亟待解决，并由此构成本书文化资源资本转换的基本理论框架。

1. 文化资源资本转换过程及其机理

这部分主要从内在机理层面对文化资源的挖掘、价值增值以及转化过程进行分析。在原生态文化资源化过程中，分析原生态文化资源化技术、可资源化类型及其资源化方向选择，将各种有形的或无形的处于自然状态的原生态文化元素，通过收集、整理、修复、重组等多种资源化技术手段，恢复或开发成具有使用价值的文化资源，如古迹遗址、文物景观的修复与再造等。在文化资源资产化过程中，研究文化资源资产价值评估方法和产权明晰方法，分析文化资产投资收益回报机制，按照生产经营规律，建立相应的管理体制，一般而言，其构建基础为产权约束，实行投入产出管理，形成产权清晰的文化资产。在文化资源资本化过程中，分析文化资源的资本化方式、资本化价值及其资本化运营，研究给投资者带来收益且归属清晰的文化资产产权如何进入市场以资本形式流动起来形成文化资本。

2. 文化资源资本转换能力及其评价

文化资源在区域与类型上的差别影响其资本转换能力。首先，从文化资源化技术成熟程度、经济与社会发展现状（包括文化资源化投资力度、可资源化规模等）以及具体转化项目的物品属性（纯公共物品、私人物品及混合物品）、外部性、市场竞争潜力和运营收益预期等方面具体分析造成这种差异的主要影响因素。其次，从资源化能力、资源资产化能力、资产资本化能力三个基本维度来建立评价指标体系，运用模糊综合评判法、层次分析法建立评价模型进行定量化评价，为分析文化资源转化经济属性、确定适宜的投资主体以及为合理安排文化资源转化提供参考。

3. 文化资源资本转换模式及其选择

着眼政府与市场这两大基本的文化资源配置主体，首先，从经济学视域下的资源配置理论出发，分析文化资源的稀缺性，探讨文化资源配置的效率与公平，讨论文化资源配置效率的帕累托最优，进而归纳总结出文化资源配置的三种基本模式，即计划配置模式、市场配置模式以及由两者不同程度组合的混合配置模式。其次，基于交易费用理论与制度变迁理论，研究文化资源资本转化的交易范畴、市场以及费用构成，分析影响文化资源资本转换交易费用的影响因素。最后，以文化资源资本转换的项目（任务）作为交易费用研究对象，运用赫克曼（Heckman）两阶段计量模型，实证分析文化资源资本转换的资源配置模式选择，进而确定文化资源资本转换过程中政府与市场的边界，选择最优的资源配置模式。

小结

本章对文化资源、文化资产、文化资本三个核心概念的内涵及外延进行了界定，厘清了其相互关系，对文化资源资本转换过程中所涉及的价值理论、产权理论、资源资本化理论进行了全面梳理。归纳总结了现有研究中对文化资源属性的认识及其再利用特征，并分析了文化资源资本转换所具有的内外部条件。在此基础上，从“资源—资产—资本”三位一体的资源管理观的视角，提出包含资源化、资产化、资本化三个过程的文化资源资本转换路径，并分析转换过程中文化资源的属性转化与价值转化及其相互关系，提出基于转换过程机理、转换能力评价、转换模式选择的文化资源资本转换理论分析框架。

第三章 文化资源的资本转换过程及其机理

在第二章文化资源资本转换理论基础与分析框架的基础上，本章深入分析我国文化资源资本转换的过程，即文化资源的资源化过程、资产化过程以及资本化过程，以期更加深入地研究我国文化资源挖掘与价值实现的过程，探究文化资源资本转换机理。

一、资源化过程：文化资源的挖掘

文化资源的资源化过程是通过收集、整理、修复、重组等多种资源化技术手段，将原生态文化资源或传统文化资源作为生产要素形态进入现代社会文化再生产，恢复或开发成具有使用价值的过程。其本质是原生态文化资源或传统文化资源使用价值再生与提高的过程。

（一）文化的资源化技术

对原生态文化资源或传统文化资源进行开发利用或再利用，需要借助资源化技术措施，才能更好地实现文化资源的资源化转换。文化资源的资源化技术主要有原生型复原、文遗修复与传承以及资源整合再生三大类技术手段。

（1）原生型复原。采取最低限度的技术干预，对因挖损、塌陷、压占等造成破坏的原生态文化资源进行如疏排式、平整式、挖深垫浅等必要的复原手段，使其恢复到可供利用状态的资源。景德镇将许多挖掘出来的古代陶瓷遗址直接在原地保留，强调古窑址的原始状态，如高岭古瓷土矿坑①。

（2）文遗修复与传承。这是我国文化资源开发利用的主要资源化技术类型。随着时间的流逝，许多古建筑遗址会因各种原因遭到或多或少的损

① 许艳艳，黄志诚．景德镇陶瓷文化资源资本化的模式研究［J］．江苏陶瓷，2008（6）．

坏，按照历史记载，对其进行一定的保护性修复，特别是在信息与数字技术赋能下进行资源数字化，已成为提升我国民族文化原创力生命力的重要源头。秦始皇兵马俑刚出土时绝大部分都已支离破碎，整理修复难度极大，但通过文物虚拟修复和数字化保护技术，使8000余件气吞山河的兵马俑迅速重现天下。结合传统的文物保护与修复技术，利用计算机辅助修复技术以及虚拟现实、增强现实等信息技术对我国古代文化遗产进行数字化采集、加工、展示和有效保护具有重要的现实意义。同时，运用地理信息系统（GIS）、数据库、流媒体等技术管理民族民间文艺资源，可以大力促进文化艺术资源的共享与传播。

（3）文化资源整合再生。一些原生态文化或传统文化资源，本身蕴含丰富的历史文化价值、美学价值和社会价值等，经过资源更新整合、再生再造等技术手段，促使其生态经济价值再生、文艺价值再现，并与当地旅游文化资源相结合，成为当地文化旅游产业蓬勃发展的资源动力。安徽蚌埠禹会村依托新发现的龙山文化晚期大型仪式性遗址，申请国家级文物保护单位、主办学术研讨会、通过媒体发布扩大社会影响等，积极推进禹会村国家遗址公园立项和建设，使大禹神话及其精神内涵以更加多样化的手段得到呈现和延续。

当然，这三类资源化技术手段不是孤立的，而是随着实践经验的积累和理论的发展，以及人类对文化资源价值认识的变化，逐渐深入，层层递进。原生型复原侧重的是原生态文化或传统文化本身的恢复，强调其自然状态的呈现；文遗修复与传承则是在原生态文化或传统文化自然状态恢复的基础上，进一步进行抢救性补修、保护与传承；文化资源整合再生是通过多种方式整合多种文化资源，实现文化与旅游、文化与科技融合，将原有的文化资源进行深层次地发掘、整理、筛选与提升，促进文化资源人文、历史、社会、经济多重价值的增值。原生型复原可以作为文化资源化技术手段单独作用，形成具有使用价值的文化资源，也可以作为文遗修复与传承的前期工程，进而为文化资源的整合再生打下资源化的基础。随着认识的不断加深，文化资源的原生型复原、文遗修复与传承、文化资源的整合再生相互渗透，日益融合，不仅开发挖掘出可利用的原生态或传统文化资源，恢复其再利用价值，而且要修复与重建良好的文化资源生态，并整合多方资源，实现文化资源价值增值的同时，促进区域经济社会文化和谐发展。

（二）文化的资源化类型

从可资源化的形式、历时性、内容等不同维度，可以将文化资源分成不同可资源化的类型。

从形式上看，可资源化的文化资源分为物质文化资源和非物质文化资源。物质文化资源指人类在自然界用于各种生产生活所留存下的民族性特色居住地、传统服饰品、具有地方特色的民间工艺等。根据在文化生产中的角色定位，物质文化资源又可分为两部分。一部分是通过开发利用直接成为产品转化为财富资源的文化载体，它由生产产品中所需的各种物质原材料组成，如旅游景点、工艺品、传统服装装饰纹样等可供开发的物质资源。这部分物质资源可以在时代发展中不断扩大其范围，产品种类具有成倍增长的潜力。另一部分则是指发展建设各种文化资源的物质手段，呈现为文化生产推广的传播方式，主要包括文化生产中的基础物质用品和设备技术支持，如将传统服饰品中纹样进行现代服饰品创新的设计能力，打造推广网红旅游景点的现代化方法等。这部分物质资源可以加大文化资源在新时代的营销力度并不断为其提供发展动力。非物质文化资源也可理解为精神性文化资源，来自人类社会历史进程中沉淀与积累下的无形资源，主要由各地的语言、不同文字的书写、特色舞蹈、民间风俗、节日庆典等组成，其中所包含的众多内容和表现形式皆可用于文化生产生活之中。这些元素通过后天人们的发掘，借助人们日渐丰富的社会生活和对精神世界需求的增加，使开发者逐渐转换注意力，将开发方式的技术手段和途径不断触及新的深度和广度，以此达到符合新的文化资源发展要求。

从历时性上看，可资源化的文化资源分为文化历史资源和文化现实资源。古代前人用智慧凝聚创造出的优秀文化留存至今，在后人的集合梳理中形成文化历史资源，如历史遗迹或其他类传统文化遗产。根据是否保有实物载体，文化历史资源又分为有形文化历史资源与无形文化资源两种形式。有形的文化历史资源或文化遗产指代已经现世出土和尚未发现埋藏于地下的文物。文物有可搬运移动的各类器物、艺术绘画作品、历史典籍、衣着服饰品等，不便于迁移的历史遗迹主要由建筑群落、寺庙洞穴中的壁画、聚集的古老村落、石雕刻佛像等组成，其中大部分建筑经开发后成为热门景点。无形的文化历史资源主要以人作为载体，依托人天生自带的声线、喜怒哀乐、姿态动作、表演动态等行为呈现，如古老祭祀的仪式活动、咏诵诗歌等非物质文化遗产。处于近代或当代的文化现实资源是人们在科学技术的支持下对物质成果进行转化所形成的文化资源。以不同智能转化物质成果的科技含量为标准，文化现实资源又可分为文化现实智能资源和文化现实非智能资源。文化现实智能资源通过知识发挥创造想象力，在生产生活中积累为资产价值，实现价值产能增值。文化智能资源价值属性由智能资产结构组成，智力和知识结构的交叉融合程度影响其资源开发的价值大小。文化现实资源的核心要素是现代知识和智能化，通过产业智能化运作带来更多的剩余价值空间，各类学科科技的交叉碰撞中融合接触得越多，产生的价值效应更大。

从内容上看，可资源化的文化资源分为民族文化资源、艺术文化资源、地域文化资源等，其中体现在当代人们日常生活中的基本由传媒产业、艺术产业、旅游产业、体育产业、版权产业等项目产业组成。传媒产业是传播文化知识、多重信息、即时热点的传媒实体组合构建的产业群，以传统纸媒出版、新闻广播、网络视频平台、影音传媒等作为主要载体，通过推送发布地域语言、图形文字、数码视频、影像画面、符号声音等形式的信息传播，依托文化资源的广泛性与传播力量，为人们提供多重咨询产品及服务，形成经济资产实体的产业群体。通常将艺术品的经营、文娱业、演出业看作是艺术产业，这类型艺术文化资源所形成的产业链主要由艺术作品、艺术设计创造者、艺术传播者组成，按照工业标准筛选生产，通过艺术设计师将艺术作品转型为产品进行二次创作，在出版社、营销商、广告商、版权代理商的推销经营下，将文化资源转化为经济资源，集合成易满足人们精神需求与休闲娱乐为主的产业群。随着传统旅游业的改革创新，文化旅游利用自然资源或后天人工打造的奇观异景接待出行旅游者，为消费者提供出行交通、餐饮食宿、游览观光、娱乐购物全套的优质服务，构成紧密成熟的文化旅游产业链。在此影响下，文化旅游产业也逐渐成为主要旅游业发展方向，其所形成的动力效应，如地区价值提升、生态环境保护、直接消费动力等，推动当地的旅游文化发展，提供就业机会，有着创建和谐社会和优化一系列良性社会经济效应的正面影响。体育产业与其他产业相同，皆注重文化效益与市场经济效益，是为社会大众提供体育文化产品经济部门的综合，作为国民经济产业部门，其产品的重要宗旨在于提高全民身体健康素质、振兴民族精神魂魄。广义的体育产业指“与一切体育运动相关的生产经营活动，主要包含所衍生出的体育用具和为体育运动服务的相关产品的生产与经营”。狭义的体育产业则是指“体育事业中进入市场后盈利的行业”。其主体产业为体育竞技类和大众健身类，通过各种运动项目进入人们的生活之中，推广拥有健康体魄的积极意义，以此生成运动文化资源财富，相较其他类文化产业，虽然也追求经济效益，但更为注重满足社会精神文明需求，具有公益性质。版权产业由核心类版权产业、部分产权产业、发行类版权产业、版权关联类产业组成，主要指生产经营中具有个人思想文化的版权属性的作品或产品，较为特殊的是版权产业需要法律对其进行保护，以此来发展生存，其核心业务涉及音体美艺术、文学、科技知识等作品的创作、引用、传播、改编等。创意产业也称为创新经济、创造产业，主要由时尚设计、博物馆和美术馆、新传媒交互互动软件等以创意为基础动力的文化资源组成。在现今的时代背景影响下，创意产业在互动中融合客户，通过全球化网络线上线下合作的方式进行产业联动，从研究创意的价值拓展方式，到逐渐形成以创意为核心的文化产业组织活动，聚焦现代性意义上的科技创新，打破艺术创意情绪的感性生产，全面发展以理性与感性相结合生产为主导的创意文化资源，最大限度地发挥其创意经济效益。

（三）文化的资源化特性

文化资源不同于其他资源类型，其具有可循环性、虚拟性、多样性、精神性、发展性等多重可资源化特性。

1. 文化资源的可循环性

在一定程度上，人们对文化资源的需求是有循环性的，即可理解为不同的人对待同一种文化资源，皆能够获取相对应的资源需求，表现出文化资源的可开发性和价值潜力随不同人群的选择而被无限使用且具有可再生性。比如，“四大名著”在过去只有书籍，而现在可以通过电视剧、电影、戏剧改编等不同的形态演绎流传下去，将来的形式会更加丰富，而不同人群在阅读、浏览的同时，还会不断加入新的文化元素与文化组成因子，推陈出新，一直循环往复地在内容上拓宽发展路径，并随着时代背景的变化而不断演化下去，增加其附加值，扩大其影响力。

2. 文化资源的虚拟性

文化资源的虚拟性特征是与其他类型资源最为不同的地方，其他类资源大多以有形的物质载体呈现在社会生产生活中，而文化资源大多以无形的思想内容、精神信仰、社会规则等表现。对于文化资源的价值挖掘与利用，表面上是需要通过某些物质形式来承载，但这些物质形式并不是用以展示物质本身，而是以其作为载体，将文化资源中的思想、精神、信仰、规则和情绪感受物化，为表现文化资源中的精神形态而存在。比如，世界著名画作《蒙娜丽莎》是意大利文艺复兴时期画家列奥纳多·达·芬奇（Leonardo da Vinci）创作的油画作品，尽管它是以油画这个物质为载体，但画作中要传达的不仅仅是蒙娜丽莎迷人且神秘的微笑与当时女性优雅知性的形象，而是其中蕴含的文艺复兴时期人们对美学的感受和当时资本主义社会背景下对女性外貌的审美观念与诉求。每个去法国卢浮宫博物馆参观学习的人们眼中看到的是画作本身，但用心感受的却是其中体现出来现实中虚拟且无形、不可触碰到的精神世界，这也是文化魅力之所在。

3. 文化资源的多样性

在经济全球化的今天，各类信息交流沟通的融合方式迅猛发展，对新型资源的挖掘范围日渐扩大，世界各民族的文化资源日新月异产生着变化。不同空间和时代，不同国家和区域，在社会性质、经济发展、思想文化、科学技术等因素的影响下，呈现不同方面不同程度的发展水平，衍生出具有差异性的文化观念。不同地域的人们在文化资源输出数量与质量的差异下表现出纷繁复杂的智慧与想象，人们对没有统一标准的文化资源皆有着个人独到的理解方式，这也是文化资源形成多样性的原因之一。此外，在科学技术与媒体传播的催生下，人们摆脱了时间、空间的束缚，对某些感兴趣的文化资源能够在全球范围内跨越时空探索研究，在不同的文化背景下，以不同的学习视角进行资源的分析创造，在碰撞交叉中进一步丰富文化资源，形成新的文化资源特色价值。

4. 文化资源的精神性

不同于其他资源主要以物质载体作为表象实物存在，文化资源不管是自然资源还是社会资源，既有物质形态存在的部分，更有人文思想赋予其相对应的精神属性，这使文化资源有着物质的实体财富和无穷尽的丰富精神内涵。综合来看，文化资源大多数以精神形态呈现，精神因素产生的财富更为突出。以一种或一类文化书籍为例，从它的物质属性来看，它主要是以纸质或电子书本的方式出现在消费者手中，具有可读性的实际价值，但从它的精神资源角度来看，书本中所输出的文化、思想、故事情节等满足了读者的情感内心，具有精神满足的特点，这类精神特性开拓激发了大量文化资源的价值路径，衍生出大量的实质财富，体现出文化资源在满足消费者日常生活中物质生活的同时，更在某种程度上给予消费者精神思想上的需求。

5. 文化资源的发展性

在快节奏的时代背景中，文化资源在社会环境、经济增长、科学技术等因素突飞猛进的影响之下，其开发利用方法和挖掘途径丰富起来，文化资源本身凸显出来的迅猛发展和创新更替的方式呈现出较为完善的体系化趋势。相对于其他资源，文化资源所适配的更新发展速度在应用范畴、传播速度等方面更为广阔，一些原本与文化资源看似无关的物品或产业，也能在某一新兴的热点舆论或传播中造就出来，成为争相追捧的重要文化资源。如某地原本是一个无人问津不太出名的小众旅游景区，在对其开发形成特色民宿、专题景点、综艺节目热点等相应的营销推广后，成为网红打卡旅游景点，获得经济与文化旅游传播的双赢。文化资源在不断延伸出的外界因素下，于未来的传播价值路径开发是无穷无尽的，具有丰富的多变性与发展潜力。

（四）文化的资源化选择

文化资源作为一种不同于普通物质资源的特殊资源类型，由社会资源为主，自然资源为辅组合而成，是在自然因素（天然风景、生态环境、地形气候等）和社会物质要素（科学技术、民间风俗、智慧知识等）影响下形成的资源综合体，其可资源化的选择可以通过适宜性评价来进行。

1. 适宜性评价内涵

对文化资源进行适宜性评价是对特定文化资源类型是否适合开发挖掘的选择过程，是以具体的文化资源利用方式和创造类型对文化资源的内容性质进行对照，从而达到相互匹配并确认适宜性的过程，进而使其达到文化资源的优化挖掘与现实价值转换。不同类型的文化资源具有不同的特点，其向文化产业转化的可能性和适宜性都有很大的差别。因此，在文化资源向文化产业转化过程中，我们首先需要对文化资源进行适宜性开发的选择性评价，比如哪些文化资源是需要加强保护而禁止开发的，哪些资源自我再生羸弱而需要限制性开发，哪些资源可以在保护的基础上统筹开发，哪些又可以完全走向市场进行重点产业化开发等。对于文化资源的选择适宜性评价主要以文化的社会资源和自然资源的发展属性和现存状况对文化资源开发利用力度或文化资源物质精神的影响大小为评价标准，同时考虑社会经济因素的影响。总之，在普通的文化资源适宜性选择评价的基础之上，对文化资源进行可资源化选择，不可忽略其在社会、自然环境中产生的优化结果或破坏状况，必须考虑文化资源开发中产生的正面或负面影响，选取其中的主要影响因素进行优化改进，最后整合形成文化资源最优适宜化的可行性方案。

2. 适宜性评价原则

文化资源化选择的适宜性评价需要遵循可开发最佳原则、因地制宜原则、自然因素与社会因素相结合原则以及可持续发展原则等。

（1）可开发最佳原则。各类待开发的有形物质资源、无形精神资源与保存完好的天然自然资源、被破坏的自然资源，可通过适宜性方向对挖掘开发所需资金、科技、劳动力以及其他投入（包括社会化辅助设施、媒体宣传推广等）的资源消耗占比文化资源化所产生的整体效益进行评估，同时考虑开发挖掘的可行性与完成度，尤其不可忽视开发后可能形成的负面影响，在保障生态环境的前提下，实现文化资源满足社会需求的同时呈现出价值最佳状态。因此，在确定适宜性文化资源化方向时，根据文化资源的现实经济条件、科学技术实现程度、消费者需求偏好等状况，考虑其所产生的综合价值效益，确定此类文化资源是否适宜进行选择开发，最终目的是以较小的投入从待开发的文化资源中获取最优化的社会、经济、生态效益。

（2）因地制宜原则。文化资源中自然资源的利用条件制约较多，如周围环境、气候变化、天然程度等。对于自然文化资源的利用方式，需要具体问题具体分析，充分考虑与之相适应的配套开发方案，在考虑气候环境的前提下，完善配套设施。根据已有的自然资源作出适宜性方案设计，事先勘探分析现存自然资源状况，扬长避短，确定合理科学的发展利用方向。在确定待挖掘的文化资源的利用方向时，不能强求规定各项指标达到一致，各类文化资源都具有特殊性，需根据评估结果中的自然资源现存条件、科学技术能力、当地经济文化等因素，确定符合特定文化资源适宜性的因地制宜开发方式。

（3）自然因素与社会因素相结合原则。影响文化资源的可资源化因素不仅包括当地自然气候、景观、动植物品类等自然因素，还包括当地受教育程度、经济发展状况、社会文化底蕴等社会因素。在此基础上，进一步明确文化资源从属的可能类型。如果属性偏向于自然文化资源，则自然因素考察比例较大，适宜性原则偏向于自然开发方法，重点考虑对生态环境的保护与开发破坏程度等再利用关键因素，从而制定科学的资源利用方向。反之，如果属性偏向于社会文化资源开发，则要重点分析科学技术是否达到开发水平、文化资源地理位置的适宜性、消费者需求偏好程度等。因此，通过前期的调研分析，在文化资源适宜性开发中统筹考量自然因素与社会因素的影响，进而确定待开发文化资源的利用方向。

（4）可持续发展原则。在文化资源开发利用的过程中，其发展变化在不同的时代背景下呈现出纷繁复杂的演变方式。在当代各类资源开发利用中，适宜性评价都非常重视可持续发展原则，文化资源中无论是自然资源还是社会资源，同样都必须确保在不影响当下生态环境的前提下进行可持续的资源化开发利用。

3. 适宜性评价方法

文化资源适宜性评价方法主要包括经验判断法、综合指数法、极限条件法、专家评价法、模糊综合评价法等。

（1）经验判断法。即评价者将文化资源进行适宜性评价，根据文化资源的分类及其实质内涵、调查资料和多年对文化资源利用的经验等，判断此类文化资源在当下是否适合进行选择开发以及在未来的发展价值可能性大小。该方法的优势在于能够考虑到理论数据方法中无法数字化表述的各种人文、情感等非数量因子的具体变化，劣势是对评价者的要求较高，需要评价者对当地的文化资源、国内发展状况乃至未来的发展趋势等有比较清晰的认识，具有相对丰富的知识储备和比较开阔的视野，才能做出比较科学合理的判断评价。

（2）综合指数法。在得出多个影响因子指数的基础之上，采用综合测评的评价方法。通过影响因子指数采集数据，运用一定的数学模型进行综合分析与处理，得到一个项目的全面综合评价数值或尺度指数，对待开发的文化资源进行适宜性等级状况测评。此种评价方法为开发者提供了较为客观的量化评价结果，比对性较好，但理论指数的影响因子仅是对综合环境的部分要素静态的粗略判断与描述，具有一定的缺陷性。

（3）极限条件法。分析评判出文化资源挖掘可能性的最低评定指标，作为确定文化资源可资源化的适宜性等级的基础依据。该方法充分合理地考虑各参考项目的分配比例，形成权重不同的部分，尽可能获取相对准确的指数。这种方法具有较强的方法逻辑性，也是量化呈现文化资源化适宜性的等级及各项权重指数，但也难以考虑到非数量因子产生的变化。一般而言，此种方法综合评定下的适宜性等级偏低。

（4）专家评价法。与经验判断法稍有不同，专家评价法着重以评价者的主观判断为基础评价，数据获取的主要来源为专家个人。首先，组织文化资源开发利用的相关学科领域专家，听取其专业建议，最后得到专业方面的理论建议、成功的经验案例以及对文化资源可资源化要素的综合评估等。专家评价法的最大特点与优势在于对一些难以用数学模型与方法进行量化评价的因素，和一些缺乏原始资料难以进行数据统计的情况下，可以得出合适的定性判断。但劣势是需综合多个专家的意见，反复求证对比，花费的人力物力和时间较多，且不同的专家偏好有别，其评价主观性较强。

（5）模糊综合评价法。运用模糊数学方法来解决文化资源化适宜性评价中的模糊数据问题，筛选处理文化资源选择适宜性评价中评价因素模糊不清、确定性不够的问题。此种方法能得到关键的某一评价因素的评价属性与结果，常应用在文化资源开发适宜性评价中确定评价等级及其隶属度。

二、资产化过程：文化资源的价值再生

文化资源的资产化是根据文化资源可资源化再利用实际，按照生产经营规律实行投入产出管理，建立以产权约束为基础的管理体制，以确保资源所有者权益不受损害、文化资源保值增值，增加文化资源产权的可交易性。文化资源的资产化过程，使文化资源从物质形态上的管理转化为价值形态上的管理，其关键在于形成产权清晰的文化资产，核心在于产权管理，其实质是文化资源使用价值转化为货币化价值以及明晰其产权的过程。

（一）文化资源的价值构成及评估

文化资源的资产化首先需要对拟资产化的文化资源价值构成进行分析，并在此基础上进行文化资源的价值评估。文化资源是文化产业开发利用的前提和基础，由此，对全国区域或地方性文化自然资源、社会资源的综合价值评估也就成为全国或区域文化产业发展的基础。对文化资源的价值和发掘存量进行准确评估和科学研究，能够为全国区域内的文化资源科学合理地制定出地方特色文化资源开发的方案，推进社会大众对文化资源的保护意识，为地方特色文化资源参与现代化产业经营链提供重要参考。

1. 文化资源的价值要素

文化资源的价值要素包括文化资源中的文化价值、社会价值、经济价值、发展价值等方面。文化价值的发掘和开发主要来源于其本身所包含的资源价值，在进行资源价值评估时主要参考其对地方性特色文化的影响程度和文化传播广度；社会价值的范围较广，包括社会效用、文化资源传播知名度、文化资源非遗保护等级、文化资源独特性等；经济价值由消费者价值、文化资源消费者人群、资源竞争力、文化资源消费喜好趋势、市场规模等组成；发展价值包括资源文化的分布范围、可持续发展能力、文化

资源续航、分布范围、文化资源所属地区的基础交通经济设施发展水平、消费便利程度等。

2. 文化资源的价值评估指标

文化资源价值评估指标的设置是文化资源综合评估系统的基础，指标体系构造的合理性和科学性关系到评估系统运作成果的成功与否。在考察文化资源中的文化、社会、经济等价值后，对所选文化资源价值设置评估指标时，相应地将文化资源的效用指标、自然资源或社会物质资源的品相指标、地方特色或传统资源的传承能力以及发展预期指标等影响因素考虑其中，使评估指标体系更为完善成熟。

在具体指标体系构造发展演变过程中，基础考虑的影响因素是指标能否具有代表性。选择评估指标的步骤，首先要从众多待开发文化资源中选择最具影响力、最有特性、可持续发展潜力强、最能切实有效反映出评估目的的文化资源类型，同时保证文化资源指标的数量精简有力，将问题简单明了地呈现，避免复杂化。其次，选择独立性较强的指标问题，包含独立自主的内容、含义和解释，避免出现重复性或有多重歧义的部分。最后，指标需有“双向性”，即指设置的文化资源在具备某种价值要素的同时还需要设置当地能够提供相对应承担的资源产业化转化效能指标，只有以地方特色文化性产业为资源有效依托，才能使考察评估结果更加准确真实。

3. 文化资源的价值评估原则

由于各类文化资源自身存在社会物质资源和社会精神资源的双重属性，所以文化资源通常表现出可度量性和不可度量性两类。文化资源中的可度量性有着明显的价值量化方式，如历史遗迹、建筑文物、传统技艺工艺品等；不可度量的文化资源经济价值呈现有所不同，多为风土人情、精神信仰、曲艺等。因此，对文化资源价值的客观评估，需要将可度量、不可度量两类文化资源进行统筹，建立一套科学全面的评估基准。无论可度量，还是不可度量的文化资源价值评估，都需遵从客观性原则、差异性原则、可比性原则、地方特色原则、全面系统原则、定性与定量相结合等评估原则。

（1）客观性原则。选择好适宜性较高的待开发文化资源后对其进行价值评估，要避免专家团队或经验判断方法所产生主观偏好的影响，需运用科学的客观理论方法，结合当地或全国文化资源产业发展的主流方向，将客观性原则贯穿始终，尽量保障在现实的角度来评估文化资源，反映出真实的文化资源开发利用率。

（2）差异性原则。综合进行指标选择时需考虑其全面性，同时也要划分出主要部分和次要部分，较完整地呈现出文化资源价值评估中最重要的影响因素，直面各类文化资源的差异性，突出特定文化资源的个性特征、资源属性、类别优势、发展潜力等，最终真实地反映出文化资源的评估价值。

（3）可比性原则。通过对文化资源指标评估体系中的同一层级指标层层进行对比，在相同的评量区域范围、评估方法、评估标准下，采用相对值进行客观指标结果评定，反映出相类似文化资源的相对优势，以此择优选取待开发文化资源。

（4）地方特色原则。文化资源虽可于全国区域流转与共享，但根源却来自不同的地域。在各区域的地方语境下，地方性文化资源评估，需包含地方区域范围内文化资源的独特性，合理地反映出地域优势。对于地方性文化资源的价值评估，考察当地的文化底蕴、文化脉络主旋律成分的传承能力极为重要，由此，在进行价值评估时，应当着重挖掘分析其核心地方特色文化价值资源。此外，具有地方性文化资源产业的发展担负着地方文化的传承使命，在综合其竞争力、成熟度、相关文化产业关联度等因素后，考虑地方文化产业基础的建设状况，梳理研究文化资源是否具有现代化传承发展的可能性，保证文化资源在传承开发后的发展潜力与空间。对具有地方性特色的文化资源进行指标评估，除了考虑其历史价值、传承潜力、现代化等，还应关注文化资源的地方产业价值发展链，以地方已有的基础设施资源、交通、地理位置等为依托，对待开发文化资源改造所提供的便利条件也尤为重要。

（5）全面系统原则。文化资源主要分为自然资源和社会物质资源，有原生态文化资源、精神文化资源等文化共生的生态环境，文化资源的价值挖掘与开发也应当全面统一地考虑到文化资源之间的相互联动，保护文化生态产业链。因此，对文化资源价值的评估，不仅仅局限于文化资源个体的简单估测，应当从全局的整体视角出发，观测到社会文化活动发展的方向、文化环境的趋势以及资源风貌之间紧密不可分割的关联，从社会、文化、经济等多维度全面一体的角度出发，得出文化资源综合性的价值评估指标。这也是对特定文化资源进行价值评估的基础，每项指标在逻辑关系的组合下形成表达形式，在合理的科学结构中，各项指标有序排列形成系统，最终统一成完整的评估指标体系，客观有效地系统化评估待开发文化资源，由此得到真实评定的结果。

（6）定性与定量相结合原则。文化资源的评估指标较多，呈现复杂多变的发展趋势，具有综合性与不确定因素强的特点，由于这些特性多且难以统一评测，可以参考美国运筹学家萨迪（Saaty）提出的系统工程方法，即多层次权重解析法（analytic hierarchy process，AHP），在多目标系统评价或决策问题时常采用的权重设计方法。这种多目标决策方法可以将定性与定量结合，在面对繁重复杂决策问题的本质内涵、影响分子及内在关联等问题，需要进行深入研究的基础上，能够利用较少的定量信息将决策的思维过程数学程式化，简单明了地解决多目标的决策评估问题。最后在对可度量、不可度量的文化资源进行评估时，指标体系的设计在定性成熟完善的基础上，再进行定量处理，通过进一步的量化，最大限度地使文化资源的价值评估更为准确。

4. 文化资源的价值评估方法

建立形成一套直观完整的文化资源价值评估体系后，就可以通过调研采集各项指标评估数据，并对进行归纳整理、分析，对待开发文化资源构建出价值评估数据体系，然后采用“先赋权重、后评价”的方法对文化资源进行定量价值评估。其中，应用经验判断法、综合指数法、层次分析法等综合评估确定基本价值评估模型，整合各专业领域专家的经验评判，对评级模型的各层次指标一一进行比对分析，分化出各指标的占比权重。根据文化资源在产业价值开发中的特点，确立层层指标的权重比例，采用自上而下的分配方式，上下层级依次比较，细分出各层次相对应指标比例，在完成所有评价模型各层级的比例分配后，即可开展选定开发文化资源的综合评价分析。

综合评估文化资源价值，需考虑文化资源的价值观、文化资源价值的潜在性、文化资源价值的滞后性、传统文化资源价值的回归性等几个部分。

文化资源的价值观是基于地方社会经济特征所产生的，影响着地方区域范围内的文化消费习惯。在进行价值评估时，应考虑当地人们的消费文化，这一点直接关系到文化资源开发后形成的产业化资源应用模式的可行性与实际生产后是否能达到价值利益预期。

文化资源价值的潜在性是在未开发的文化资源中探测分析出可能性资源价值，除了考虑尚未发现的资源，已经开发的资源也可能由于前期开发方式途径的不合理未发挥出其真实的价值，存在着二次开发的持续发展性。用可持续的眼光，通过各项指标评估，挖掘文化资源的潜力，把握文化产业链中的关联风口，是评估价值应注意的要点之一。

文化资源价值的滞后性是由于现有产业基础设施等条件的不足，未能达到文化资源转化文化资产价值的预期，导致文化资源价值未能实现形成滞后，对于这一滞后情况，应当及时进行二次评估，重申文化资源转换价值，以便在后期的规划设计中改进条件，促进文化资源的实际价值转换。

传统文化资源价值随着当下消费者对怀旧、复古文化现象的追捧得以回温，这种回归的现象也意味着面对传统文化资源需积极关注当下及未来的文化流行趋势，看准寻找符合现代文化风俗的传统文化资源，实现传统地方区域文化资源的传承。

5. 文化资源的价值评估意义

对文化资源价值的评估主要具有四个方面的意义。

第一，为区域特色文化资源找准价值体现与发展方向定位，明确构建地方特色文化资源产业链。对单个的文化资源进行价值评估是文化资源资本转换的基础步骤，从个体的文化资源试点进行评估，探究测试整体市场的活性与文化资源的潜力，以此得出整个区域乃至全国的文化产业发展可实现路径有哪些、各类社会物质资源可优化的资源点在哪、资源转换的实际价值能达到的弹性大小等关键信息。厘清哪一类文化资源更符合资源开发，哪类资源在当下还不具备产业化发展，为文化资源资产转化的生态产业链提供重要参考路线。

第二，构建文化资源开发模式，为利用资源规模提供基础依据。提供系统的文化资源调查和测评的方法，建立完整的科学化评估指标体系，明确文化产业开发的重心和目标方向，使开发文化资源在当地形成文化产业联动，将不同类型的资源进行价值融合，各个层级相互整合，发挥其价值最大化，达到价值预期效果。

第三，不断优化提升文化产业的核心竞争力，为文化资源提供保障。通过对文化资源评估的横向纵向比较，可以明确文化资源的核心价值所在，逐级逐层地确定待开发文化资源的综合测评排序，能够按照产业择优的发展条件划分出资源之间的优劣层次排比。这对确定地域性文化资源转化为资产的产业开发而言是发展重心，取舍之间的决策规划对形成区域特色文化产业链具有重要意义。

第四，为其他文化资源产业化提供实例参考。通过一个文化资源资产价值模式转化的开发案例，能够反映出各类文化资源与市场其他资源之间的相互联系，从中找到当代文化市场的缺失部分，将传统文化资源改进填充，使文化资源融入产业化之中，以此更长久合理地持续发展下去。

（二）文化资产与无形资产

目前，我国仅有两部涉及文化资产相关的规定。其一是财政部为规范民间非营利组织的会计行为，提高民间非营利组织的会计信息质量，根据《中华人民共和国会计法》（以下简称《会计法》）及有关法律法规，于2005年1月1日起实施的《民间非营利组织会计制度》（共8章共76条）。其二是在财政部、中宣部、文化部等五部委联合组织下，于2007年9月29日发布并实施的《关于在文化体制改革中加强国有文化资产管理的通知》。两者皆对文化资产进行了提及，主要从资产所有者的角度将新闻出版、广播影视、文化艺术领域等国有企事业单位占用和使用的资产定义为文化资产。正如第二章概念界定中所述，本书所指的文化资产是指为文化企业带来预期收益的所有文化资源，表现为文化企业整合形成的各类生产要素，包括文化产品、文化产权以及文化领域所有资产形式。

文化企业所生产开发的文化产品在一定程度上承载着文化资源的内涵与本质，这离不开研发团队将具有鲜明特点的文化资源注入文化产品中，使文化产品在核心表征上体现出文化符号印记，因此组成文化企业资产的不仅仅有文化资源产生的产品，还包括了产品研发团队与具体生产人员的智力创造。

无形资产在2006年颁布的《企业会计准则第6号——无形资产》中的定义是“指企业拥有或者控制的没有实物形态的可辨认非货币性资产”。定义中所谓的“可辨认”是指“能够从企业中分离或者划分出来，并能单独或者与相关合同、资产或负债一起，用于出售、转移、授予许可、租赁或者交换”以及“源自合同性权利或其他法定权利，无论这些权利是否可以从企业或其他权利和义务中转移或者分离”。可见，无形资产的成本要能够进行明确的计量，且在外在的使用中具有可识别标识。其可识别属性体现在能够从企业中分离出来并单独拥有合同性、金融资产等其他法定权利；其不可识别属性是无形资产的预计使用寿命和有关经济利益的各种不确定性。无形资产在企业内部取得资产时应当形成计量单位数量，用于预估计算投入开发成本与后续相关支出。

文化资产和无形资产在面对可辨认且是非货币性资产时，其实际的收益都具有不可控和不确定计量性。如国内知名音乐厂牌摩登天空于2009年开创的音乐节品牌——草莓音乐节，每年都会邀请知名的流量歌手、乐队进行全国巡回演出，音乐节的演绎人员和后期组织机构在文化资产定义中，属于文化资产中文化艺术这一部分，是可辨认性的非货币性资产。草莓音乐节作为文化产品可以同时满足文化资产与无形资产的定义条件，体现出两种资产存在的共同之处。

文化资产与无形资产在面对可辨认性、非货币性的资产时具有相同点，但在其他方面有着明显区别。一是资产法律权属范围有所不同。由于无形资产不具有物体实际形态，其资产构成除专利技术、证明文件外，其他认定无形资产的全部内容都拥有法律权。而文化资产形成的过程中，首先要选定开发的文化资源，再通过专业开发的设计人员将文化资源的核心元素添加进当代文化产品中，使出品的文化产品除了有自身资源价值以外，还存在研发人员的创造价值，增加文化产品的价值含量。文化资源的资产化有较为复杂的法律权属关系，涵盖了文化资源的挖掘、文化产品的创造设计、实际生产流程、后期产品推广等，各种领域之间互相独立存在，其间相互产生的差异性和不相融性导致文化资产不能像无形资产一样形成单向性的有序指向，实际文化资产所包括的法律权属范围更加广泛复杂。二是实际产能产量的计算不同。无形资产的计量方式遵循着公平客观性、合理独立性、科学规划性、经济效益可靠性等资产计量原则，在初始确定好无形资产的入账价值后，按照相关的计量制度标准，产生明确的计量方法。由于文化资产在文化创意、设计、品牌效应等方面的不确定性，使目前存在的传统计量方法无法准确生成评估指标，形成科学化计量模式，也无法构建完善的常态化计量标准，从而无法评估文化资产的具体资产和未来发展潜力，影响文化企业进行产权交易与投资等商业行为。三是具体产品形态的呈现方式不同。无形资产没有具体的物质形态，广义上将专利权、金融资产、商标权以及长期股权投资等称为无形资产。文化资产能够为文化企业带来长期效益的资产，具有战略发展的特殊性，文化资产的具体产品形态可以是非实体性的，如文化价值理念、审美流行风格、吉祥含义等，也可以是可通过人体感官接触到的手工艺品、服装服饰品、博物馆、书籍刊物等实际物体。四是资产存在使用期限不同。无形资产经济寿命的结束是指这项资产不再获利，或另一项目资产获利更大后自然淘汰。文化资产是长期存在且一直具有资产价值创造潜力的，有着长时间的使用期限与使用寿命。五是资产架构的独立性不同。无形资产的可辨性特征，使其能够从企业或相关合同中分离或划分出来，具有单独的法定权利，在资产构成中具有独立性。文化资产的构建除了实际产品，还由精神层面与设计师创新思维等要素组成，复杂的构成关系使文化资产不能完全独立存在，具有不可分离性。如婚礼中新人穿着的中式龙凤褂，传统的中式婚礼服上的图案多以龙凤为主，画面中辅以“福”“喜”“石榴”“鸳鸯”等寓意百年好合、喜庆吉祥的装饰图案，龙凤褂中的所有装饰纹样皆采用传统金银刺绣工艺，精致勾勒的技艺使服饰上的纹样熠熠生辉，呈现出立体的浮雕效果。将传统的婚嫁文化资源延展开发，添加符合现代年轻人接受的设计元素，在服装款式上加以改良，添加吉祥寓意的内涵与外在制作精良的刺绣工艺，在市场形成当代中式婚礼服穿着潮流。如果没有了传统文化含义的注入，中式婚礼服的存在价值会相对削弱，失去了产业意义，这也体现出文化资产在多种资源组合所成的状态下不具有独立性。

（三）文化资产的评估维度

文化资源资产化后在表现形式上更加多样，资产价值具有复杂性与多样性。对文化资源转化而成的资产价值进行评估可以有效消除或减缓文化企业在进行产权交易、金融投资、企业产值等商业业务中出现的现实阻碍。正如上文所述，文化资源开发的不可控性导致评估时的价值影响因素不能完全把握，对于文化资源的实际产能产量计算也还没有形成相对科学可行的常态化计量模式。文化资源资产的多维度价值评估，首先将文化资产的共性部分进行合理计量，然后针对个性突出部分，考虑多种维度下可能出现的财务与非财务等影响评估的因素后，根据相类似文化资产的发展走向趋势及文化资产的实际市场维度，作出总的预估评判。由此，文化资产评估的维度可以集中在市场维度、消费者维度、资产财务维度以及经济价值时间链等四个方面。

1. 市场维度

文化产品市场中对文化资源产生的价值进行评估，不仅仅要考虑相类似的文化产品行业的实际市场消费能力与发展现状，还要将文化产品与文化开发企业的特定相关因素联系起来。文化企业在发展过程中会不断地积累文化资源的开发数量，涉及创造的文化产品品类也愈渐饱和。随着开发同类型资源的文化企业与产品增多，逐渐在文化市场上形成产业集群效应，这种聚集效应的出现体现了文化市场对文化产品的需求空间，能够引导文化企业在当前的资源开发道路上行进下去。美国迈克尔·波特（Michael E. Porter，1990）在《国家竞争优势》一书中首次提出产业集群这一现象，即指一定区域范围内特定产业通过网络、产业合作关系、企业规模等级等集中在一起形成的空间经济组织。产业集群效应一般由行业生成规模、市场产业占比、研发人员数量、专业研究趋势、生产工作人员人数与平均工资水平等数据表现出来。所以在对文化资产价值进行评估时，应当将市场维度中的产业集群现状作为参考因素。文化产业的产出规模（经营规模）一般以生产总值或产出量呈现，文化产业规模能够通过对产品生产数量和经营规模的范围分析，用以评估行业提供产品的发展潜力与趋势。在文化产业规模的纵向（技术研发、资源转化、成果产出、市场销售等）和横向（生产、同行业经营产品等）对比中，可看到当下整个文化市场行业的综合聚集能力以及发展阶段与变化趋势，为文化资源产业评估提供背景信息。文化企业的资产规模也能够了解到文化市场对企业的政策扶持力度、真实市场需求量、产业利润率等数据。从市场维度来看，除了企业与产品本身，生产劳动力与研发团队也尤为重要。文化市场对普通生产劳动力与创意创新型人才的吸引力往往通过产业是否具有发展前景以及能给予的薪酬待遇来表现。因此，文化企业中的就业人数和产品推陈出新的迭代能力一定程度上影响着价值评估。此外，还要考虑到文化资源的普适性、独创性、稀缺性，以及稀缺资源能够带来的不等比的高倍价值利润，在这一基础上需要根据具体的文化资产类型进行宏观市场与企业未来发展的客观角度共同分析，才能得出更加准确完善的价值评估。

2. 消费者维度

从消费者对文化产品的消费来看，文化资源的资产价值评估需要调研消费者对文化产品的认知度与文化品牌的喜爱倾向。消费者是对文化产品进行资产价值评估的重要维度，如果文化资产所产出的实际产品或无形文化精神没有对口的消费者产生消费行为，那么其已经产生的价值不存在任何评估意义，企业所有者、生产商家的资金投入最终也不能转化为实际的经济利润。文化产品进入市场的首要条件就是能否满足消费者的实际需求。文化产品除了具有实用便捷的先进功能外，还需具有一定程度的文化品牌知名度，在文化品牌传承的优良品质保证下，体现出文化产品的全部价值。因此，从消费者维度出发的评估方式主要应以消费者与文化产品之间发生的消费行为强度来体现，消费行为强说明文化产品的品牌认知度和实际功能受到了大众和市场的认可，反之则文化产品还需加强宣传推广品牌、夯实产品质量，将品牌影响力范围扩大。

影响消费者有效消费行为的主要因素有品牌忠实度、消费理念、价格与功能、经济状况、消费习惯等。文化产业品牌自身也会产生相应的影响，包括品牌推广强度、品牌形象设定、企业形象设计（corporate identity system，CIS）、品牌经营范围等都会使消费者的消费心理与消费行为产生变化。消费者对品牌产生的认知程度是衡量品牌内涵及价值的基本标准，如提到购买北京食物特产，人们一般会想到全聚德的烤鸭和稻香村的糕点，在消费者的潜在消费意识中，留下深刻印象的品牌产品更具有产生消费行为的可能。品牌的忠诚度是由消费者在长期反复使用品牌后，对品牌产生一定的情感和信任，如思念牌水饺、北京同仁堂、茅台酒等。品牌的认知度与忠诚度越高，该品牌在消费者心中的分量越重，树立的美好品牌形象使其生产的产品能够在市场中经久不衰，成为消费者生活中不可缺少且不易被替换的日常使用品。品牌形象与品牌强度也在一定程度上影响消费者对品牌的偏好程度，越受消费者喜爱追捧的品牌，其市场占有比例越高，对品牌当下及未来的主营收入和成长增值有着重大关联。文化品牌中存在的差异性使不同的文化产品有着独特唯一性，品牌也可借助这一特点，将文化资源除了做原产品生产还可进行相似产品的扩展创新，运用品牌的辐射效应，提高文化产品的资产价值。

3. 资产财务维度

文化企业的资产也就是对企业的基础财务信息进行财务评估。文化企业的财务核心是由企业财务活动能力、财务管理与表现能力相互支撑融合形成的。财务核心使企业具有可持续的盈利与价值增长能力，表现出价值性与统一性。组成基础财务信息的主要内容有产品创造的营收利润、产品生产销售成本、净利润同比、资金回笼速率、现金流量周转率、市场占有率等。通过对以上组成内容进行比对分析可以对文化资产价值进行综合财务评估，如产品创造的营收利润及产品生产销售成本能够反映文化企业生产的产品是否具有实际价值创造能力；净利润同比能够评估文化企业的实际财务能力与经营效果，体现企业所有者的收益比例；资金回笼速率和现金流量周转率反映文化企业在正规生产经营活动中的资金实力、财务筹资能力和营运能力；市场占有率、主营收入成长率反映文化产品市场的实际销售情况与成长能力。文化资产的未来发展续航能力主要靠文化附加值来实现，在企业进行并购重组、金融清算时，文化附加值的评估尤为重要。在进行单项指标评估的同时，还需计算比对同类型文化企业的各项指标同比，以行业资产财务均值来进行对比分析，从而从财务维度评估文化企业资产等级。

4. 经济价值时间链维度

对于文化资产的经济价值时间链维度，需要结合文化资源形成产品后的资产经济使用期限来分析。一部分文化资源具有法定归属权，本身即规定了经济使用的期限，在归属期限到期前，经济价值的评估只需注意此期间价值可能存在的变化波动情况。对于没有法定权属的文化资产，其前期开发中并不能完全预期文化资源开发后能否适应消费市场以及文化产品市场生命时长。针对文化资产经济价值存在寿命的不确定性问题，主要以梳理总结其发展过程中时间维度的方法来进行评估。时间链维度对文化资产价值的影响具体表现在文化资源的起源、发展及成熟的时间节点上，在不同的时代背景下，消费者对同一文化资产有着不一样的喜爱接受程度，在文化资产长时间的流传历程中，能够捕捉到一些微妙具有起伏增长波动的循环规律，结合当前的文化产品流行趋势，可推测出当前文化资产处于循环规律中的哪一部分，为评估文化资产时间维度的增长时长提供信息。对于文化资产的开发利用具有可循环性，在首次设计研发后推出市场，经济价值可能会呈现出激增走向达到一定的峰值，在出品时间推移下产品可能存在的损坏老化情况和同类型文化产品的替代竞争，经济收益会有所回落趋于平稳，稳定后一般会对文化资源进行二次开发利用，延长其经济价值的市场生命周期。

三、资本化过程：文化资源的资本转化

资源作为表现某一类事物所存在的价值载体，本身并不能直接转化为资本。文化资源转化为文化资本，首先必须让文化资源进入市场的再生产过程，然后通过文化产品的生产并以商品的形式参与市场交易，最后通过市场消费或以归属清晰的文化资产产权的资本形式在市场流通，使文化生产商获取超过成本的实际价值或给投资者带来收益。

（一）文化资源的配置

资源由人力、物力和财力共同组合，是社会经济发展的基础条件之一。资源对于人们日常生活中的各项需求而言，总是表现出稀缺性特征，从而要求在生产活动中对资源进行合理的资源配置，以此在调控中获取最大化经济效益。文化资源的重新配置是资本转化的前提和基础。

1. 需求导向的文化资源配置

文化资源配置需解决的两大基本问题：一是文化资源转化为文化产品的供给问题，如何投入生产、生产的方式、市场可消化产品数量等。二是

文化资源转化为文化产品的需求状况。文化产品供给的生产能力和规模与文化市场需求紧密相关，特别是在市场经济条件下，文化市场的需求决定文化产品供给的产品品类、生产数量的多少等。因此，在文化资源配置问题中，需着重注意文化产品生产产能与消费市场需求状况之间的匹配，合理调配生产规模、销售模式、宣传推广等资源。

对文化资源配置进行合理分配规划对人们文化生活需求的消费发展具有重要的意义。当人们对生产生活需求发展到一定程度后会自动进阶到下一个阶段，这是因为物质生活的需求与文化生活之间存在着正相关的供需比例结构，只有在洞察人们生活需求与文化需求所处的阶段后，才能进一步调配好文化生活需求在总体生活消费需求的占比，得到文化资源的正确投放比例，使投比总量和市场文化需求总量互相适应达到平衡。值得注意的是，仅仅保持总量发展水平的一致性还是不够的，这样不足以科学合理地解决文化资源合理配置的问题，最终还是需要确定文化资源产出产品的品类、生产数量规模等，要解决这一问题，必须掌握当下及未来人们的文化需求的特点和结构变化趋势。随着人们生活水平的提升，恩格尔系数的不断下降，人们更多地倾向于精神文化生活的消费，比如电影电视、创意书画艺术、音乐戏剧、小说书籍、旅游出行、文化娱乐等方面的文化消费比重明显增加。文化资源在进行资本转化时，其资源配置的优化调配重点放在人们日常生活中对各类文化资源消费的实际需求量上，从真实的需求出发，恰当地平衡人们对文化生活需求与总体文化资源配置之间的关系。

总之，从文化市场需求出发，文化资源的优化配置需要在文化资源合理投放的条件下，尽可能满足人们文化消费需求，以最少资金成本、文化资源、设施的投入生产出符合市场消费需求的高质量文化产品。

2. 文化资源配置的方式

在当今社会经济中，文化资源配置的方式主要有以下三种：市场调控、计划调控、市场与计划相结合调控。

（1）市场调控。文化资源配置中的市场调控是指文化资源的配置与文化产品流向数量、配比方式、生产类别等完全由文化市场进行调控支配，是一种以完全竞争为目的条件的资源配置方法。在这种前提条件下，调控文化资源产品流向的主要影响因素是人们的具体文化需求、文化资源市场的供给状况以及文化需求与供给状况的平衡。市场调控的优势在于能够通过市场商户经营者合理的竞争关系，保持生产产品销售量与需求的均衡比例，为文化资源的比例优化调控提供依据，促进各家经营商上层的文化生产企业加大研发，不断更新先进设备技术，提高经济生产效率与管理人员素质水平，同时也能优化文化产品生产配比中的组合形式，使产量与需求无缝衔接，也有利于采用自上而下的择优机制，淘汰劣质老化设备，促进产品生产质量和销售经营管理的能力上升。

但是，单一地以市场调控来配置文化资源，一方面会由于文化产品生产商为提高自身生产的文化产品市场占比和利润空间容易产生恶性竞争，相互之间发生负能量的摩擦与冲突，带来不必要的文化资源浪费和产能流失等市场失灵的现象；另一方面由于文化产品不仅具有经济属性，还具有社会属性，纯粹地使用市场调控方式难以将经济效益和社会效益统筹兼顾，容易导致文化资源配置出现重经济效益轻社会效益的现象。

（2）计划调控。文化资源配置的计划调控是指在全社会市场范围内，以计划经济的形式来进行文化资源的规划发展。计划调控的优势在于有利于指导文化资源转化成的文化产品生产与总体国民经济的发展控制在合理的规划之内，使社会资源在文化生产活动中各个领域的配置合理存在，形成最优化结构体系状态。另外还可在全社会可控的市场范围内集中人力资源、基础设施、财力资金等开展重大文化项目，对优秀的文化资源产业进行必要的扶持，防止因文化资源的分散配置导致优秀文化资源的开发利用难以推进。在统筹的计划调控下，也能够防止出现对同一类型的文化资源开发重复建设造成的浪费现象。

但是，计划调控对文化资源生产资本的充分调节，首先要求相关法律法规与信息系统的健全，以保证文化资源资产化能正常运营，能够及时得到多个产业链接口全面迅速的信息反馈，以准确掌握文化产品的各项生产需求、市场供给的指标数据信息，而人们的文化需求往往是多变的，这种变化从单个个体出发演变成群体，变化的规律与方式无法准确预测，要全面及时地分析并追赶变化速率，从而得出计划调控方案是具有一定难度的。其次，计划调控的方式会因现实市场存在的各种利益主体矛盾产生变化，很难有序推进。比如现实市场利益的分配环节在经济主体的分配中得不到有效的按劳分配，各方产生的分歧与矛盾就会影响调控的全面计划执行。还有，计划调控的程式化容易束缚文化产业产品设计生产研发人员的创新创意能力，不利于充分发挥各方团队的主观能动性和积极性。总之，完全按照计划调控来进行文化资源资本配置还是过于理想，不能完全适用现实的文化产品资源优化配置。

（3）市场与计划相结合调控。市场与计划调控相结合的调控方式，是根据文化产品社会属性与经济属性资源价值的比重，分别采取具体对应的调控方法，大部分满足市场调控前提条件的，选择市场调控为主、计划调控为辅，反之运用计划调控为主、市场调控为辅的配置方法，使文化资源资本价值发挥出最优状态。具体的调节分为两种模式，将在社会主义思想文化建设中较为突出的文化产品归为一类，因其文化思想精神的特殊性与推广传播力度有所不同，需定制运行井然有序的计划调控方式，使这部分文化产品在后续的各方面资源补给得到保证。对于一些较为普通的大众娱乐化文化产品也可归为一个大类，因为此类文化产品的市场需求变化速率快，供需关系难以准确把握，生产文化产品的数量和产能要能够灵活变化，所以主要运行市场调控的配置模式，以市场能快速得到信息反馈的特点来应对供需关系的变化，保证这类大众娱乐型文化产品的资源合理配置，满足人们多样化的文化需求。

对文化资源配置进行市场与计划相结合调控是社会主义市场经济的客观要求。一方面，文化资源的开发利用需要对多类前提条件进行准备、达到各项评估适宜性指标以及满足现代社会主义发展对文化事业的要求，这一部分可以采用计划调控的方式有计划地协调安排文化发展所需的各类基础设施等相关事务，确定文化事业发展要实现的战略目标、方案运行的方式方法、阶段性取得的最优指标等。另一方面，当文化产品进入市场后就由市场调控的方式进行主导，在政策法规的框架下，处于市场的文化产品将文化资源转化为经济价值。市场调控直接接触市场经济，能迅速反映出文化产品与消费者需求之间的供需数据，由此反馈给生产商及时作出文化生产资源的调配，更加合理有效地推动文化产品的生产销售。

总之，单一地使用市场调控和计划调控并不符合我国实际国情，满足不了社会主义市场经济的实际需求，做不到对文化资源配置的合理调控。选择市场调控与计划调控相结合的方式，发挥两种调控方式的优势之处，弥补各自短板，从而实现文化资源的有效合理调配。

（二）文化资源资本化方式

文化资源转换为文化资本的方法就是将自然文化资源和社会物质文化资源中有形载体或无形精神提取出来，使文化资源转化为生产文化产品的载体与设计来源，当待开发文化资源达到各项开发适宜性指标后，经项目配置优化的研发团队设计，生产出符合市场需要的文化产品并运行在市场经济中，最后获取良好的社会和经济效益。对文化资源的提取和开发就其性质和作用来划分，可分为外在实用开发和内在精神内涵开发两类。

在外在实用开发下，利用各种方式和有效手段，挖掘文化资源的外在表现，提取同一文化资源但不同方面所展现出来的资源载体，通过技术研发并紧跟文化需求发展态势，充分发挥文化资源本体与衍生的创作空间。我国具有源远流长的文化历史，地大物博的广袤疆域涵盖着数量众多的优秀传统文化，各区域间也都有着别具一格的特色文化自然资源，如青海省海西蒙古族藏族自治州乌兰县茶卡镇的茶卡盐湖、云南省路南石林、四川省九寨沟等，还有在历史长河中留存下的建筑文物古迹，如北京故宫博物院、苏州园林、西安秦始皇兵马俑博物馆等皆能作为文化资源进行开发利用。随着时代的进步，基础设施的完善、交通路线的贯通发达、人们日益增长的文化消费需求变化，即使文化资源开发具备了先决条件，这些条件推动各类文化资源不断有向外延伸的动力，让其具有相当大的市场张力。文化资源在这种向外延伸的开发下，也可能存在着后续资源供给能力不足的问题，当开发的文化资源的前期蓄力与后期储备不能完全满足市场消费需求时，会明显制约文化资源向资本转化时的开发利用时长。

精神内涵开发就是探析文化资源内在精神资源，通过结合现代常用流行的表述形式进行新的演绎并传播推广，以提高文化内在资源的利用深度和价值效益。以北京故宫的内涵开发为例，可以对历朝历代发生的事件典故进行合理改编撰写，集合成长篇或短篇小说、诗集、绘本等；将故宫博物院中带有精湛技艺的珍贵国宝采用现代电子科技复原，形成3D影像或二次元周边产品进行传统产品创新设计，投入文化产品市场进行资本转换；也可通过线上直播、短视频、电视剧、电影等形式对故宫中发生的奇闻逸事进行拍摄及流量推广。对文化资源内在精神的开发能够提高对文化资源的利用效率，激发生产创新的积极能动性，为优秀传统文化资源的继承和发扬提供价值实现路径。从无形的精神蕴含来说，对文化资源的内涵开发是无穷无尽的，消费者在不同的时代背景下看待问题的角度、对物质精神的需求也会有所不同，同一含义的文化资源在各种时期所传扬开发的方向也是变化的。因此，只要文化资源的资本运作方式不断向多视角转化，从消费者的偏好和趋势出发，不断扩大其触及的深度和广度，那么文化资源中的外在实用功能与内在精神功能都具有无限开发的可能。

（三）文化资源资本化运营

我国文化资本市场是一个多层次的知识产权市场。就文化资源资本化运营而言，它应包括以下两个层次。第一层次是国家或资源所有权主体有偿或低价出让原生态文化资源或传统文化资源产权给文化产业经营者，这是文化资源一级市场资本化运营。出让的方式可以采用拍卖、招标和协议等多种方式，规定有偿有期使用，其最终归属权归国家或资源所有权主体。第二层次是取得文化资源使用权的经营者之间以及他们与其他法人（自然人）之间依法进行的文化资源产权的有价流转，即文化资源二级市场的资本化运营，具体形式有转租、抵押、作价入股等。

1. 一级市场的资本化运营

文化资源一级市场资本化运营是以国家政府或资源所有者为主体，具体是指文化资源所有者或所在地的地方政府依据国家相关法律法规规定，进行文化资源的储备、资源化开发、公开出让的一级市场资本化运营模式，主要包括文化资源储备、资源整理开发、公开出让三个主要环节。

（1）文化资源储备。文化资源储备是指文化资源所有者或所在地的地方政府根据本区域经济社会发展和建设的需要，在资源利用总体规划和城市规划的总体框架下，由政府所属资源储备中心或相关文化主管部门将适宜于资源化的原生态文化资源或传统文化资源进行统一储备或备案，作为区域经济社会文化建设后备文化资源的一种行为。由于文化资源储备、开发利用、挂牌出让是一个复杂的系统工程，中间可能还涉及征收等环节，牵涉到文化资源所有者或所在地居民、政府部门和文化企业多方面的利益关系，需要相关利益主体妥善处理好各方利益冲突，实现文化资源开发利用的最佳社会效益和经济效益。

（2）资源整理开发。已完成储备环节的文化资源就要进入资源化整理与前期开发环节。一是制定文化资源的资源化利用规划。地方政府应根据区域经济发展水平和区域文化资源利用总体规划制定本区域内各类文化资源的资源化利用规划，从整体层面上，确定各类文化资源开发利用的基础设施布局和建设开发时序。在具体项目上，要尽快制定具体项目的详细实施规划，便于增强文化资源资产的计划性和针对性。二是资源化开发。结合区域经济社会发展状况，因地制宜地进行文化资源的资源化整理，在开发利用方向上实现多元化，同时还要对规划区拟开发的文化资源进行基础设施配套建设，通过公共基础设施的完善增加文化资源资产的价值。

（3）公开出让。采用招标、拍卖和挂牌等公开出让方式，实现文化资源配置最优化和效益最大化。

2. 二级市场的资本化运营

二级市场的资本化运营主体是持有文化资源开发利用项目的企业或个人，通过二级文化资源资产资本化经营，促进文化资源资产项目实现规模化经营，并使文化资源资产项目成为可以抵押流通的文化资产，丰富文化资源资产项目所有者的资金融通渠道与收益途径。文化资源资产资本化经营的途径非常丰富，如银行抵押贷款、资产证券化、作价入股等。

（1）银行抵押贷款。银行作为资金融通的中介，向银行抵押贷款是一种简便、快捷、灵活的资金融通方式，文化资源资产项目权利人能够很快地筹集到资源开发项目所需要的资金。银行抵押贷款是指文化资源资产项目权利人将一定年限的文化资源资产使用权设定抵押，向商业银行融资借贷的行为。文化资源资产项目银行抵押贷款可以采取文化资源资产项目收益权抵押贷款模式，其运作流程如图 3－1 所示。

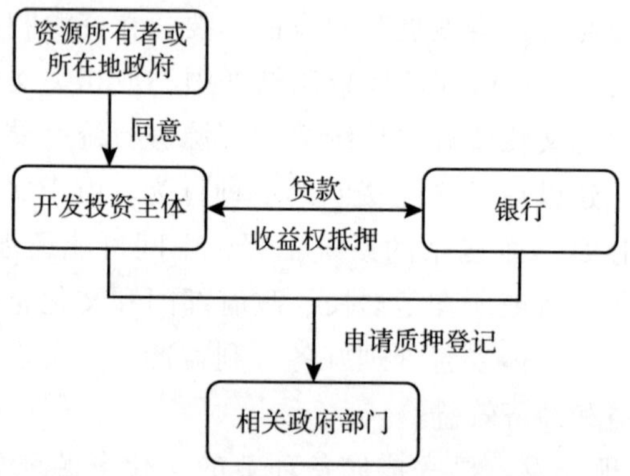

图 3－1　文化资源资产银行抵押贷款流程

首先，文化资源所有者或所在地的地方政府同意文化资源开发投资主体以收益权作为抵押进行贷款，然后，银行发放以收益权为抵押的贷款，同时资源开发投资主体要在政府相关部门办理质押登记。在此模式下，政府部门必须制定相应的政策，允许文化资源开发投资者以文化资源资产项目未来收益权作为抵押向相关银行贷款，以支持和鼓励资源开发投资者从事文化资源开发利用工作，解决他们资金需求量大、筹资难的问题。

（2）资产证券化。资产证券化是以特定资产组合或特定现金流为支持，发行可交易证券的一种融资形式。资产证券化流程如图 3－2 所示。

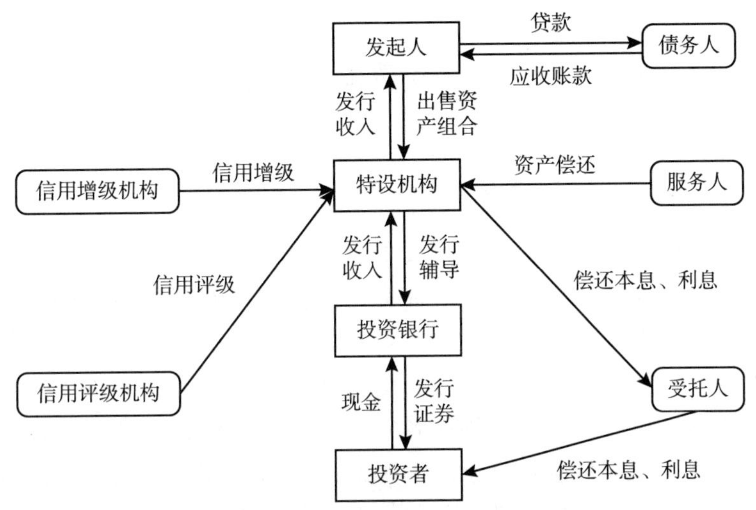

图 3－2　文化资源资产证券化流程

资料来源：王志芳．煤矿区林业复垦融资机制研究［D］．北京：北京林业大学，2008.

文化资源资产证券化是指以缺乏流动性、但具有一定未来现金流收入的文化资源资产为基础，通过资产重组、信用增级等，发行可在金融市场上交易的证券，将缺乏流动性的文化资源资产转变成可以在金融市场上出售和流通的有价证券，获得文化资源资产项目资金的过程，最终目的是使文化资源资产具有流动性。以我国自然景观文化资产为例，自然景观文化资产项目往往是融文化景观开发与旅游、休闲、商业、居住以及康养等产业开发项目于一体的综合开发项目，如果进行项目整合并实施整体运作，则自然景观文化资源开发项目就具有一定程度的收益回报机制，在未来预期可以取得稳定的收益回报，因此，以自然景观文化资源资产包为基础，实施资产证券化，引入资本市场机构投资者与个人投资者参与文化资源资产再利用项目，为自然景观文化资源创建新的资本市场融资模式。

（3）作价入股。文化资产使用权作价入股是指将文化资产使用权评估确定价值后，作为出资，形成股权。资产持有者根据合同约定，以股份分红或股份转让的方式获取收益，使文化资源资产成为资本，与企业联合，从而实现文化资源资产的资本化运作，实现文化资源社会效益和经济效益最大化。针对文化资源开发中面临的资金困难，应采取多渠道融资方式，积极寻求政府和社会各方的支持，企业集团应展开同开发商、私人公司、地方政府及规划部门之间的积极合作关系。

四、文化授权：文化资源价值多元开发的实现

（一）文化授权的本质内涵

文化资源的开发利用是现代文化产业链形成的基础和首要环节，但只有经过文化资源初始开发者或拥有者的授权以及授权市场的二次甚至多次授权，文化资源的价值才能实现多元开发，不断实现价值增值。比如华特迪士尼公司旗下白雪公主与七个小矮人、花木兰、狮子王、冰雪奇缘等经典动画形象的故事创作者并不是公司本体创作所成，而是分别由不同的著名作家与绘画家绘制编写而成。这些作者作为知识版权初始归属者与华特迪士尼公司进行合作，双方签立合同，华特迪士尼公司购买动画人物形象的知识版权。买下版权后，华特迪士尼公司由旗下的电影发行品牌（华特迪士尼影片、好莱坞影片、皮克斯动画工作室等）与迪士尼乐园度假区（法国巴黎、日本东京、中国香港、中国上海）进行二次授权开发，延伸出巨大的文化产业链，奠定了华特迪士尼公司动画王国的地位。

理解文化授权的概念，首先要梳理授权的含义。授权最早是源自管理学科的一个概念，强调组织管理上下层级之间权力的授予与分享。后来，随着授权内涵和外延的拓展，授权的对象不再局限于“权力”，而是更为广泛意义的“权利”。这时的授权实际是作为一种资源的权利在组织、群体、层级之间的流动，从经济学的视角看，表现为权利资源生产、流通、分配与消费的过程，并以权利所带来的收益回报作为授权完成的一个循环。

文化不仅指物质、制度层面的含义，更包括精神层面的含义，而且包含的精神内容可以反复提取利用，并以具体符号形式融入不同物质载体或媒介，形成内容和形式丰富的文化产品和服务。可见，文化具有天然的渗透性和衍生性，使得文化可以通过知识产权的授予与分享实现价值的增值。知识产权是相关主体对其智力劳动成果依法享有的占有、使用、处分和收益的专有权利，是由多项权利组成的权利集合，与文化相关的主要包括专利权、商标权、著作权等。由此，有学者认为文化授权是“授权者将所拥有或代理的文化创作或生产的产品以及与之相关标的物的权利，以合同的形式授权给被授权者使用，被授权者根据合同规定将授权物在特定地理区

域和时间范围内应用于其他产品的生产、销售和非营利性活动中，以此提高经营活动的附加值，并按约定向授权者支付权利金或其他报酬的活动"[①]。从全产业链视域来看，文化授权是拥有文化资源或产品知识产权的个人或单位，将产权授权给被授权者，让被授权者在更广泛的领域、渠道进行多元产业开发，提升和扩大文化资源或产品的附加值。文化授权是文化资源多元开发中正确处理好文化资源开发主体、消费者以及衍生品开发者之间关系的关键，是打通相关产业之间壁垒的枢纽。

文化授权兼具经济和法律的双重概念属性，既体现了市场交易活动的经济内涵，又体现了权利与义务关系的法律范畴。首先，从经济属性来看，文化授权促进文化资源不仅在区域空间上的物理流动，更是在不同产业、不同业态之间的横向竞合与纵向延伸，实现多元产业间的价值转移与提升，使文化资源在更大范围实现资源的优化配置与整合。其次，从法律属性来看，文化授权本质上反映一种有关知识产权法律许可关系的行为。通过授权许可，文化资源或产品的知识产权在不同权利主体间转移，实现文化资源价值的再开发与再创造。

从不同的视角可以更充分厘清文化授权的本质。一是从文化生产的角度来看，文化授权本质上是通过知识产权转移进行的一种文化生产与再生产行为[②]。它是将依附于对原生态文化资源进行原创性生产所形成的文化产品或服务的知识产权，予以授权进行再创造再生产，并与其他产业形态结合，开发形成多样化的文化产品和服务，最终实现文化资源的重构与价值再造。二是从文化传播的角度来看，文化授权本质上是文化资源多维价值扩展与文化知识溢出的过程。通过文化授权，在文化资源的流动过程中，伴随着产权价值的释放与延伸，不仅使文化产业价值不断增值与扩张，而且蕴含其中的文化知识不断溢出与扩散，其文化影响力不断增强，产生极大的社会效益。三是从产业结构优化的角度来看，文化授权本质上是在文化资源要素重组和优化的基础上，通过授权开发促进多元产业结构调整和优化的过程。一方面，通过文化授权，在一系列文化创意转化下，原有的文化资源要素自身进行重组和优化，形成新的文化和创意组合。另一方面，通过授权开发，将授权标的物所蕴含的文化内涵、创意要素注入其他产业

① 王秀伟．文化创意产业视域下的博物馆文化授权研究［D］．北京：中国科学技术大学，2016.

② Awoniyi Tephen. The Contemporary Museum and Leisure：Recreation as a Museum Function［J］. Museum Management and Curatorship，2001，19（3）：297－308.

（比如制造业），从而促进其他产业乃至整个产业体系的结构优化和附加价值的提升。

随着文化授权在实际中的广泛开展，在授权者与被授权者之间催生出一种新的职业角色，即授权经纪人。首先，授权者将授权标的物授权给授权经纪人，委托授权经纪人全权处理授权标的物；其次，授权经纪人获得标的物的支配权后，将其再授权给被授权者；最后，获得最终授权的被授权者将授权标的物应用于其他产品和服务的生产、销售或非营利性活动。与此同时，根据授权合同，权利金或相应报酬按既定比例逆向流动兑现。作为文化授权的枢纽环节，授权经纪联结着授权者和被授权者，不仅促进了授权者与被授权者的联系，降低两者之间的交易成本，而且促进了产权关系的循环，使授权标的物在更广的领域得以开发应用，从而促进文化资源更大范围的价值实现。

（二）文化授权的主要类型

文化授权有多种授权类型，大致可以分为以下三种类型：

（1）图像授权，即将文化产品或服务的图片、影像、底片等相关资料的使用权以合同形式授权给被授权者。这是比较常见的一种文化授权类型，比如博物馆的文化授权。根据授权使用的目的，图像授权包括非营利性授权与营利性授权两种。前者是将文化资源图像资料授权给论文创作、教材编著、学术书籍出版、公益广告宣传等非营利性活动，权利金按相关合同约定兑现。后者是将文化资源的图像资料授权给经营者用于广告宣传、包装设计等经营性领域，从而获取一定的盈利，并依据合同规定将权利金回馈给授权者。

（2）出版物授权，主要指文化资源知识产权的授权者与被授权者合作开发契合读者需要的多种形态的出版物。授权者根据出版需要提供文化资源图像或者资料，并对出版物内容进行审查，同时根据出版物发行数量、建议售价、出版形态等核算和获取权利金。

（3）品牌授权，指文化产品或服务授权者将知识产权或注册商标的使用权以合同形式授予被授权者使用并收取权利金。相比图像授权和出版物授权，品牌授权流程更为复杂，授权把关和监督管理更为严格，权利金的核算也更为复杂。

（三）文化授权的主要模式

文化授权具有多种授权模式，不同模式各有优劣，需授权主体因地制宜地选择适合自身发展的授权模式。授权实践中，文化授权的模式主要有三种[①]：

一是直接授权模式，如图3-3所示。授权者直接将拥有或代理的知识产权的授权标的物授权给被授权者，被授权者按照合同规定使用授权标的物并向授权者支付权利金或其他形式的报酬。直接授权模式不仅可以最大可能地保障授权者的利益，而且作为授权标的物的长期拥有者，授权者可以充分挖掘和使用文化资源的内在价值。但是，由于授权者大多是非营利性文化单位，不能完全参与到市场，适时准确对接市场变化，该模式授权主体无法充分挖掘文化消费市场需求，最大化实现文化产品或服务的价值。

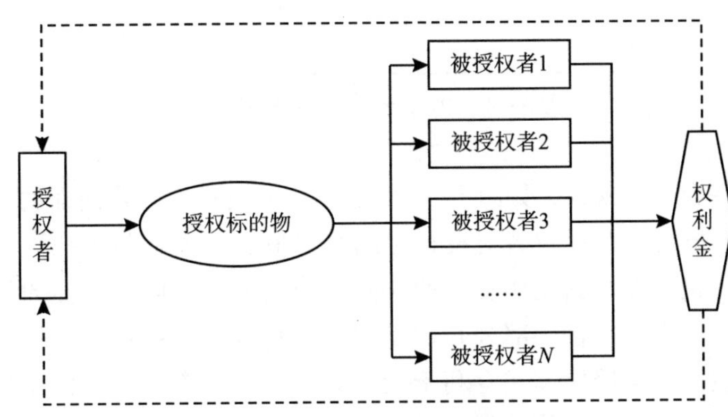

图3-3　文化授权的直接授权模式

二是委托授权模式，如图3-4所示。授权者委托授权经纪人将知识产权的标的物直接或经创意转化后授权给被授权者，被授权者按照合同规定使用授权标的物并向授权者支付权利金或其他形式的报酬。该模式最大的优势在于充分发挥了授权经纪人的专业性。作为商业性主体，授权经纪人一般比授权者更懂市场，更具有市场敏感性，从而更有利于最大化实现文化资源的文化价值。而且，授权经纪人接受委托后大多会对授权标的物进行创意性设计包装，进一步提升文化资源的附加值[②]。此外，作为专业性的授权组织或个人，授权经纪人无论对授权业务流程及规则还是相关法规都

① 杨毅，谌骁，张琳．博物馆文化授权：理论内涵、生成逻辑与实施路径［J］．东南文化，2018（2）．

② 约翰·哈特利．创意产业［M］//单世联，胡惠林．文化产业研究读本（西方卷）．上海：上海人民出版社，2011：131．

比授权者更为专业，从而有利于最大可能合理开发利用好授权标的物，最大化授权者的合法权益。

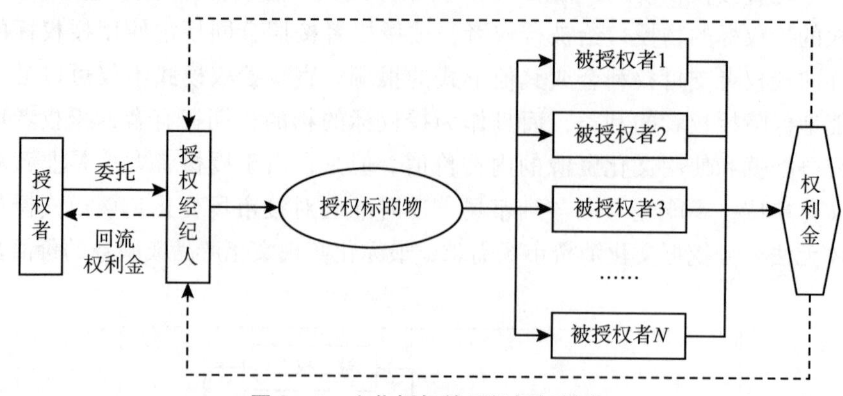

图 3-4　文化授权的委托授权模式

三是综合授权模式，如图 3-5 所示。这种模式实际是前面两种模式的综合运用，既可以是授权者对授权标的物采取直接授权与委托授权并行的授权模式，也可以根据文化资源的实际，授权者将不同授权标的物分别采取不同的授权模式，将一部分知识产权标的物进行直接授权，另一部分进行委托授权。综合授权模式有利于授权者根据文化资源的具体状况，进行多元化差异化的授权，从而最大可能地挖掘文化资源价值。同时，直接授权与委托授权模式并行不悖，相互补充，可以共同提高知识产权标的物的影响力，增强其文化知识溢出价值。但由于两种授权方式并行具有一定的复杂性，可能会增加授权业务运行管理成本。

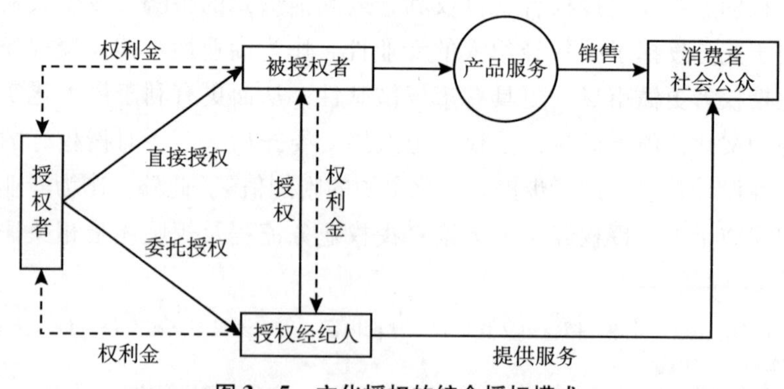

图 3-5　文化授权的综合授权模式

（四）文化授权是打造文化IP的关键

2012年3月21日，腾讯集团副总裁程武在“UP2012腾讯游戏年度发布会”上首次提出“泛娱乐”的概念，即基于互联网与移动互联网的多领域共生，打造明星知识产权（intellectual property，IP）的粉丝经济，其核心是IP，可以是一个故事、一个角色或者其他任何大量用户喜爱的事物[①]。自“泛娱乐”概念提出以来，IP开始成为文化创意产业的热词。所谓IP，原本的意思是“知识产权”，但在中国泛娱乐时代的语境下，IP不再只是“知识产权”的缩写，它已经变成一个很宽泛的符号。通俗点说，有一定影响力、有自己粉丝群体的人、事、物，都可以叫作IP。故宫、敦煌、岳阳楼等这些物质文化遗产是IP，京剧、越剧、巴陵戏等这些非物质文化遗产也是IP，奥运会、世界杯顶级赛事，元旦、春节等节日，也都可以是IP，甚至一个“网络帖子”，也能衍生出一个IP。比如《长安十二时辰》就是马伯庸在回答一个知乎问答的帖子，然后有粉丝说再丰富一下就是一本很棒的小说了，于是有了小说《长安十二时辰》，再然后就有了制作精良的电视剧《长安十二时辰》。而“哪吒”更是一个IP潜力股，随着电影《哪吒之魔童降世》票房狂飙，这个古老的神话人物强势“复活”。中国古典名著《封神榜》也是一个待开发的、巨大的IP，网友们甚至期待其能变成中国的漫威宇宙[②]。

但目前市场上大家所追逐的IP，其实大多数是产品，最多只能算是品牌，并非真正的IP。我们知道所谓品牌，经典的营销学定义是指一个名称、名词、符号或设计，或者是它们的组合，其目的是识别某个产品或服务，并使之同竞争对手的产品和服务区别开。但品牌不是IP，许多有品牌的企业、个人，或者一些有内容的单位或个人，认为自己有品牌有内容就有IP了。其实不然。当然，从产业或商业开发的角度来看，有好的内容又有比较大的品牌，更容易形成IP。郭羿承[③]曾举了一个例子，很能说明问题，比如齐白石的作品（内容）很好，他本身也很有名，所以在这个基础上打造一个IP就很容易。如果是“齐黑石”，大家不知道这是谁，也不知道他画得怎样，要把他打造一个IP就很困难了。因此，品牌是IP的基础，有品牌就容易做成IP，但并不是有品牌就一定能做得成IP，有些品牌很大，但不

---

① 李澄．日本动漫产业运作模式在中国的可行性探究与前景展望［D］．西安：西安建筑科技大学，2016.

② 申琳．泛娱乐时代我国儿童IP运营研究［D］．长春：吉林大学，2020.

③ 郭羿承，北京大学美学博士，中央美术学院特聘教授，国际艺术授权基金主席。

一定它的 IP 做得很成功。

2018 年 4 月 22 日，程武在腾讯“新文创”生态大会上又提出“新文创”的概念，并指出“新文创”是在“泛娱乐”基础上的升级。如果“泛娱乐”时代文化 IP 核心是打造明星 IP 的粉丝经济，那么“新文创”将文化 IP 产业从过去单纯的娱乐感官刺激、追求“娱乐至上”的单一导向，转向升级为文化内容产品，在追求快乐的同时也要兼具人文关怀，更具文化内蕴，更有正能量，更符合主流价值观①。在“新文创”发展趋势的带动下，2018 年我国发布了《中国文化 IP 产业发展报告》，首次从内容层、变现层以及延伸层梳理出文化 IP 产业生态链地图，并从政策、运营、市场、互联网平台、新技术五个维度论述文化 IP 产业未来发展的趋势，这标志着新时代我国文化 IP 产业向更深层次、专业化、精细化方向发展②。

在“泛娱乐”向“新文创”转变的过程当中，全产业链视域下的文化 IP 是指具有长期生命力和商业价值的跨媒介内容运营，以文化内核支撑产业链，通过更广泛的主体连接，打通相关产业之间的壁垒，以“文化 + 产业”的全新生产方式重构文化 IP 的商业开发模式，打造文化 IP 的商业价值新形态。一般，基于全产业链打造一个真正的文化 IP 需要经过三个阶段：第一是 IP 培育与孵化阶段，也是优质 IP 内容形成阶段，比如一些网络文学、漫画、轻小说等，这些优质文化资源的内容作为 IP 的源头，形成原始 IP，积累一定的核心粉丝。例如《鬼吹灯》系列（2006 年出版，共八卷完结）与《盗墓笔记》系列（2007 年出版，共九卷完结）等为中国通俗小说界的悬疑探险类小说，演绎寻宝探险故事，将传统民间的习俗、民俗元素和民间传说关联起来，包含丰富浑厚的东方神秘因素，将真实存在的历史与想象幻景融合，形成虚无交错历史与传说结合的奇异世界。在这个阶段，文化 IP 内容有两种方式获得：一是原创，二是授权。第二是 IP 内容开发与运营阶段。通过对原始 IP 创意转化，进行全方位的创意营销与传播，形成多种形式的文艺作品，如一些以网络文学、漫画为题材开发的影视、综艺、游戏、动漫等。比如《西游记之大圣归来》根据《西游记》中的故事进行拓展，利用 3D 动画的表现形式完成电影制作，成为中国国产动画电影的现象级作品，取得 9.5 亿元多的票房成绩。这一阶段既是原始 IP 打造品牌的阶段，也是目前文化 IP 变现的主要阶段。但是，我们打造真正的文化 IP 不

---

① 范周. 从“泛娱乐”到“新文创”，“新文创”到底新在哪里——文创产业路在何方？［J］. 人民论坛，2018（8）.

② 陈彦. 中国文化 IP 产业发展报告［EB/OL］. https：//m. sohu. com/a/256657673_114200.

能满足于这个阶段，它的变现也是有限的。第三是 IP 全面发酵与衍生阶段。通过多元化授权，实现多领域、多主体、多元跨界联合衍生变现。比如通过游戏、直播、衍生品、电商、线下演艺、主题公园、艺术/体验馆等这些交互性强的形式，全面挖掘衍生价值，实现多渠道变现。比如创立于 1932 年的乐高（LEGO），为丹麦益智类玩具公司，主要开发设计产品为老少皆宜的智力型系列玩具，近年来逐渐打入中国市场并迅速风靡，成为时尚与潮流的象征，至今开发出的相关手办游戏、电视综艺比赛、动画电影、服装联名等文化产品产业链不断得到多种延伸与升级。

作为文化 IP 开发主体，打造一个文化 IP，从内容到品牌到 IP 的真正形成，有两个环节要引起重视。第一个是在 IP 培育与孵化阶段，将丰富的文化资源转化为文化产品过程当中，优质的文化内容除了原创，更多的是通过授权获得，也就是从其他原创者或授权者那里获得优质文化内容的知识产权。比如故宫，有着非常丰富的文化资源，经过文化授权的资源发掘、整合与再创造环节，将故宫文化资源转换成符号形式存在的文化资本，具体表现为大量数字化形式的高清图像、文创商品、音频、视频、文字等符号资产。这些符号资产与原始状态的文化资源不同的是因其潜在的经济价值而具备了"可交易的身份"。这个环节，文化授权激活了沉睡的文化资源或沉睡的 IP。中华民族有着悠久的历史和灿若繁星的文化成果，但是目前我们还缺乏对文化 IP 的深入挖掘和有力塑造，比如电影《功夫熊猫》《花木兰》，元素是中国的，而版权却属于美国好莱坞梦工厂。由此，如何通过文化授权充分激活和开发利用好我国丰富的优秀传统文化资源任重道远。第二个是将优质的文化内容经过系列的创意化手段，打造成很好的一个文化品牌后，我们需要进一步地进行多元化授权，衍生出巨大的跨媒介内容生命力和商业价值。我们很多文化企业曾经也创造了很多成功的影视 IP，比如喜羊羊和灰太狼、熊出没等，也创造了很高的商业价值，但是缺乏深度的多元开发，没有形成文化 IP 全产业链。这就是在前面讲到的第三个阶段，即 IP 全面发酵与衍生阶段，没有形成多元化授权体系，无法做到从政策、运营、市场、互联网平台、新技术等多个维度全面衍生开发文化 IP，进行系统授权规划。美国的电影市场，电影的票房收入与它衍生品的授权收入是 3∶7，所以他们从一开始的剧本、造型设计等就统筹规划后面的授权衍生开发的问题。

总的来说，通过文化授权的机制和环节，文化 IP 实现两次转化：一是把文化资源转化为可传播、可交易和可生产性的授权产品；二是将文化产品和服务的存量转化为流量，实现文化 IP 的衍生开发、价值延伸与增值。可见，在文化 IP 打造和转化中，文化授权起着关键性的枢纽作用。未来，文化授权在赋能文化产业，衍生扩大文化产业价值的同时，自身也将孵化形成一个新的产业——授权产业，一个新的职业人——授权经纪人。

小结

本章主要分析了文化资源的挖掘、价值再生与转化过程，也即文化资源的资源化、资产化、资本化过程。从文化生产与交易的角度看，资源最初表现为自然的状态，经过文化挖掘转变为文化资源，再通过文化生产投入转化为文化资产，最后进入文化市场流转交易形成文化资本。文化资源的资源化、资产化、资本化过程相互影响、相互联系。当然，三个过程的依次转换只是文化资源资本转换的一种理论路径，实践中并非遵循如此严格的先后顺序，而是因地制宜，根据具体情况具体安排。文化资源资本转换后，经过大众的消费和沉淀，又可作为文化资源被再度的资本化，不断地进行文化资源到文化资本的往复运动。全产业链视域下，文化资源的开发利用只有经过资源初始开发者或拥有者的授权以及授权市场的二次甚至多次授权，文化资源的价值才能实现多元开发，不断实现价值增值。

第四章　文化资源的资本转换能力及其评价模型

从各种有形的或无形的处于自然状态的文化元素中挖掘文化资源，进行产业开发后形成作为文化企业生产要素的文化资产，并最终通过对资产的活化、提取及转换，“萃取”形成具有价值增值能力的文化资本，这不仅是一个文化资源形态转变的过程，更是一个复杂的质变过程。这个转换过程能否顺利推进，受到各种因素的影响。不同类型、不同区域的文化资源，其资本转换能力也并不相同。考察文化资源的资本转换能力并对其进行科学合理的评价，有助于推进我国文化资源的资本化转换过程。

一、文化资源资本转换能力的影响因素

在漫长的历史发展过程中，我国积累了丰富多样的文化资源，具有丰裕的文化资源禀赋。但并非所有显现的以及尚待挖掘的文化资源都能够通过进一步的价值挖掘，顺利转化成为文化产品，进而形成文化资本。文化资源的资本转换能力受到许多因素的影响和制约，归纳起来主要包括经济社会的转型发展、科学技术的创新发展、市场体系的改革发展以及转化项目的自身属性等方面影响。前三者主要是外部宏观层面的影响，后者主要是来自内部微观层面的影响。

（一）经济社会的转型发展

文化资源的商品化、资本化重构是一个综合过程，需要系统的社会支持。具体而言，区域整体经济现状、相关产业发展状况、区域位置、人力资源状况、对发展文化产业的态度及投资力度等因素共同构成了文化资源所在的区域经济社会环境，是支撑文化资源资本化转换的重要基础。

区域经济状况通过影响文化产业投资力度、文化产品需求、基础设施建设等为文化资源挖掘及转换提供必要的经济基础。通常，区域经济发展

状况越好，意味着有更多的资金可以投入文化产业及基础设施建设中，以推动区域文化产业的发展。同时，随着经济水平的提高，人们收入水平得到提升，生活变得更为富足，其消费结构也会随之发生变化。物质产品对人们的重要性会相应降低，而精神文化产品的需求则变得更为旺盛，从而为区域文化产业发展提供更为充足的动力。不过，区域经济发展与文化资源的开发及资本化之间的作用并非单向，文化产业化、资本化对于区域经济发展的促进作用正在被更深刻地认识：文化并不仅仅从文化态度和文化习惯等方面辅助经济增长，通过文化资源的资产化和资本化，文化亦可成为拉动经济增长的主导性力量。

相关产业是指文化资源实现资产化和资本化所依托的具体产业，如旅游业、休闲娱乐业、工艺品制造业、文艺创作与表演业、创意设计服务业等。正如有学者指出的那样，不管是有形的文化资源还是无形的文化资源，都必须或有可能转化为消费者可视、可听、可感、可体验的物质形式。因为文化产品需要作为“产品”在市场上进行交换并使其收益内化，才能实现产业化。[①] 如此，上述隶属于文化产业或与文化产业密切相关的产业，因其能够为文化资源的挖掘、创新、再生产提供必要的载体和平台，使文化资源从零散、待挖掘的状态进入现实的文化生产过程之中，转化为消费者可购买的商品或服务，自然成为影响文化资源资本化最终实现的重要因素。

区域位置是指该区域的地理位置及与其他区域之间的连通程度。文化资源的资本化意味着要将文化资源转换成为具有价值增值的产品或服务，这一过程必须要在市场中才能实现，而且任何文化产品或服务都需在市场中流通和被消费，才能最终实现其经济价值和社会价值。那么，区域所处地理位置所带来的区位优势及劣势，以及该区域与其他区域之间交通的便利情况、资金、技术等的流通情况，都会影响区域文化市场的形成与发展，也直接影响到文化产品的生产、流通和消费。

人力资源状况也是影响文化资源资本化转换的主要因素。整个转换过程中，要赋予文化资源以新的创意，使其变成符合当下时代审美情趣，并能够满足消费者需求的文化产品，其关键并不在于物力和财力投入，而在于人力资源的投入，因为唯有人力资源才具备所要求的创新创意能力。人力资源正是文化产业发展的核心资源，文化产业的发展、文化市场的繁荣

---

① 胡惠林．文化产业概念［M］．昆明：云南大学出版社，2005：35.

需要优秀人力资源的支撑。除了促成文化资源的创新性再生产之外，人力资源至少还可以以两种方式对文化资源资本化转换产生影响：一是为文化产业及相关产业提供产品设计、策划、生产、营销以及顾客服务等生产经营管理活动所必需的人才；二是人力资源状况会影响区域对从事文化产业及相关产业企业的吸引力，造成区域文化市场环境的整体变化。这是因为这些产业通常都属于知识或者说智力密集型产业，会积极地追逐优秀人力资源。国外研究者弗洛丽达（Florida）就认为，企业会向那些拥有创意人才的地区迁移，因为人类的创造力无论在今天或者未来都是企业最重要的资源。因此对企业而言，坐落在一个聚集大量创意人才的地区是非常重要的。[①] 在现实中，北京、伦敦、纽约等城市均有自发形成的文化产业聚集地，为文化资源的挖掘和转换提供了良好的市场环境。

最后，政府、社会力量对文化产业的投资力度，以及当地民众对发展文化产业的态度也是经济社会环境中制约文化资源资本化转化的重要因素。文化产业因为具有高风险、高投入及生产新公共文化产品的特点[②]，其健康良好发展往往需要政府力量的介入。国内外文化产业的发展经验均展现了政府对文化艺术予以资助与扶持的重要性。不少发达国家高度重视文化产业发展，有的甚至在国家宪法中加入特定条款来明确其对文化和艺术发展的责任和义务[③]。例如，德国、瑞士、加拿大等国家都有专门的宪法条文明确要对相关文化产业进行扶持。在具体的扶持方式上，这些国家灵活地根据实际情况采取了不同的资金支持形式。例如，采取资源交换的方式，即要求文化企业满足某些要求来换取特权地位。欧洲许多地区的公共广播电视机构都能够得到政府的补贴，而获得补贴的前提是它们需要播放政府所要求的文化艺术类节目。此外常见的还有税收优惠和价格补贴等方式。例如韩国自20世纪90年代提出“文化立国”战略以来，制定了许多相关法规、政策来优先推动文化产业的发展，其中包括对游戏产业的各种税收优惠和资金扶持。作为世界上唯一为电子游戏单独立法的国家，韩国在其最新的《游戏商业法》中，规定国家和地方政府要采取必要措施，对游戏产业进行税收减免。来自国家的政策和资金支持，为文化资源的深度开发和

---

① 维克托·A. 金斯伯格，戴维·思罗斯比. 艺术与文化经济学手册（上）［M］. 王家新主编. 大连：东北财经大学出版社，2018：769.

② 向勇. 文化产业导论［M］. 北京：北京大学出版社，2015：68.

③ 解学芳、臧志彭. 国外文化产业财税扶持政策法规体系研究：最新进展、模式与启示［J］. 国外社会科学，2015（4）.

文化产业加速壮大创造了必要的条件和环境，如韩国就只用了短短十几年的时间在影视、动漫、游戏等诸多文化产业领域形成了世界范围内的优势，积累了丰厚的文化资本。

当然，民间力量亦需要被动员起来支持文化产业的发展。文化与艺术的繁荣仅依靠政府的力量远远不够，这是因为政府对文化资源开发和产业发展的资金扶持往往会受到政府预算、政策变化等各种因素的影响，仅依赖政府投入资金的模式难以保持文化产业的稳定发展，且也不可能长期持续。如此，要拓展文化资源开发和产业发展的资金投入来源，使其具有可持续性，动员社会力量的参与就尤为必要。从各国实践经验来看，政府可采取与企业签订合作协议、设立众筹基金机构、提供税收优惠等多种方式来鼓励和吸引社会力量的投入。日本在 2013 年设立的“酷日本机构”（Cool Japan Fund Inc.）正是一个由政府和民间企业共同出资成立的基金机构，其股东分布非常广，包括提供内容产品的大型文化产业企业（如印刷企业、广告企业、影视企业等）、金融企业、商贸企业等，通过充分共享其资金和资源，举全社会之力，有针对性地对文化产业项目予以扶持，以在国际竞争中形成优势并对外输送其文化产品，从而带动国内文化产业的发展。

另外，正如前文所提到的那样，文化资源具有多个层次，既有外在的物质层次形态，也有深层次的心理部分，这些价值观念、思维方式、民族性格等，正是借助人这个活生生的载体而存在。每个区域的当地民众不仅是当地文化产品的使用者和消费者，更是当地特色文化的载体和传承者，特别是涉及文化遗产类的文化资源时更是如此。有学者指出，提高当地民众的认同是保证地域文化具有本源性和生命力的重要条件。[①] 这是因为如果区域文化资源开发和文化产业发展脱离当地民众原来的文化生态，很容易使文化产品失去其生命力和创新力的活水源头，缺乏浸润在当地民众生活中的鲜活和特色，长此以往，也就使其丧失了竞争力并违背了开发的初衷。故而，当地民众是否认同对文化资源的开发行为、是否具有积极参与开发的意愿会对文化资源开发过程的顺利展开产生影响。在实践中，当地民众的认同感和参与意愿大多是基于是否有鼓励民众参与的利益分享机制、是否拥有一定的文化资源积累、是否有表达建议的渠道等。在文化资源开发和产业建设中充分调动当地民众的参与主动性和积极性，让民众真正成为

---

① 单铭磊. 地理聚集与文化认同：区域文化资源产业化与可持续发展研究［J］. 山东社会科学，2016（12）.

产业化和资本化的受益者，更容易取得双赢的效果。

（二）科学技术的创新发展

回顾历史，技术在人类及其文化发展的历程中扮演了重要角色。传播学者小威拉德·罗兰（Willard Roland）指出在人类历史上的不同阶段，不同的技术带来了不同的传播形式，并对人类个体特别的认知结构、人类社会关系的正式模式等产生影响。由技术决定的传播形式和媒介体验塑造了人类的经验，[①] 并推动着人类文化的演进。不同于小威拉德·罗兰对落入“技术决定论”的谨慎，威廉·麦克高希（McGaughey）在回顾世界文明史时断言：新的文化技术的发明与新文明的出现是紧密相连的[②]。他认为技术的变化造成了“表达上的质变”，新的媒介不仅拓展传播的时空，其自身所固有的独特品质也会混合到内容中，影响人们所接收到的经验。因此，人类社会的内在意识将受到媒介混合的内在品质的影响，技术的混合最终作用于人类文化。在他看来，人类文明史就是一部沿着技术序列演进的历史。

当人们的视角转换至现代社会的文化资源开发与文化产业发展时，技术的作用和重要性更是被反复提及和强调。如尤芬和胡惠林（2007）通过对文化产业发展历程的考察发现：技术的不断更新与突破决定着文化产业的进程。解学芳（2017）认为蓬勃发展的文化产业从诞生之日起就是技术和文化集合的产物，因为文化产业的核心是文化创意，文化创意要转变为文化产品为人们所享有，离不开技术的介入与维系。文化产业的发展道路同时也是技术创新的发展道路。还有学者认为，技术能够帮助文化突破时间和空间的限制，在世界范围内快速流动，[③] 从而大大拓展了文化产业可能触及的时空范围。总的说来，技术对于文化资源开发和资本化转化既有直接的也有间接的影响，主要体现在以下方面：

1. 直接影响

（1）将处于自然状态的文化元素恢复或开发成具有使用价值的文化资源化过程，通常都需要借助各种技术手段对文化元素进行收集、修复、重

① 戴维·克劳利，保罗·海尔．传播的历史：技术、文化和社会［M］．5 版．北京：北京大学出版社，2011：2－3.

② 威廉·麦克高希．世界文明史——观察世界的新视角［M］．北京：新华出版社，2003：337－345.

③ 尹明明．传统文化资源的创新性开发利用［J］．江西社会科学，2015（11）.

组等。例如数字技术由于其具有不伤害文化资源本体、便于存储、易于进行多样化展示等特点，在文化资源的保护和挖掘中越来越受到重视。在文化资源化实践过程中，数字技术被应用到了多个方面：一是收集和管理文化资源的相关信息。陕西秦俑博物馆在发掘秦俑二号坑时，就利用激光扫描技术对遗址进行了数据采集和三维数字建模，掌握了该遗址丰富的真实几何数据，为后续保护和开发工作奠定基础①。二是对文化资源进行技术修复和可视化重现。对于保存过程中存在被部分破坏或完全破坏的文化资源，可以利用数字技术进行修复或者在相关文献记载的基础上予以有根据地可视化重现，从而帮助这些文化资源恢复其价值。例如，在对敦煌壁画的修复过程中，数字图像修复技术由于其不需要对原始作品直接进行处理，大大降低了修复工作的危险性，得到了较好地应用。② 而在唐大明宫遗址资源的开发过程中，由于大明宫地上建筑早已不存于世，项目方利用 IMAX 等数字影像技术可视化重现大明宫的宏大宫殿及宫内的常见场景。③ 尽管是虚拟的影像，但也让早已失去本体的文化资源可以感知、可消费的新方式重焕生机。三是助推文化资源的传播和推广。在对文化资源进行数字化存储和数字修复等的基础上，文化资源的后续开发和推广变得更加容易。拥有数字化形态之后，文化资源可以快速地转换成实体形态，进行进一步的传播和推广。

（2）技术是文化产品创新的核心支撑。每一次文化产品的推陈出新都离不开技术的发展和支持。从印刷技术催生的报纸、照相，录音技术催生的电影和唱片，无线电技术催生的广播，计算机和网络技术催生的各种网络文化产品，到现在的 VR 技术、5G 技术、人工智能技术已经带来和可能带来的新型文化产品，正是技术的一次次创新发展为文化资源提供了更加多样化的载体和存在形式，帮助文化资源转化为形态丰富的文化产品，甚至让过去无法挖掘的文化资源有了转换的可能性。除了形式创新，技术还有可能带来文化产品的内容创新，通过重塑文化产品的生产过程和逻辑，作用于内容本身。譬如说，在论及当下炙手可热的智能化技术可能带来的影响时，彭兰（2018）认为其将会掀起一场名为“内容生产 2.0”的底层

---

① 赵昆，马生涛．用数字传承文明——激光三维数字建模技术在秦俑遗址保护管理中的应用［J］．四川文物，2007（1）．

② 王书文，骆岩红，黄伟，杨筱平，贾建芳．敦煌壁画数字图像修复中遇到的挑战［J］．西北民族大学学报（自然科学版），2009（6）．

③ 苏卉，王丹．基于数字技术的大遗址区文化资源的活化策略研究［J］．资源开发与市场，2016（2）．

革命。智能时代的内容生产将不再仅仅依赖人的主观经验，而是借助信息数据与精准的数据分析技术，通过人与技术双方力量的结合，生产出更为准确、更有深度、更贴合消费者需求的内容。在现实中，技术创新催生的内容创新并不少见。2018 年全球电子消费展上，英特尔公司展示了其融合运用数据与算法、动作捕捉等技术所创作的视听产品——数据起舞。一位年轻的舞者在虚拟的键盘上起舞，经由传感器和动作捕捉系统，她的舞姿同时被捕捉并转换成为屏幕上引人注目的视觉图像和相应的虚拟乐器音效。这种真人与虚拟、听觉与视觉交融的内容产品正是技术创新驱动下的产物。

（3）技术有助于提升文化产品的消费体验。20 世纪末，美国学者约瑟夫·派恩（B. Joseph Pine）和詹姆斯·H. 吉尔摩（James H. Gilmore）通过《体验经济》一书中向人们表达了他们欢呼雀跃的心情：欢迎进入体验经济。彼时，他们刚刚将体验从服务中分离出来，视其为第四种经济提供物。在他们的描绘中，体验就是消费者花时间享受某一企业所提供的一系列值得记忆的事件，就如在戏剧演出中那样，消费者获得一种身临其境的感受。① 现如今，我们俨然已经进入体验经济时代，企业尝试通过拓展产品体验来获取新的利润增长点，消费者视体验为消费活动的重要组成部分。特别是在文化领域，由于文化产品重在满足消费者的精神需求，创造好的消费体验更是成为文化产品开发的重点。在此过程中，具有良好互动性、展示性甚至能够创造沉浸式体验的新技术得到了广泛应用。以故宫的数字体验提升为例，2019 年，故宫博物院策划了一个名为“发现·养心殿”的数字故宫体验展。为了让观众能够更加真实地体验养心殿的环境，其大量运用了 AI、VR、语音识别等新技术，让观众通过佩戴 VR 头盔和体感设备，使用可触摸屏等方式，充分调动起各种感官，与数字虚拟的养心殿及其文物发生互动并产生沉浸感，获得令人难忘的情境体验。

2. 间接影响

技术除了直接应用于文化资源挖掘和转化，促进文化产品的形式及内容创新和消费体验提升，还以间接的方式对文化资源资本化转换产生影响。首先，技术变革会引发消费者文化消费行为的变化。自进入网络时代以来，新技术的应用显著地改变了全世界消费者的行为和消费内容，其中自然也包括消费者在文化领域的消费。互联网、移动互联网、手机等智能终端、

① B. 约瑟夫·派恩，詹姆斯 H. 吉尔摩. 体验经济［M］. 北京：机械工业出版社，2002：9 - 10.

VR 等技术的出现，将消费者从报刊书籍的纸张前以及电视机、电影院的屏幕前转移到了计算机和手机屏幕前，他们花费更多时间在网络和手机等移动设备上，习惯于通过网络购买包括文化产品在内的各种产品，甚至连观看演唱会以及观赏博物馆展品等本需要线下实地进行的文化消费行为都可以通过实时的网络直播和线上虚拟数字博物馆予以实现。消费者文化消费行为的变化对文化资源的开发和转化提出了新的要求，文化产品消费是否便捷、是否具有时效性、是否具有互动性等可能成为消费者选择文化产品的标准。同时，消费者向网络的迁徙和网购习惯的养成也可能让文化产品的传播和销售能够以更低的成本面向更广泛的人群。

其次，技术革新也有可能通过作用于版权保护，间接对文化资源开发及转换产生影响。自网络技术开始广泛使用，各类内容产业都或多或少都受到了冲击，其中最为明显的当属唱片行业，国际唱片行业协会历年公布的数据显示，自从 1999 年全球音乐销售额达到 286 亿美元的纪录之后，全球唱片行业就进入到长达十几年的衰退期，直至 2012 年开始才重新恢复了增长。唱片行业所遭受的沉重打击，与其从传统时代向数字时代转型有关。传统唱片行业的衰落以及数字时代非法下载的横行被视为导致唱片行业收入骤降的主要原因。正如唱片行业遭遇的经历所揭示的那样，新技术变革带来了低成本甚至零成本的文件共享，内容的复制和分享仅通过鼠标或指尖的几次简单点击就可以完成，让侵权行为变得十分简单易行，也削弱了原来有效的版权保护。当大部分的消费流向非法的免费文化产品，文化产品创作者的收入自然遭到减损，从而降低了对创作者的生产激励，进而减少了文化产品数量。另外，也有研究者指出数字技术和信息技术模糊了各行业边界，行业融合发展状态也导致侵权认定难度的增加。[①] 比如一篇学术论文，既可能以纸质方式出版在期刊上，也可能以在线出版方式被收录于线上数据库，或发表于微博、微信平台，如果在此过程中，侵权者以摘抄、改写等方式进行文件共享，其侵权认定会因为版权本体边界的模糊而更加困难。

当然对版权保护效力的冲击只是一方面，另一方面新技术也有可能有助于优化版权保护。譬如区块链技术就被赋予厚望，且已经初步应用到了包括文化产业在内的多个行业。通过区块链技术，数字版权自诞生开始就

① 郭媛，卫亚东，王晓琪．媒体融合发展中科技期刊版权保护路径探析［J］．编辑学报，2020（10）．

能够得到准确完整的即时记录，在使用和流转过程中每一环节的各项信息都能够被追溯。这就意味着一旦文化产品在区块链上被确权，其后整个流转过程都是可追踪和不可被篡改的，这就让文化产品价值转移的过程更加透明和可监测，同时也让维权变得更加容易。工业和信息化部指导发布的《中国区块链技术和应用发展白皮书（2016）》预测，区块链技术可能会改变音乐等文化市场的未来格局。文化产品生产和传播过程中费用和收益的透明化以及创作者跨过出版商及发行商自行发布作品的可能性，将极大提升文化产品创作者的市场地位，重构收益分配机制。

（三）市场体系的改革发展

市场在文化资源配置中发挥积极作用。文化市场的发展状态，其规模、开发潜力大小以及繁荣程度，其市场主体是否具有竞争活力，其运行所依托的法律制度是否建设完善都对文化资源的开发和转化具有重要意义。

（1）消费者文化消费的意愿和品质是驱动市场规模扩大和促进市场良性发展的关键，也是文化资源挖掘和转换的动力来源。消费者的文化消费意愿与品质通常受到消费者的收入水平、文化教育程度、空闲时间、文化基础设施建设情况等因素的影响。我国研究者在实证研究中发现，全国各省份消费者的文化消费水平总体呈现出东西差异，即东部沿海地区明显优于西部内陆地区，且存在一条类似人口、经济分布规律的“胡焕庸线”。[①]此种梯度差序格局的出现恰恰与各地区经济发展水平、文化教育发达程度、文化技术设施建设以及文化产品的供给等因素相关。特别是文化产品的供给，对文化消费起着重要的引导作用。

随着整体经济发展水平和生活水平的不断提升，消费者文化产品需求的层次不断提升，需求差异也开始显现。北京、上海等发达地区的文化产业就敏锐地捕捉到了文化消费需求多样化的趋势，积极地向市场提供多元的、贴合需求的优质产品，并获得了良好的社会效益和经济效益。例如，故宫博物院就将故宫所蕴含的深厚历史文化与消费者的日常生活需求结合在一起，创造了独一无二的故宫文创产品，牢牢抓住年轻消费者的同时，也让故宫文化资源从藏品中凝练出来，经再创作之后，实现巨大的文化传播价值和经济价值。此外，消费者文化消费情况也受到政府调控的影响。

---

① 朱媛媛，甘依霖，李星明，余瑞林．中国文化消费水平的地域分异及影响因素［J］．经济地理，2020（3）．

比如政府对文化基础设施、文化教育及文化产业的重视程度和投资力度，政府对于文化产业建设的规划和引导等都会对区域文化产品的供给和需求产生影响。总之，消费者文化消费意愿和品质与文化资源的挖掘和转化之间并非简单的单向影响关系，文化资源如何创新性地转换成文化产品，转换成何种形式和内容的文化产品，反过来也会经由供给的变化，作用于消费者的文化消费情况。

（2）作为文化市场主体和文化资源挖掘行为主体，文化企业的发展情况自然构成文化资源资本转换能力的影响因素。我国自改革开放以来，最初在文化市场中扮演主要角色的是文化事业单位，如以《人民日报》为代表的多家媒体单位在 20 世纪 70 年代末以“事业单位，企业化管理”的方式开始了市场经营行为。其后，随着国家逐步推进文化体制改革，许多文化事业单位转企改制成为国有文化企业，并借由垄断性的文化资产和政策扶持优势[①]，成长为我国文化市场上最重要的力量。如今国有文化企业依然是文化市场中的头部力量，既延伸政府对文化的调控作用，也参与文化市场竞争，创造经济效益。不过，文化市场发展的实践证明，市场活力和竞争力的提升往往与市场主体的多元化相关。以北京为例，自从中央提出要健全现代文化产业体系和市场体系，推动各类文化市场主体发展壮大以来，北京大力推进文化企业的转型发展，鼓励社会资本参与文化企业建设，不仅重视大型龙头企业的发展，也积极推动中小企业甚至是微型企业参与文化市场竞争，从而形成了结构合理、类型多样的市场主体，进一步增强了其文化产业的市场活力和竞争力。根据北京市社会科学院发布的《北京蓝皮书：北京文化发展报告（2019—2020）》数据显示，2019 年北京在中国城市文化品牌、省市文化产业、文旅形象等指数排名中均位居第一，北京的文化产业增加值所占 GDP 比重高达 9.64%，也位居全国第一，[②] 这表明文化产业已经成为助推北京经济发展的重要引擎。

除文化市场主体是否多样化，市场主体自身建设状况也值得关注。由于我国文化企业作为完全的市场主体发展时间并不长，大部分文化企业尚未真正建立起真正的现代企业制度，在运作上也缺乏灵活多样的市场手段。不过，近年来部分基于互联网快速成长起来的新型文化企业，如哔哩哔哩

---

① 魏鹏举．多元资本对于中国现代文化市场体系的建构［J］．清华大学学报（哲学社会科学版），2019（2）．

② 北京市科学技术研究院．北京蓝皮书：北京文化发展报告（2019—2020）［M］．北京：社会科学文献出版社，2021．

（B 站）、虎牙等已经为现代文化企业建设和运营方式的探索提供了一定的参考和启示。随着现代文化市场体系建设的不断推进，未来文化企业的市场化程度将会进一步加深，深谙市场运作手段的文化企业也会越来越多。

（3）保障文化市场正常、有效运行的市场制度也在文化资源的挖掘和转换过程中扮演重要角色。文化市场本身就是一种制度形态，那么就必然有这种制度形态所需要的市场制度和规则。归根结底，制度的问题本身需要制度去解决。① 在我国文化市场制度建设过程中，由于文化市场中流转的文化产品不仅仅具有普通产品所具有的商品属性，还具有意识形态属性，因此，政府需要扮演重要角色，作为制度供给的主要来源为文化市场提供顶层设计并进行监督管理。从建设情况来看，目前我国文化市场制度体系主要包括文化市场准入制度、退出制度、版权制度、文化市场监督管理制度、文化产业相关法律制度以及企业制度等。各项文化市场制度的完善和创新是进一步释放文化市场活力，推动文化产业整体发展的坚实基础。

以文化市场准入制度为例，对其不断地创新改革极大地激发了全国各地文化市场的发展潜力。如前文所述，我国文化市场发展初期，市场主体属于文化事业单位，后许多改制为国有文化企业。从准入门槛来看，公有资本在文化市场中占据绝对优势，绝大部分领域起初并不向非公有资本开放。但从 21 世纪初期启动文化体制改革试点工作后，为了充分调动全社会参与文化市场建设的积极性，政府开始从制度层面逐渐突破以前的准入标准。2003 年，《国务院办公厅关于印发文化体制改革试点中支持文化产业发展和经营性文化事业单位转制为企业的两个规定的通知》的发布，国家开始鼓励社会资本以股份制、民营等形式兴办影视制作、演艺娱乐等多种类型的文化企业。2005 年，国务院又颁发《关于非公有资本进入文化产业的若干决定》，清晰地划定了鼓励和支持非公有资本进入的文化市场领域和相关业务，允许非公有资本进入的文化市场领域及禁止非公有资本进入的文化市场领域。整体而言，尽管还存在需经有关行政主管部门批准或限制经营范围及股权比例的情况，但社会资本已经被允许进入大部分的文化市场领域，文化市场门槛明显大大降低。2012 年发布的《文化部关于鼓励和引导民间资本进入文化领域的实施意见》再次拓宽了民间资本可以进入的文化领域，如非物质文化遗产传承保护和公共文化服务体系建设等，并要求

① 胡惠林．论政府与文化市场的关系［J］．长白学刊，2014（3）．

对民营文化企业和国有文化企业一视同仁。市场准入制度的完善和准入门槛的不断突破，为我国文化市场的发展奠定了良好的制度基础，通过引入活跃而多元化的社会资本有效地提升了我国文化产业的活力和竞争力。

版权制度更是保障文化市场繁荣发展不可或缺的制度基石。在国家统计局公布的《文化及相关产业分类（2018）》中，将文化产业分成了九个大类。同时又根据文化产业的定义，将前六种文化产品生产活动归入核心文化领域，这一领域所有活动都与版权直接相关；将后三种包括文化辅助生产和中介服务、文化装备生产及文化消费终端生产等在内的活动归入文化相关领域，这一领域也大多与版权间接相关。① 可见，几乎整个文化产业都是在版权的基础上运行，版权正是文化产业最主要、最核心的资源要素。虽然伴随着不少争议，但版权制度的重要性已经得到了广泛的认可。首先，版权被认为是创新的诱因，而创新正是文化产业的灵魂。② 版权制度通过界定和保护版权，给予创作者以相应的货币收益，努力弥补个人创新活动能够产生的个人收益与社会收益之间的巨大差距，以提升创作者的积极性，经由此种制度安排保障文化产业保持持续的创新能力。其次，版权有助于文化产品的流通和传播。文化产品形态各异，但真正具备价值的是其中蕴含的无形的文化思想和创意。通过版权制度，文化产品中的思想和创意转变为可交易产品在文化市场中流通，并通过分割版权、授权使用、质押、转让等灵活的市场交易方式，再开发为多样化的文化产品，从而实现版权的多次利用和价值最大化，大大拓展了文化产品的传播范围。以动漫行业为例，动漫版权的二次甚至多次利用最大限度地延伸了动漫行业的产业链条，从漫画、动画、真人影视作品、游戏、出版物，到周边玩具、文具、服装、饮料、主题公园等，以版权交易为基础，我国动漫及其衍生品市场正在不断扩大其市场边界，在带来更多版权价值变现机会的同时，也进一步激发了产业的创新能力和竞争能力。近几年，动漫市场现象级佳作频出，如依托传统文化资源制作的《大圣归来》《哪吒之魔童降世》《姜子牙》等动画电影制作精良，口碑票房双丰收。腾讯和哔哩哔哩联手国内动画制作公司玄机科技、中影年年等，依托网络文学或漫画 IP，改编创作了数量可观的国产动画，其中腾讯出品的《斗罗大陆》播放量 2020 年已突破 200 亿次，创造了新纪录。

---

① 国家统计局．文化及相关产业分类（2018）[EB/OL]．（2018－05－09）．http：//www. stats. gov. cn/tjsj/tjbz/201805/t20180509_1598314. html.

② 姚林青，池建宇．版权制度与文化产业关系的辩证分析［J］．现代传播，2011（4）．

回顾历史，我国版权保护制度经历了从无到有的过程。改革开放以前，关于版权的制度建设几乎处于空白状态。此后经历40余年的发展，我国版权制度已经形成了以《中华人民共和国著作权法》（以下简称《著作权法》）为中心、涵盖国际条约、法律法规、部门规章、司法解释及相关政策文件的完整版权法律制度体系。[①] 我国著作权立法始于一次国际协议签订过程中外方对于签署版权协定附件的要求。从改革开放初始，就已着手起草草案。但由于草案引发了广泛的争议，直到1990年才正式颁布。2002年颁布了《中华人民共和国著作权法实施条例》（以下简称《著作权法实施条例》），从此我国版权保护就进入了有法可依的阶段。2001年和2010年，我国曾两次对《著作权法》进行修改以便与国际社会接轨，而第三次新修订的《著作权法》已于2020年11月通过。此次修订则是对过去十年间数字技术高速发展及文化产业层出不穷的新业态所带来的版权保护问题的主动回应。除了重新定义作品以将视听作品等新形态文化产品纳入版权保护范畴外，新修订的著作权法针对新技术条件下侵权行为的特点，还极力加大了对侵权行为的惩罚力度，加重了侵权人的举证责任，以从源头遏制侵权行为，更有效地保护版权。毫无疑问，我国文化产业能够迸发出惊人的生命力和发展活力，很大部分得益于版权制度的保护，而未来版权制度还必须依时而变，紧跟文化产业实践中的现实需要不断修订完善，如此才能更好地激发文化产业中的创新力，激活文化资源转化过程，保障文化产业的健康稳健发展。

（四）转化项目的自身属性

从内部微观层面来看，文化资源资本化转换能力直接受到具体转化项目相关属性的影响，如转化项目所涉及文化资源的特性、公共物品属性、市场竞争潜力及运营收益预期等。

1. 文化资源的特性

文化资源的资本转换以文化资源化为起点，其文化资源自身的特性往往从一开始就对转换的可能性和方式进行了限定。在如何认识和评价文化资源特性的问题方面，前人已有不少探索。北京大学文化产业研究院认为文化资源的特性应该从文化价值和经济价值两个方面观察。其中，文化价值包括奇特价值、传承价值、认同价值、艺术价值、历史价值和社会价值；

① 丛立先．我国著作权法总体趋向与优化进路［J］．中国出版，2020（21）．

经济价值包括规模价值、投资价值、带动价值、产业基础、配套服务和前景价值等。[①] 山西省文化产业研究中心认为发展文化产业要从资源禀赋和市场潜力两个方面衡量文化资源的特性，具体而言，包括文化资源品相、文化资源价值、文化资源效用、文化资源发展预期、文化资源传承能力等方面。[②] 以上两种对文化资源特性的认识都颇为全面且具有借鉴意义，但所囊括的特性部分已超过文化资源自身特性的范畴。本书仅从文化资源品相及文化资源价值两个方面去分析文化资源特性对于文化资源资本化转换的影响。

文化资源品相包括保存状态、知名度、独特性以及稀缺性等属性。[③] 文化资源的保存状态可以从文化资源的保存规模及文化资源的保存质量两个方面观察。保存状态越好的文化资源越具备发掘的价值，越具有资本化转化的能力。比如说大明宫遗址，由于主体建筑早已毁损，遗存的只剩夯土台，再加上长期的风吹日晒等自然影响因素及人为因素等的进一步破坏，令原本就保存不佳的遗址雪上加霜，也导致该遗址价值的重新恢复和发掘变成了一项困难重重、历时长久且耗资巨大的工程。虽然早在20世纪60年代大明宫遗址就被国务院公布为第一批全国重点文物保护单位，但直到2010年才在政府主导下修复改造成公园对外开放，遗址中掩埋的文化资源也才得以重获生机。反观山西平遥古城，由于其整座城市基本保存了明清时期的完整风貌，且规模宏大、文化资源集中，虽然只是一个古代县城，历史价值远不如大明宫，但其从1997年被列入了“世界文化遗产名录”后知名度就迅速攀升，成为全国闻名的旅游胜地，快速实现了资源转化。

文化资源知名度是指文化资源为消费者所知的程度。通常而言，文化资源知名度越高，意味着其潜在的消费群体越庞大，资本化转换也就越有可能。消费者获悉文化资源的渠道十分多样，消费者所接受的教育、从媒体获得的信息、从书籍阅读中获得的知识、从闲谈中了解的经历等都有可能成为其了解文化资源的窗口。一些历史文化资源正是在教科书和史书中得到了惊人的知名度。例如岳阳楼凭借范仲淹的千古名篇《岳阳楼记》成为全国几乎无人不晓的名楼，也成为岳阳这座城市最好的文化名片，带动

① 向勇．文化产业导论［M］．北京：北京大学出版社，2015：117.

② 申维辰．评价文化：文化资源评估与文化产业评价研究［M］．太原：山西教育出版社，2005：10－18.

③ 申维辰．评价文化：文化资源评估与文化产业评价研究［M］．太原：山西教育出版社，2005：10.

了当地文化产业的整体发展。当然在文化资源发掘的实践中，有时文化资源的高知名度也并不一定会带来绝对的优势。例如，黄山市徽州区西溪南村曾以《金瓶梅》故事为文化背景开发相应主题的遗址公园，展示书中主角生活过的场景，却遭到了市场冷遇，且引发了巨大的争议。这是因为尽管该故事知名度高，但以此种方式挖掘该书的文化资源，与社会的伦理道德秩序有悖，消费者难以接受。

文化资源的独特性是指某一文化资源能够与其他文化资源区别开，具备其个性特征。文化资源的独特性既可以是在历史发展过程中逐渐形成的，也可以是后期打造的。譬如，北京故宫博物院和大英博物馆都是世界上独一无二的存在，它们反映了不同国家在某些历史时期的独特文化，这一点为它们的文化资源转化奠定了坚实基础。然而，在开发文创产品时，当故宫博物院将故宫猫、雍正语录等提炼出来融入文化产品，大英博物馆将盖尔安德森猫、小黄鸭作为重要创意元素加以发挥，又重新赋予了故宫文化和大英博物馆文化新的辨识标志和个性特征，进而助力于其文化资源转化过程。

文化资源的稀缺性是根据文化资源的供给和需求之间的关系来反映的。[①] 造成文化资源稀缺性的原因不一，如文化资源自身的存量非常少，文化资源供给量的增加跟不上需求的增长等。文化资源的稀缺性是衡量其经济效益的重要前提，也是对其进行发掘利用的客观基础。在文化资源中，尤其是遗产类的文化资源，经过长期历史发展过程中的各种考验，遗留下来的数量相当有限，且异常脆弱，甚至不可再生，既具有可观的开发前景，同时也要求开发与保护并重，对开发的方式方法提出了更高的要求。

文化资源价值包括文化价值、历史价值、社会价值、消费价值等，文化资源只有具备价值才能够进行资本化转换。文化价值是文化资源的核心价值。文化资源凝聚了过去和现在的人们所创造的文化，承载着一定的思想意义和精神价值，[②] 无论是有形的文化资源还是无形的文化资源，决定其大部分价格的不是外在载体，而是其中所蕴含的文化价值。历史价值可以从文化资源的历史久远程度、历史地位等角度来衡量。通常而言，凡是经过长时间检验和淘汰而仍能存活下来的文化资源都具有相当的生命力和跨越时空的传承能力，也足以体现该文化资源在文化价值方面的优势。而历

---

① 周锦，顾江. 文化遗产的经济学特性分析［J］. 江西社会科学，2009（10）.

② 施炎平. 从文化资源到文化资本——传统文化的价值重建与再创［J］. 探索与争鸣，2007（6）.

史地位则涉及该文化资源所生成年代文化的发展水平及其自身所处的地位。在我国漫长的历史中，每一个时代依据当时的审美和偏好，孕育出多种多样的文化资源。如唐代的诗歌和唐三彩、宋代的词和单色釉瓷、元代的杂曲和青花瓷等。不同的文化资源根据其类型、所诞生的年代、对历史的重要性等具有不同历史地位。社会价值是文化资源的社会意义，如对人们的教育意义、提升人们生活品质的能力等。最后，消费价值是文化资源资本化转化的内在动力，文化资源能否激发消费者的消费热情，能否满足消费者在文化和精神方面的需求，正是文化资源消费价值的体现。

2. 公共物品属性

从经济属性来看，文化产品和服务区别于一般产品和服务的特殊之处在于，文化产品和服务多具有公共物品属性。这种特殊属性会给文化资源的资本化转化带来不小的障碍，因为资本化转化过程恰恰要求文化产品必须被私人占有，文化资本必须如其他资本一样是排他的、可分割的、可交易的。

公共物品是经济学中的一个重要概念。从定义来讲，公共物品有广义和狭义之分。狭义的公共物品是指纯公共物品，即那些既具有非排他性又具有非竞争性的物品；广义的公共物品是指那些具有非排他性或非竞争性的物品。① 可见，非排他性和非竞争性是判别公共物品和非公共物品的两个基本标准。文化产品由此可以根据消费是否具有非排他性和非竞争性来判断其公共物品属性的强弱。具体而言，文化产品的非排他性是指当一位消费者消费某一文化产品时，并不能排除其他消费者对于该文化产品的消费。非常典型的具有强非排他性的文化产品包括广播电视节目等。一位消费者只要买了接收和播放的设备，就可以收听收看广播电视节目，同时也不能排除其他消费者对这些节目的消费。文化产品的非竞争性包括两方面的含义：一是指增加一个消费者为供给者带来的边际成本非常低甚至接近于零；二是当消费者使用某一文化产品，并不减少其他消费者使用该文化产品的能力。前述广播节目同样具有非常强的消费非竞争性。实际上大部分内容产品都具有较强的非竞争性，比如电影、表演、短视频等，可以由众多消费者共同消费。这些内容产品被某一个消费者消费之后，文化内容价值并不会遭到减损或消失，不仅不会影响其他消费者的消费，还有可能让产品

---

① 谢慧明. 公共物品问题及其解决思路——公共物品理论文献综述［J］. 浙江大学学报（人文社会科学版），2009（6）.

在众多消费者的共同消费中获得更多的认可，从而产生更强的影响力，提升其价值。当然，文化产品中同时具备强非排他性和强非竞争性属性的毕竟是少数，更多文化产品属于具备不完全的非排他性或非竞争性，通常被称为准公共物品。

文化产品的公共物品属性容易带来市场失灵，例如强非排他性的文化产品难以排除消费者的不付费消费，往往会引发消费者“搭便车”行为，导致供给者难以收回成本，进而缺乏足够的激励提供文化产品，最终致使文化产品供给不足。值得庆幸的是，文化产品虽然天然地具备了公共物品的属性，但这并不意味着这种属性是一成不变的。随着外部约束条件的变化，文化产品的非排他性和非竞争性均可以被改变，从而使文化产品从公共物品或准公共物品向私人物品靠近。

在文化产品的生产和消费过程中，能够改变其公共物品属性的外部约束条件主要有两个：一是制度条件，即版权制度；二是技术条件。其中制度条件是决定性因素。[①] 尽管有天然因素的影响，然而决定文化产品公共物品属性的归根结底还是制度安排，版权制度正是解决文化产品缺乏排他性问题的重要制度创新。版权制度通过界定文化产品的各种权利归属，限制了消费者的不付费使用和“搭便车”行为，重新构造了文化产品的排他性。由此可见，版权制度解决的远不是简单的产权归属问题，更重要的是它扭转了文化产品的物品属性，让文化产品具备了排他性、可分割性、可交易性等。换言之，版权制度构筑了文化产品资本化转换的制度基础。同时，技术条件也通过影响文化产品传播、复制及模仿的可能性对文化产品的排他性和竞争性产生影响。譬如，加密技术的发展可以让原本不具备排他性的文化产品具备排他性。比如说电视节目，卫星电视可以通过加密技术让消费者即便能够接收到节目信号却无法解锁其信息，从而转变电视节目的非排他性属性，促使消费者付费收看节目。同时传播技术发展水平也可能影响文化产品的竞争性。例如，我国互联网发展初期，由于互联网络建设还相当不完善，能够接入互联网的消费者不仅数量有限（这当然也意味着技术不足带来的排他性），而且消费者接入互联网的消费行为还会对其他消费者产生影响，网络呈现出竞争性的特点。因为一旦同时上网的人数超过了网络原本可以承载的最大规模，网络就会陷入拥堵状态，这样每加入一个新的消费者，都会使得其他消费者更容易掉线或者出现长时间的缓冲。

---

① 姚林青，卢国华．文化创意产品的经济性质与外部约束条件［J］．现代传播，2012（5）．

总而言之，文化产品的公共物品属性会影响市场机制的有效运转，从而阻碍文化资源资本化转换过程，但这种阻碍从宏观层面来看可以通过制度建设和技术创新等方式予以克服。此外，从文化企业经营管理的微观角度也有一些解决方法。比如，大卫・赫斯蒙德夫（David Hesmondhalgh）在回顾全球文化企业发展历史时发现，一些文化企业通过纵向向上延伸控制发行渠道和终端平台，来控制自身与消费者之间的关系，并且为具有公共物品性质的文化产品制造稀缺性①，从而降低其经营风险，以立于不败之地。

3. 市场竞争潜力及运营收益预期

文化资源转化项目在文化市场上的竞争能力、未来运营的盈利预期等是在决定是否要对文化资源进行开发利用时的关键因素。全面了解转化项目的市场竞争潜力必然涉及许多因素，大致而言主要包括以下几个方面：一是文化资源规模因素，可以从文化资源的已存规模大小、文化产品被规模化生产的可能性和程度、现代生产和传播技术运用程度等方面考察；二是文化资源竞争优势因素，即文化资源相比竞争对手在知名度、消费者认同度、不可替代性、稀缺性、独特性等方面表现出来的竞争优势；三是环境因素，如技术、人才、政策等方面的产业基础环境，交通设施、文化软硬件设施等配套服务环境以及文化市场环境等。文化资源转化项目未来的运营收益则需基于该项目的投资规模、回报周期、投资回报率等数据进行预测。同时，除了项目本身的预期经济收益之外，还应该考虑两个方面的收益：一是对区域相关产业的带动；二是项目产生的社会效益。如此才能更加全面地衡量文化资源转换项目产生的效益，避免因过分关注项目本身的效益，而忽视了其他可能带来的价值。因为文化资源的资本化转化也意味着文化资源的多形态开发利用，在此过程中往往不止涉及一个具体项目，项目与项目之间，项目与周边产业之间如何进行整合考量，才有可能降低开发风险，实现协同发展。

二、文化资源资本转换能力评价指标体系构建

评价文化资源资本转换能力是一个相当复杂的系统工程，不仅需要综合考量所有可能的影响因素，并将每一个影响因素具体化为可测量的评价

---

① 大卫・赫斯蒙德夫. 文化产业［M］. 3 版. 北京：中国人民大学出版社，2016：153.

指标，而且在评价指标如何测量方面，还需要根据不同资源和不同评价指标的特点来确定。从目前已有的关于文化资源及文化产业的研究成果来看，并没有研究者专门针对文化资源的资本转换能力构建评价指标体系。不过，国内外对于文化资源、文化资产及文化资本的价值评估、效益评估等都有不少的指标体系可以参考。日本、韩国、美国等文化产业发展良好的国家，对于文化资源、资产价值的评估方法多有探索，不乏可借鉴的宝贵经验。例如，美国在知识产权资产评估中，经常综合采用成本方法、收益方法与市场方法，以避免只采取某单一评估方法的弊端。[①] 韩国国家公共基金也采取向专家、行政人员和市民等不同主体征求意见的多方价值评估系统对传统表演艺术进行多指标、多方面的价值评估。[②] 从国外采用评估评价方法和构建评估评价体系的实践经验来看，由于文化资源、文化资产的评估评价区别于有形资源资产，具有综合性、模糊性和抽象性等特点，其评估评价多采取多层次、多维度的体系结构，且定量与定性并存，以求更准确地对其价值进行刻画和测量。自我国政府开始推动文化产业发展以来，国内对于相关评估、评价指标体系的探索也快速增多。云南省社会科学院于2003年设计了一套云南县域文化资源评估指标体系，目的在于摸清云南县域文化资源的家底，为云南开展文化资源保护与产业开发奠定基础。其后，陆续有其他省市根据本区域文化资源实际情况构建文化资源评估体系指标，如2005年《中国文化产业发展报告》中发布的山西省文化产业研究中心设计的文化资源评估指标体系。这些都是我国文化产业起步阶段，各地为了盘清文化资源状况所进行的尝试。近年来，随着我国文化产业快速发展，研究者们的关注点从静态评价文化资源所呈现出的状态，逐渐转向动态评价文化资源开发利用至最终产生效益的过程。如构建区域或城市文化产业竞争力评价体系、文化产业发展评价指标体系、文化产业绩效评价指标体系、文化产业融合创新能力评价指标体系等不一而足。这表明，当文化产业进入快速发展轨道后，影响文化产业竞争力和持续发展能力的因素得到了更多的重视。本书所试图构建的文化资源资本化转换能力评价指标体系也正是基于促进文化资源有效开发利用的初衷。

---

① 苏平．美国知识产权资产评估方法选择及其启示——以我国上市公司的知识产权资产评估为视角［J］．知识产权，2010（5）．

② 向勇．文化产业无形资产价值评估：理论与实物［M］．北京：北京大学出版社，2016：64．

（一）评价指标体系的设计原则

从散落的文化元素到具有价值的文化资源，从文化资源到产权清晰的文化资产，从文化资产到可流动增值的文化资本，这一系列转换变化所涉及的影响因素纷繁复杂，要从中提炼出能够全面反映文化资源资本转换能力的综合评价指标体系并非易事。因此，在评价指标体系提炼和设计过程中，必须遵循一定的原则，才能够让评价指标体系在全面反映影响转换能力所有因素的同时也不失可操作性和可比性，从而为评价工作科学合理地开展提供保障。

1. 客观性原则

从目前已有的研究成果来看，对文化资源、文化资产和文化资本等概念的界定和理解具有一定的抽象性和模糊性，在评价文化资源资本转换能力的过程中应尽量避免由这些特性可能引发的主观偏向。评价应基于对文化资源及相关影响因素真实状态的客观判断，在指标设计和选取上要注重指标的客观事实基础，指标的测算和运用尽量依托现实数据。同时，还需制定科学的评价方案和流程，确保每个评价步骤的客观合理性。如此，才能最大限度地根据文化资源的现实状况进行评价，使评价结果客观地反映文化资源资本转换的真实能力。

2. 关键性原则

整体评价文化资源资本转换能力所需考虑的影响因素非常多，如果不加以区分和选择，所构建的评价指标体系必定因过于复杂而失去其实际应用价值。在梳理和选取评价指标时，必须清楚区分影响因素的主次关系、影响大小、普遍性、持续性等，在保证全面评价的同时，重点关注具有代表性的关键指标。这样做一方面可以相对简化评价指标体系，使其更简单易行；另一方面，通过对关键指标的准确衡量，也能更为有效地达成评价目标。

3. 定性定量结合原则

尽管评价指标体系追求客观性，但过往许多以文化资源或文化产业为评价对象的评级指标体系在设计时多采取了定性与定量相结合的方法。究其原因在于有的关键性指标难以获得现有统计数据或是无法以现有统计数据进行衡量。对于此类指标，在评价指标体系设计中往往采用评分法处理，即在定性分析的基础上，利用专家评分将其转化为量化数据。如此，既可避免因部分关键性指标数据缺失所导致的评价不全面不系统的问题，也可让定性分析更具客观性和可比性。

4. 可操作性原则

指标体系的设计要求概念明确、框架层次清晰，每一项指标所对应的具体内容能够被准确地理解和识别。指标体系整体结构也不宜过于复杂，指标内容不应太宽泛太细致。庞杂繁复的指标体系不仅增加评价人员数据采集的难度和整体工作量，使评价指标体系的整体可操作性大大降低，同时也减损了评价指标体系的代表性。更为重要的一点是，为提升可操作性，评价指标选取时还必须考量与指标相关数据来源的权威性、可靠性及数据获取的难易程度。①

5. 可比性原则

构建文化资源资本转换能力评价指标体系是为了对不同区域、不同类型文化资源的转换潜力进行评价，从而为我国文化资源开发和文化产业发展提供参考建议。因此，评价指标体系的设计必须要在全面考虑各区域各类型文化资源特点的基础上，尽可能采用各地区通用的标准，在数据的统计口径和统计方法上也需要尽量做到统一，以利于进行横向比较。同时，无论是定性的还是定量的评价指标，其评价结果都应以量化的方式呈现，以提升其可比性。

（二）评价指标体系的指标设计

基于前文对文化资源资本转换影响因素的分析，本节将进行文化资源资本转换能力评价指标体系的构建。整个评价指标体系从三个基本维度，即资源化能力、资源资产化能力和资产资本化能力对文化资源资本转换能力进行综合评价，体系结构呈现出多层次、多指标的特点。上述三个维度构成了评价指标体系的一级评价指标，而在每个一级评价指标之下再设置若干个二级评价指标，由此形成三个评价子系统，以期对文化资源资本转换能力有更为全面的评价。

1. 资源化能力指标

文化资源的资源化能力指标旨在评价处于自然状态的文化元素转化为具有使用价值的文化资源的可能性和能力，所选取的指标应当反映文化资源自身的状态、特点和价值、促成资源化转化的外部条件等。在以往的研

① 马素伟，范洪．“城市文化资本”指标体系构建及其测度研究——以江苏省为例［J］．江西农业大学学报（社会科学版），2012（3）．

究中，研究者虽未专门针对资源化能力构建相关指标体系，但其设计的文化资源价值、文化资源开发成本、文化资源开发潜力等指标实际上可以反映资源化能力，故而具有一定的参考价值。王广振和曹晋彰（2017）认为文化资源价值评估应该从文化资源的资源品相、历史价值、文化价值、审美价值以及开发成本等要素展开，其中文化资源开发成本可从交通条件、服务能力、开发程度、民众认同度、环境优化度、恢复和保护投入等指标进行评价。无疑，文化资源本身的价值和资源品相是其资源化转换能力的决定性因素，而区域环境、交通条件以及恢复和保护投入的情况都是影响资源化过程的外部条件。在构建通用的文化产业无形资产评价指标体系的基础上，向勇（2016）等针对世界文化遗产地的可持续发展能力设计了一套专门的评估体系，将可持续发展能力的评估分解成为资源价值、保护能力和发展水平三个纬度的指标，对资源价值的评估主要考虑了遗产资源的文化价值、专业价值和文物保护级别，而在评估保护能力和发展水平时，则设计了技术保障、研究开发、社会宣传、资金保障、游客数量、产品形态、开发管理以及开发投入等核心指标。这些指标中所涵盖的文化资源价值评估指标以及技术、资金保障评估指标都对资源化能力指标的设计有借鉴意义。尹华光（2009）等针对非物质文化遗产旅游开发潜力构建了相应的评估指标体系，设立了利益相关者因素、旅游产品开发因素、遗产价值因素、承载力因素等四个一级指标，遗产价值因素指标主要考量了遗产的艺术价值、历史文化价值、保存完好程度和知名度等，利益相关者因素指标将当地居民、政府、旅游项目等情况纳入了评估范围，而旅游产品开发因素指标则对区域周围环境、交通状况、配套设施情况等进行了评价。吸收已有相关研究的成果并结合文化资源资本化过程的独特性，本书设计了表 4-1 所示的资源化能力指标子系统。

表 4-1　　文化资源资源化能力指标子系统

一级指标	二级指标	三级指标
文化资源资源化能力	文化资源品相	保存状态
		知名度
		资源规模
		独特性
		稀缺性

续表

一级指标	二级指标	三级指标
文化资源资源化能力	文化资源价值	文化价值
		历史价值
		社会价值
		消费价值
	社会经济环境	区域内人均 GDP
		区域内人均可支配收入
		区域内居民恩格尔系数
		区域内交通设施状况
	技术保障力量	文化资源发掘与保护技术水平
		开发团队技术能力

如表 4－1 所示，文化资源的资源化能力指标子系统由文化资源品相、文化资源价值、社会经济环境及技术保障力量四个二级指标组成，每个二级指标下又设置了若干三级指标。文化资源品相和文化资源价值衡量文化元素自身所具备的资源化能力。文化资源品相决定了文化元素资源化的基本潜力、可行性和难度，该指标以下设立了文化资源的保存状态、知名度、规模、独特性和稀缺性等指标。是否具备价值是文化资源化的前提和基础，而文化资源价值指标主要考虑文化资源自身所具备的深厚价值，包括文化价值、历史价值、社会价值及消费价值。

社会经济环境及技术保障力量是决定文化资源化过程能否顺利开展的外部环境因素。社会经济环境主要考虑了文化资源所在区域的社会经济发展状况，下设区域内人均 GDP（人均国内生产总值）指标，可以了解不同区域的整体经济发展水平，从而考察其文化资源开发的经济基础；区域内居民可支配收入及居民恩格尔系数这两个指标都可以反映文化资源所在区域居民的生活水平、消费水平。正如前文所分析的那样，通常居民可支配收入越高，恩格尔系数越低意味着居民对于文化产品的需求潜力越大，也意味着文化资源化转化有着更强劲的潜在市场基础和推动力；区域内交通设施状况指标主要考察文化资源所在区域的可到达性，该指标影响文化资源化转化的可能性。具体而言，该指标需要考虑区域飞机场、火车站、高铁站、汽车站数量及便利程度，公路等级及数量等。最后一个二级指标技术保障力量评价文化资源化转化的技术支持条件，包括文化资源发掘与保护技术应用情况和研发团队技术能力两个三级指标。前者衡量文化资源开发是否具备基本的技术条件。在文化资源的挖掘过程中，往往需要使用各种技术对已有的文化资源进行修复、重组、创新等，故技术是实现资源化过程的必备条件。后者反映文化资源研发团队的技术能力，具体包括研发人员的技术使用能力、技术装备情况、受教育水平等。研发团队是技术的研发者和创新应用者，优质的研发团队为文化资源化进程的推进和项目的未来可持续性发展提供坚强保障。

2. 资源资产化能力指标

文化资源资产化能力指标旨在评价文化资源开发项目的资产化能力，重点考察促进文化资源进一步转化为文化企业生产的文化产品的内外部因素和条件。黄庆（2011）认为文化资源只有进入公共文化活动和文化生产、文化产品消费之中，才能使文化资源经过生产转化、管理经营过程，具有持续的开发价值和经济价值，也才具有文化资源转换的可能性。孙粤文（2013）也撰文指出，文化是现代社会最主要的社会资源，文化资源的活化就是要让文化通过商品来传播，让商品通过文化来实现价值增值。由此可见，文化资源的资产化转换意味着文化资源必须进入文化企业的商品生产过程，通过设计、加工、包装、宣传等流程并最终形成可以被大众消费的文化产品。[①] 如此，对文化资源资产化能力的测量和评价应该至少从以下几个方面展开：一是产业维度。在评估文化资源开发项目的资产化能力时，除了评价特定文化企业内部的相关影响因素，还必须考虑整体文旅产业的发展水平和现状。因为文化企业的实力和未来发展前景也深受当地产业发展的影响。比如说，文旅产业密集的区域，往往有利于集中文化企业生产所需的各种要素和其他专业化资源，同时也能够通过聚集产生溢出效应，让这些文化企业从技术、知识的溢出中获得利益。对文旅产业发展现状的评估，可以从产业规模、从业人员数量、从业人员工资水平等角度展开。二是企业维度。实施文化资源资产化转化的企业所具备的创新、生产、营销、管理等方面的能力和其对项目的资金投入情况直接决定文化资源是否能够转变为文化产品。三是消费者维度。文化资源的资产化转化的最后一环是文化产品能够进入市场，被消费者所认可并购买。消费者对于文化资源的认知度和评价，消费者对于文化资源转换后的文化产品是否存在需求，消费者对于特定文化企业的认知和感受等都会影响到这一过程。四是项目

① 胡卫萍，胡淑珠．我国文化资源资本化现状及投融资路径［J］．企业经济，2016（7）．

维度。文化资源转化项目自身的特性也会影响其商品转换过程。例如，转化项目的物品属性决定了文化资源能否转化为产权明晰并能够为文化企业所控制的文化产品。此外，转化项目的市场竞争潜力、资金投入需求等也都是应该进行考量的因素。在上述分析的基础上，本书设计了表4-2所示的资源资产化能力指标子系统。

表4-2　　　　文化资源资产化能力指标子系统

一级指标	二级指标	三级指标
文化资源资产化能力	产业环境支撑能力	区域内文化产业产值
		区域内旅游产业产值
		区域内文化旅游产业产值占第三产业GDP比重
		区域内文化旅游产业从业人数
		区域内文化旅游产业从业人员平均工资
		区域内文旅产业基础设施状况
		区域内文旅产业资金扶持水平
	文化企业创新能力	文化企业主营业务收入及营业利润
		文化企业创意人才占在职员工总数比例
		文化企业研发经费支出水平
		文化企业已开发或拥有的知识产权数量
		文化企业创新管理制度完善程度
	消费者需求潜力	消费者对文化资源的认知度
		消费者对文化资源转化产品的购买意愿
		消费者对文化企业品牌认知度
		消费者对文化企业品牌好感度
	转化项目特性	转化项目物品属性
		转化项目市场竞争潜力

如表4-2所示，文化资源资产化能力一级指标下设产业环境支撑能力、文化企业创新能力、消费者需求潜力及转化项目特性四个二级指标及若干三级指标。产业环境支撑能力指标测量文化资源项目所在区域内文化产业及旅游产业的发展现状，考察文化资源资产化所必须依托的具体产业环境。

区域内文化产业产值和区域内旅游产业产值反映文化资源所在区域文旅产业的总体发展规模和状况，区域内文旅产业产值占第三产业的比重反映出区域服务业对文旅产业的倚重程度。区域内文旅产业从业人数、区域内文化旅游产业从业人员平均工资、区域内文旅产业基础设施状况以及区域内文旅产业资金扶持状况则从人、财、物三个不同角度衡量该区域文旅产业的发展基础，也可从中窥见文旅产业的未来发展前景。其中，通过区域内文化旅游产业从业人员平均工资指标还可了解该区域文旅产业及文化企业对于人力资源要素的吸引程度。由于人力资源在文化企业和产业发展过程中扮演了至关重要的角色，这个指标也从侧面延展了对于文化企业和相关产业发展的观察。在测量时，区域内文旅产业基础设施状况及区域内文旅产业资金扶持水平这两个指标还需进一步细化。区域内文旅产业基础设施状况主要考察是否有文化产业园区及产业园区内企业数量、文化或艺术场所数量、旅游景点数量等，区域内文旅产业资金扶持水平主要考察是否有文化产业基金、民族发展基金、文化保护与非物质文化保护经费等①，以及这些基金和经费的总量情况。

文化企业创新能力指标考察实施文化资源资产化转化项目的特定文化企业所具备的各种能力。首先是其生产经营的能力和规模，通过文化企业主营业务收入及营业利润以及在职员工总数来衡量。其次是作为文化企业最核心的创新生产能力。有研究者认为文化资源的活化分为“粗放型”和“创新型”两种方式。② 而文化资源资产的转化和活化，应该以“创新型”为主要方式，也就是说，要加强文化资源资产转换过程中的创新和价值拓展，要创造性地再生产，从而实现文化资源的持续反复利用。由此，本书设计了文化企业创意人才占在职员工总数比例、文化企业研发经费支出占总资产比重、文化企业已开发或拥有的知识产权数量以及创新管理制度完善程度四个指标对文化企业创新能力进行评价。

消费者需求潜力指标测量文化企业所面对消费者群体对于文化资源转化项目中文化产品的需求情况，文化资源和文化产品如果对于消费者没有任何吸引力和价值，那么也不可能在市场上完成价值交换，并最终形成文化资本。消费者需求情况主要通过消费者对文化资源的认知度、消费者对文化资源转化产品的购买意愿、消费者对文化企业品牌认知度、消费者对

---

① 丁赛，王国洪，王经绫，冯伊．民族地区县域文旅产业发展指标体系的构建和分析［J］．民族研究，2019（2）．

② 孙粤文．文化资本化、资本文化与文化软力量提升［J］．中华文化论坛，2013（12）．

文化企业品牌好感度四个指标来评价，此处的认知度、购买意愿及好感度等都源自消费行为研究领域。其中，品牌认知度是指消费者对品牌的内涵、个性、产品价值的认识和理解程度。品牌认知包括四个方面的认知维度，即差异性认知、相关度认知、尊重度认知和认识度认知。[①] 对文化资源和文化企业品牌认知度越高，意味着消费者对文化资源转化项目的认识度和熟悉程度会越高。品牌好感度彰显了消费者对于品牌的态度和评价，会进而影响消费者的消费倾向和选择。文化企业品牌好感度越高，消费者越有可能尝试该企业最新生产的文化产品。

文化资源转化项目特性指标反映项目本身的物品属性及市场竞争潜力对于资产化转化的影响。项目物品属性指标关注项目是否具有公共物品属性。如前所述，文化产品或服务较之于一般产品或服务的一个突出特点是前者多具有公共物品属性。这就可能导致文化资源的资产化转化遇到极大的障碍。因为资产化过程的前提是文化资源能够被特定的文化企业所占有，文化资产必须是排他的、可交易的。如果转化项目所涉及的文化产品或服务具备一定的公共物品属性，则需要考虑是否能够采取相应的措施甚至是制度安排来确保文化资源产权的明晰。市场竞争潜力指标则通过考察市场上是否具有同类项目、预期市场容量等因素来反映转化项目的前景。

3. 资源资本化能力指标

文化资源资本化能力指标子系统意在评估文化资源进一步转化、活化，流动起来形成文化资本的能力。对于文化资源资本化这一论题，尽管从不同学科角度，如社会学、人类学、经济学等切入，其理论关注点有所不同，但毫无疑问，微观层面的转化路径、机制及影响因素等问题是各领域研究的重点。陈庆德（2004）认为文化，诸如民族文化资本化的具体操作涉及某一民族文化特性如何获取产品权利、民族文化的产业化、具体产业形式如何运作以及如何构建企业形象和增强企业竞争力等问题。而除了产业条件、企业竞争力等外部因素，国家政策的支持和帮助也被视为是文化资源资本化的重要保证。[②] 特别是一些具备丰富传统文化资源但经济发展相对落后的区域，政府直接或间接的政策帮扶，能够带来发展文化产业所急需的人力资源和资金支持。当然，政府的作用更体现在产权交易以及投融资等市场机制和平台的建立上。此外，还有研究者指出人处于文化资源资本化

---

① 邓诗鉴，郭国庆，周健明．品牌联想、品牌认知与品牌依恋关系研究［J］．管理学刊，2018（1）．

② 李银兵．从文化到资本：民族文化资本化的条件初探［J］．前沿，2010（15）．

转换过程的关键环节，因为其思维模式、创新意识直接影响着转化过程和效应。具体来说，至少有三种角色的人对转化过程具有重要影响，即制定战略和政策的领导者、实践战略和政策的企业家及创新型人才群体。① 由此不难看出，文化资源资本化能力受到宏微观层面、文化企业内外部复杂的、多样的因素影响。为了进一步厘清指标选择的思路，不妨回归到前文所述文化资源资本化基本定义：文化资源资本化即是通过市场机制的作用，把未来的文化资源收益转化为现实可利用的资本，以实现文化资源价值增值和效益最大化的过程。通过这个定义，至少可以发现以下几个影响文化资源资本化过程的关键条件：市场机制、市场化运营及资源价值增值。基于上述分析，本书设计了表4－3所示的文化资源资本化能力指标子系统。

表4－3 文化资源资本化能力指标子系统

一级指标	二级指标	三级指标
文化资源资本化能力	文化市场成熟程度	文化产业融资渠道多元性
		文化产业市场主体多元性
		文化产权交易平台/渠道建设情况
		文化投融资平台/渠道建设情况
		文化产权交易规模
		文化产业投融资规模
	政府政策完善程度	版权制度完善程度
		人才引进及激励制度完善程度
		研发创新激励制度完善程度
		文化产业投融资政策完善程度
	文化企业资本化运营能力	已有文化产品品牌数量
		已有文化产品品牌销售收入
		已有文化产品品牌销售收入占文化企业主营业务收入的比重
		已有文化产品品牌市场份额
		已有文化产品品牌知名度

① 鲁忠慧．关于宁夏文化资源资本化的理论思考［J］．北方民族大学学报（哲学社会科学版），2012（3）．

续表

一级指标	二级指标	三级指标
文化资源资本化能力	文化企业资本化运营能力	已有文化产品品牌美誉度
		文化产品市场营销费用
		文化产权交易金额
		文化资源开发项目投融资金额
	转换项目预期收益	转换项目预期投入
		转换项目预期收益
		转换项目预期每年收益增长速度
		转换项目预期社会效益

如表4－3所示，资源资本化能力一级指标之下设计了文化市场成熟程度、政府政策完善程度、文化企业资本化运营能力、转换项目预期收益四个二级指标及若干三级指标。文化市场成熟程度主要考察文化资源资本化转化的市场基础条件是否具备。文化产业融资渠道多元性指标反映该区域文化产业是否具备多样化的资本来源，是否允许民营资本、外资及其他社会资本以不同的方式进入。文化产业市场主体多元性反映该区域文化市场中是否有多元化的参与主体。这两个指标都可以在一定程度上显示出该区域文化市场是否充满了活力，是否能吸引足够多的社会力量的参与。文化产权交易平台及文化产业投融资平台建设情况指标主要考察该区域文化是否建立了文化产权交易和投融资平台或渠道，其配套产权交易和投融资服务如版权价值评估、法律服务等是否完善。同时，也设计了文化产权交易规模及投融资规模等定量指标来评价已有平台或渠道是否发生了作用，也反映了文化市场的产权和资本化运作的活跃程度。

政府政策完善程度指标是一个定性的评价指标，政府通过规范性、扶持性、引导性的文化产业政策，营造规范、有效运行的文化市场环境，为文化资源资本化转换创造良好外部环境和更多市场机会。但自从发展文化产业被确立为我国国家发展战略以来，各地各级政府都出台了多种多样的文化产业政策，政府政策完善程度指标的进一步分解只能从这样纷繁复杂的政策中挑选出与文化资源资本化最为相关的作为下一级指标，围绕着版权、创新及资金三个核心要素，考察版权制度、人才引进及激励制度、研发创新激励制度、文化产业投融资政策的完善程度。

文化企业资本化运营能力指标评价特定文化企业文化资本运营的能力，

主要围绕着文化产品品牌的运营、文化产权交易和文化项目投融资的情况来展开。已有文化产品品牌数量、已有文化产品品牌销售收入及其占文化企业主营业务收入的比重、已有文化产品品牌市场份额以及已有文化产品品牌知名度和美誉度等指标反映文化企业对于已有文化产品品牌运营的情况，为其资本化运营能力提供最有力的证明。文化产品市场营销费用反映文化企业用于开展文化产品的市场营销投入，文化产品的品牌化和资本化离不开设计、包装、宣传、公关等市场营销活动。文化产权交易次数和金额、文化资源开发项目投融资次数和金额这两项指标反映文化企业已有的文化资本运作经验，也在一定程度上可证明其资本化运作的能力。

转换项目预期收益指标测量文化资源转换项目预期带来的文化资源价值增值。文化资源资本化的主要目的正是实现文化资本的价值增值。考察文化资本在文化资源保护、开发和交易的流动运转中能否实现价值增值，能够实现多大幅度的价值增值，对文化资源资本化转换能力可以形成更为清晰准确的判断。转换项目预期收益指标下设计了四个三级指标，包括转换项目预期投入、转换项目预期收益、转换项目预期每年收益增长速度以及转换项目预期社会效益。前三个指标反映了转换项目预期投入成本及预期价值增长。同时，除了预期经济效益之外，转换项目的预期社会效益也作为一项定性指标纳入了评价系统。社会效益主要表现为文化产品对消费者的思想、观念、意识及行为方式产生的影响。① 不过这一指标在评价时还需进一步细化，预期社会效益至少包括通过提供优质文化产品，传承和保护文化资源，传播文化和知识，提升消费者道德水平、文化水平和审美水平，带动文化资源所在区域社会、经济及文化等各方面。

（三）评价指标体系的数据采集

文化资源资本转换能力指标体系是从文化资源资源化能力、资产化能力和资本化能力三个维度测量的多层次多指标体系，每一个维度都构成总指标的一部分，每一个维度所设计的子指标又可进一步分解为若干具体指标。这些指标中既有定性的指标，也有定量的指标，且涉及经济现状、政府政策、市场基础、消费者需求等多个层面，故指标数据的采集也需通过多样化的渠道才能完成。

---

① 张春河，张奎．国有文化企业社会效益评价：概念、重点与指标［J］．现代传播（中国传媒大学学报），2020（6）．

文化资源资本转换能力指标体系数据采集渠道主要有以下几种：一是政府统计部门、政府部门报告、政府官方网站及统计年鉴等官方数据。例如区域内文化产业产值、区域内人均GDP、区域内人均可支配收入等指标都可从上述官方渠道获得数据。二是行业组织及机构数据。与文化产业、文化市场相关的指标，如文化产业资本来源、文化产业市场主体类型、产权交易及投融资平台建设数据等可从文化领域相关行业组织及机构获得。三是调查问卷数据。问卷主要分为两种，即调查对象为专家以及调查对象为消费者的问卷调查。前者按社会调查方法邀请专家及从业者对指标体系中部分定性指标所涉及的内容进行调查，如对文化资源品相、文化资源价值、文化产业制度建设完善程度等指标数据的获得就需采用问卷调查。后者对消费者展开问卷调查，主要涉及消费者对文化资源、文化产品品牌的认知度及好感度等指标。四是特定文化企业内部数据。文化资源资本化转化项目必须依托特定文化企业，指标体系中与特定文化企业相关的数据都可从该企业获得，如文化企业的主营业务收入及营业利润、在职员工数量、创意人才数量、研发经费支出、文化产品品牌数量及运营情况等。五是第三方评估服务机构的数据。转化项目预期资金投入需求、预期每年收益及其增长率等数据不仅可以从相关文化企业获得，也可以从独立的第三方评估服务机构获得。

三、文化资源资本转换能力的综合评价

实现我国文化资源向文化资本的顺利转换首先需要对我国文化资源资本转换的能力进行综合评价。所谓综合评价，实际就是将多个评价指标值进行合成的过程。在合成的过程中，需要解决三个基本问题：一是评价指标原始数据如何获取并进行相应的数据整理；二是各评价指标如何加权，即指标权重的确定；三是各评价指标如何合成，即评价方法的选择。

（一）原始数据的收集及整理

收集并整理指标原始数据是综合评价的基础。上文已经对文化资源资本转换能力进行了系统分析并建构了相应的评价指标体系。在评价指标体系中，具体指标大抵可分为两类：一类是定量指标，又称为硬指标；另一类是定性指标，又称为软指标。两者在原始数据的收集及整理上存在明显的不同。

1. 定量指标的数据收集及整理

定量指标的原始数据主要来源于各类采集渠道的有关量化数据，并按照相关指标数据采集与口径处理的方法进行原始数据的清洗。

2. 定性指标的数据收集及整理

定性指标的原始数据主要是通过问卷调查等采集渠道获取的文字表述型数据。因为定性指标数据不能直接用于多指标量化评价，所以，在进行综合评价前，需要将定性指标数据进行量化。综合评价中定性指标量化的方法有许多，考虑到本书评价指标体系中的定性指标大多是一些模糊的概念，本书借助模糊数学的一些原理，采用模糊统计法对相关定性指标数据进行量化，具体步骤如下：

（1）建立评价等级向量。

设 m 个评价因素（即定性指标变量）$u_i(i=1, 2, \cdots, m)$ 划分为 n 个评价等级 $v_j(j=1, 2, \cdots, n)$，如“最高、较高、中等、较差、差”五级，并对应地对各等级取自然数进行赋值量化，比如“5、4、3、2、1”，建立评价等级向量 $V=(v_1, v_2, \cdots, v_n)$。

（2）建立隶属度向量。

通过问卷调查，邀请相关研究领域的专家针对各个评价指标评价等级进行打分，根据专家判断进行频率统计，即以问卷中某个指标某个等级专家选择的次数占专家总数的比率，得到某指标隶属于某一评价等级的程度，即从评价因素 u_i 着眼该评价对象被评为 v_j 等级的隶属度，记为 r_{ij}，从而建立第 i 个评价因素（定性指标）的隶属度向量 $r_i=(r_{i1}, r_{i2}, \cdots, r_{in})$。

（3）计算定性指标的量化值

采用加权平均的算法，计算第 i 个评价因素（定性指标）的量化值 X_i，则

$$X_i = r_i \cdot V^T \tag{4.1}$$

（二）各级指标权重的确立

上面对文化资源资本转换能力进行了系统分析并设计了三级评价指标体系，但在实际评价中，各级指标对文化资源资本转换能力的影响大小并不相等，这就要求我们必须为各级指标赋予一定的权重，以求得对文化资源资本转换能力更为科学的评价。

在权重的赋予方法中，按主客观性的不同可分为主观赋权法和客观赋权法。主观赋权法是评价主体依据自身主观偏好对评价客体各属性或指标

进行赋权的方法，常见的有德尔菲法、层次分析法等；客观赋权法是评价主体根据评价客体各属性或指标本身所具有的相关系数及变异信息而计算权重的方法，常见的有主成分分析法、熵权法等。主观赋权法虽然体现了评价主体的偏好，但评价结果有较大的主观随意性；客观赋权法虽然体现了评价客体各属性或指标的客观信息，但忽视了评价主体的偏好，二者均具有一定的局限性。为此，本书将主观赋权与客观赋权有机结合，对文化资源资本转换能力评价指标体系的一级指标和二级指标采用层次分析法的主观赋权，而对三级指标（即具体指标）采用主成分分析法客观赋权。由于后者主成分分析法的客观赋权是随样本系统综合评价时内生的，所以这种赋权方法在下面的主成分综合评价方法中再予介绍，这里着重介绍前者，即层次分析法的主观赋权。

1. 层次分析法的基本思想

层次分析法（analytic hierarchy process，AHP）是美国著名运筹学家、匹兹堡大学萨蒂教授（T. L. Saaty）等在20世纪70年代提出的一种典型的从定性分析到定量分析综合集成的系统工程方法。层次分析法的基本思想，是运用先分解后综合的系统思想，对复杂问题的本质、影响因素以及内在关系等进行深入分析后，构建相应的层次结构模型，将复杂问题分解成目标层、准则层、方案层等，然后整理和综合人们的主观判断，用一定的标度对人们的主观判断进行客观量化，使定性分析与定量分析有机结合，为求解多目标、多准则或无结构特性的复杂问题提供一种决策方法。它将人们对复杂系统的思维过程数字化，将人的主观判断为主的定性分析进行定量化，将各种判断要素之间的差异数值化，帮助人们保持思维过程的一致性，适用于复杂的模糊综合评价系统，是目前一种被广泛应用的确定权重的方法（汪应洛，2001）。

2. 层次分析法的应用步骤①

（1）构造层次分析结构。

应用层次分析法确定权重，首先需要把研究问题条理化、层次化，构造出一个层次分析结构的模型，这是层次分析法中最重要的一步。为此，需要把复杂问题分解成称之为元素的各个组成部分，并按元素的相互关系及其隶属关系形成不同的层次，同一层次的元素作为准则对下一层次的元

---

① 主要参考杜栋，庞庆华，吴炎．现代综合评价方法与案例精选［M］．2版．北京：清华大学出版社，2008：13－19相关内容。

素起支配作用，同时它又受上一层次元素的支配。最高层次只有一个元素，它表示评价者所要达到的目标；中间层次一般为准则、子准则，表示衡量是否达到目标的判断准则；最低层次表示要选用的解决问题的各种措施、方案或评价所选用的具体指标。层次数与问题的复杂程度和需要分析的详尽程度相关。这样即可构成目标层、若干准则层和方案层的层次分析结构模型。

根据上面构建的文化资源资本转换能力评价指标体系，我们可以建立如图 4－1 所示的层次分析结构。

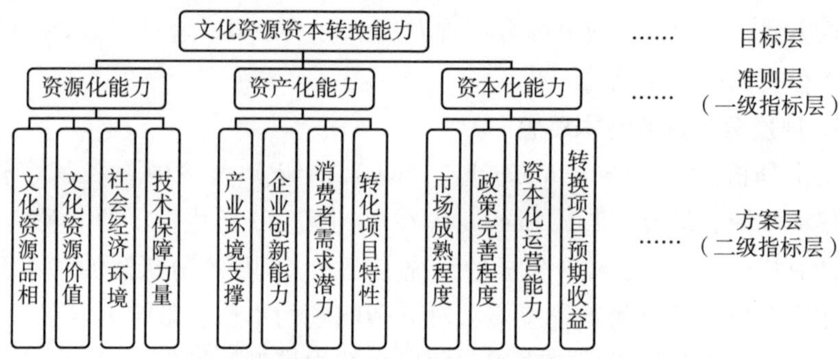

图 4－1　文化资源资本转换能力评价指标的层次分析结构

在层次分析结构中，层次分析模型分为三层：第一层为目标层，即文化资源资本转换能力评估；第二层为准则层，即评估文化资源资本转换三个基本环节的能力，即资源化能力、资产化能力和资本化能力等一级指标层；第三层为方案层，即准则层下分别评估三个一级指标的二级指标层。当然，在二级指标层下还可继续分解出三级指标层，即具体指标层，但这层的权重构造在下文用主成分分析综合评价时内生形成，在此不做分析，这里只对一级指标和二级指标层赋权。

（2）构造判断矩阵。

层次分析法需要对每一层次中各因素的相对重要性进行两两比较，并通过导入相应的标度，将比较判断结果用数值表示出来，从而建构起两两比较判断矩阵。判断矩阵是层次分析法的基本信息，也是进行相对重要度计算的重要依据，具体构造方法如下：

假定上一层次的元素 B_k 作为准则，对下一层元素 C_1，C_2，…，C_n 有支配关系，则准则 B_k 对 C 的判断矩阵实际是比较在准则 B_k 下被支配元素 C_1，

C_2，…，C_n 之间的相对重要性。为了量化比较判断结果，首先，我们引入常用的萨蒂教授最初提出的比例九标度方法。如表 4－4 所示。

表 4－4　　判断矩阵标度及其含义

序号	重要性等级	C_{ij}赋值
1	i，j 两元素同等重要	1
2	i 元素比 j 元素稍重要	3
3	i 元素比 j 元素明显重要	5
4	i 元素比 j 元素强烈重要	7
5	i 元素比 j 元素极端重要	9
6	i 元素比 j 元素稍不重要	1/3
7	i 元素比 j 元素明显不重要	1/5
8	i 元素比 j 元素强烈不重要	1/7
9	i 元素比 j 元素极端不重要	1/9

注：C_{ij}＝{2，4，6，8，1/2，1/4，1/6，1/8，} 表示重要性等级 C_{ij}＝{1，3，5，7，9，1/3，1/5，1/7，1/9，}。这些数字是评价者进行定性分析时凭直觉和判断力而确定的。

然后，邀请相关专家或评价者对准则 B_k 下支配的元素 C_1，C_2，…，C_n 分别进行两两比较，判断其重要性，并根据上述的比例九标度值对重要性等级赋值，从而得到准则 B_k 对 C 判断矩阵的一般形式：

B_k	C_1	C_2	…	C_n
C_1	c_{11}	c_{12}	…	c_{1n}
C_2	c_{21}	c_{22}	…	c_{2n}
⋮	⋮	⋮	⋮	⋮
C_n	c_{n1}	c_{n2}	…	c_{nn}

（4.2）

为计算方便，上述判断矩阵可记作 B，简写为 $B=(c_{ij})_{n\times n}$，或如下矩阵形式：

$$B=\begin{bmatrix} c_{11} & c_{12} & \cdots & c_{1n} \\ c_{21} & c_{22} & \cdots & c_{2n} \\ \vdots & \vdots & \ddots & \vdots \\ c_{n1} & c_{n2} & \cdots & c_{nn} \end{bmatrix} \tag{4.3}$$

其中，矩阵元素 c_{ij} 表示因素 i 和因素 j 相对于准则 B 的重要值。如此类推，可以构造出各层次（最底层方案层除外）各元素的判断矩阵。

（3）判断矩阵的一致性检验。

判断矩阵的构造使评价者的判断思维数字化，但由于客观事物的复杂性和人们对事物认识的多样性和差异性，使评价者的判断思维不一定具有一致性。判断思维的一致性是指评价者在判断指标重要性时，各判断结果之间协调一致，不至于出现相互矛盾的结果。比如，判断甲比乙极端重要，乙比丙极端重要，丙又比甲极端重要的情况，这显然违背常识。因此，应用层次分析法，保持判断思维的一致性是非常必要的。对此，我们需要对构造的每一个判断矩阵进行一致性检验。

判断矩阵的一致性水平检验，我们采用传统的 CR 指标法。CR 指标，即随机一致性比率，计算公式为：

$$CR = \frac{CI}{RI} \tag{4.4}$$

其中，$CI = \frac{\lambda_{\max} - n}{n - 1}$，表示判断矩阵偏离一致性的指标，$\lambda_{\max}$ 是判断矩阵的最大特征根，n 是矩阵阶数（$n > 2$）。CI 值越大，表明判断矩阵偏离完全一致性的程度越大，反之，表明判断矩阵的一致性越好。RI 表示同阶平均随机一致性指标。对于不同阶的判断矩阵，评价者判断的一致性误差不尽相同。对于 1 -9 阶判断矩阵的 RI 值，如表 4 -5 所示。

表 4 -5　　平均随机一致性指标

1	2	3	4	5	6	7	8	9
0.00	0.00	0.58	0.90	1.12	1.24	1.32	1.41	1.45

判断矩阵的阶数等于 1 或 2 时，判断矩阵总是具有完全的一致性。当阶数大于 2，且 $CR < 0.10$ 时，即可认为判断矩阵具有满意的一致性水平。否则，就需要重新判断，调整判断矩阵，直到使之具有满意的一致性为止。

（4）层次单排序。

所谓层次单排序，是指根据判断矩阵计算上一层次某元素支配下的所有本层次元素重要性次序的权值。

层次单排序的权值计算实质可结为求解判断矩阵的最大特征根及其特征向量问题。具体权值解法有许多种类，包括特征根法、和法、方根法、最小偏差法、对数最小二乘法、左右特征向量平均法等。这里主要介绍一种简单实用的方法——方根法的计算步骤：

①计算判断矩阵每一行元素 c_{ij} 的乘积 m_i，则：

$$m_i = \prod_{j=1}^{n} c_{ij}\ (i=1,\ 2,\ \cdots,\ n) \tag{4.5}$$

②计算 m_i 的 n 次方根 $\bar{w}_i$，则：

$$\bar{w}_i = \sqrt[n]{m_i} \tag{4.6}$$

③对向量 $\overline{W} = [\bar{w}_1,\ \bar{w}_2,\ \cdots,\ \bar{w}_n]^T$ 正规化，即归一化处理，则：

$$w_i = \frac{\bar{w}_i}{\sum_{j=1}^{n} \bar{w}_j} \tag{4.7}$$

$W = [w_1,\ w_2,\ \cdots,\ w_n]^T$ 为所求的特征向量，也即通过一致性检验后的相应指标的权重系数。

④计算判断矩阵的最大特征根 $\lambda_{\max}$，则：

$$\lambda_{\max} = \sum_{i=1}^{n} \frac{(BW)_i}{nw_i} \tag{4.8}$$

其中 $(BW)_i$ 表示向量 BW 的第 i 个元素。

因为本书运用层次分析法旨在确定文化资源资本转换能力各级指标的相对重要性，所以不涉及最后的具体指标层次总排序问题，只需通过层次单排序即可计算各级指标的权值。

3. 层次分析法的修正

尽管层次分析法被广泛用于指标的赋权，但传统的层次分析法容易导致比较循环，不满足传递性，容易出现标度把握不准而丢失部分信息的情况。因此，本书拟采用熵权法（苏为华，2000）的思想，用熵值对传统层次分析法进行修正。具体步骤如下：

（1）构造标准矩阵 $\overline{B} = (\bar{c}_{ij})_{n\times n}$，即对传统层次分析法中的判断矩阵 $B = (c_{ij})_{n\times n}$ 作归一化处理，则：

$$\bar{c}_{ij} = c_{ij} / \sum_{i=1}^{n} c_{ij} \tag{4.9}$$

（2）采用 Shannon 熵，计算熵值 E_j，则：

$$E_j = -(1/\ln n) \sum_{i=1}^{n} \bar{c}_{ij} \ln \bar{c}_{ij} \tag{4.10}$$

可推知 $0 \leqslant E_j \leqslant 1$。

（3）计算指标的偏差度 d_j，并进行归一化，得到指标的信息量权数

μ_j，则：

$$d_j = 1 - E_j \tag{4.11}$$

$$\mu_j = d_j / \sum_{j=1}^{n} d_j \tag{4.12}$$

（4）利用指标的信息量权数 μ_j，对用传统层次分析法求得的指标权重系数 w_j 进行修正，得到修正的权重系数 w_j'，则：

$$w_j' = \mu_j w_j / (\sum_{j=1}^{n} \mu_j w_j) \tag{4.13}$$

其中 $w_j = (w_1, w_2, \cdots, w_n)$，$w_j' = (w_1', w_2', \cdots, w_n')$。

修正后的权重系数 w_j' 包含更多的信息，比传统的权重系数 w_j 可信度更高，更符合实际情况。

（三）各级指标评价方法的选择

在前述的层次分析结构中，我们明确了评价的最终目标是评估文化资源资本转换能力，而这一评价目标又可被分解为一级指标层、二级指标层以及三级具体指标层等若干指标层级。由此，我们的评价则可由下而上，逐层进行指标的合成评价，最终实现对评价目标的综合评估。在整个评价过程中，我们大抵可以分为两个步骤：一是三级具体指标对二级指标及一级指标层的合成；二是一级指标对评价目标的指标合成。与此相对应，可以选择两种不同的合成评价方法，即主成分综合评价法和加权平均综合评价法。加权平均法是多指标综合评价中最基本的方法，一般与其他评价方法组合应用，本文采用的是主成分综合评价法。

1. 主成分分析法的基本原理

主成分分析法最早是在多元统计分析中作为一种数据降维处理技术而提出的，在生物、医学、农学、经济、管理等多学科领域得到广泛应用，后来逐渐被推广应用于样本的分类与排序。20 世纪 80 年代以来，随着我国多指标综合评价理论与实践的发展，有不少研究者开始将主成分分析法应用于不同领域的综合评价，并使之成为目前应用最为广泛的一种多元统计综合评价方法。

主成分分析法的基本思想是用较少的几个综合指标代替原来较多的变量指标，而且使这些较少的综合指标既能尽量多地反映原来较多变量指标所反映的信息，同时它们之间又是彼此独立的。

设 X_1，X_2，…，X_p 为原变量指标，F_1，F_2，…，F_m 为综合变量指标，且

$$\begin{cases} F_1 = a_{11}X_1 + a_{12}X_2 + \cdots + a_{1p}X_p \\ F_2 = a_{21}X_1 + a_{22}X_2 + \cdots + a_{2p}X_p \\ \cdots\cdots \\ F_m = a_{m1}X_1 + a_{m2}X_2 + \cdots + a_{mp}X_p \end{cases} \tag{4.14}$$

并且满足：

（1）F_i 与 $F_j(i \neq j;\ i,\ j=1,\ 2,\ \cdots,\ m)$ 互不相关，即 $\mathrm{Cov}(F_i,\ F_j)=0$；

（2）F_1是X_1，X_2，…，X_p所有可能的线性组合中方差最大的；F_2是与 F_1 不相关的X_1，X_2，…，X_p的所有线性组合中方差最大的；……；F_m是与 F_1，F_2，…，F_{m-1}都不相关的X_1，X_2，…，X_p的所有线性组合中方差最大的。

则，综合变量指标 F_1，F_2，…，F_m分别称为原变量指标X_1，X_2，…，X_p的第一，第二，……，第 m 个主成分。

可见，主成分分析的关键是确定各主成分 $F_i(i=1,\ 2,\ \cdots,\ m)$ 关于原变量指标$X_j(j=1,\ 2,\ \cdots,\ p)$ 的表达式，即求解系数 $a_{ij}(i=1,\ 2,\ \cdots,\ m;\ j=1,\ 2,\ \cdots,\ p)$。从数学上可以证明，原变量协方差矩阵的特征根是主成分的方差，所以前 m 个较大特征根就代表前 m 个较大的主成分方差值；原变量协方差矩阵前 m 个较大的特征值 λ_i 所对应的特征向量就是相应主成分 F_i 表达式的系数 a_i。其中，系数 a_i 是 λ_i 所对应的单位正交特征向量，即有 $a_i'a_i=1$。

此外，在运用主成分综合评价时，权数是从信息量和系统效应角度来确定的。在原变量指标数学变换为成分的过程中，同时也形成了反映成分和指标包含信息量的权数。这种信息量权数是从指标所含区分样本的信息量多少来确定重要程度的，比较客观地反映了样本间的现实关系。

2. 主成分分析法的计算步骤

（1）计算协方差矩阵。

计算样本数据的协方差矩阵 $\sum$ ，则

$$\sum = (S_{ij})p \times p \tag{4.15}$$

其中，$S_{ij} = \dfrac{1}{n-1}\sum\limits_{k=1}^{n}(x_{ki} - \bar{x}_i)(x_{kj} - \bar{x}_j)$ ，$(i,\ j=1,\ 2,\ \cdots,\ p)$。

（2）计算 $\sum$ 的特征值 λ_i 及相应的单位正交特征向量 a_i。

协方差矩阵 $\sum$ 的前 m 个较大的特征值 $\lambda_1 \geqslant \lambda_2 \geqslant \cdots \geqslant \lambda_m > 0$，就是前 m 个主成分对应的方差，λ_i 对应的单位特征向量 a_i 就是主成分 F_i 的关于原变量的系数，则原变量的第 i 个主成分 $F_i = a_i'X$。

主成分的方差贡献率 α_i 是用来反映对原变量指标信息解释的程度，其中 $\alpha_i = \lambda_i / \sum_{i=1}^{m} \lambda_i$，$m$ 个主成分的方差累计贡献率则为：

$$G(m) = \sum_{i=1}^{m} \lambda_i / \sum_{i=1}^{p} \lambda_i \tag{4.16}$$

（3）计算主成分载荷。

主成分载荷是反映主成分 F_i 与原变量 X_j 之间的相互关联程度。设原来变量 $X_j(j=1, 2, \cdots, p)$ 在各主成分 $F_i(i=1, 2, \cdots, m)$ 上的荷载为 $l_{ij}(i=1, 2, \cdots, m; j=1, 2, \cdots, p)$，则

$$l_{ij} = \rho(F_i, X_j) = \sqrt{\lambda_i} a_{ij} (i=1, 2, \cdots, m; j=1, 2, \cdots, p) \tag{4.17}$$

（4）计算主成分得分。

计算样本 m 个主成分的得分，则：

$$F_i = a_{1i}X_1 + a_{2i}X_2 + \cdots + a_{pi}X_p (i=1, 2, \cdots, m) \tag{4.18}$$

（5）计算样本综合评价得分

$$F = \sum_{i=1}^{m} \alpha_i F_i \ (i=1, 2, \cdots, m) \tag{4.19}$$

需要强调的是，在实际应用中，因原变量指标的量纲往往不同，所以在主成分计算之前一般应先进行无量纲处理。数据进行无量纲处理的方法有很多，常用的方法是将原始数据标准化。对于标准化变量构成的向量 X^*，其协方差矩阵 $\sum$ 与相关系数矩阵 ρ 是一致的。

3. 主成分个数的提取原则

主成分分析的实质是用尽可能少的主成分反映尽可能多的原变量指标信息，也就是说提取的主成分个数 m 要尽可能小，而其方差累计贡献率 $G(m)$ 要尽可能大。这样，确定主成分个数的关键就是要在 m 与 $G(m)$ 之间取得平衡。

主成分个数的提取是主成分综合评价方法理论研究的主要内容之一，也提出了许多的提取原则，实践中比较常见的有以下 3 种：

（1）提取合适比例的方差累计贡献率原则。

提取合适比例的方差累计贡献率原则即提取方差累计贡献率 $G(m)$ 大于等于合适比例的前 m 个主成分个数。至于累计贡献率取多大比例才合适，要根据具体问题的性质而定。有些科学技术问题累计贡献率要达到 95% 以上，而对复杂的社会科学、行为科学而言，能达到 60% 也是很不错的。一般认为，当方差累计贡献率大于等于 85% 时，就已基本反映原变量的主要

信息（柯惠新和沈浩，2005）。

（2）提取大于平均特征值的原则。

提取大于平均特征值的原则即先计算所有特征值 λ_i 的平均值 $\bar{\lambda}$，再选取 $\lambda_m > \bar{\lambda}$ 的前 m 个成分作为主成分。由原始数据标准化处理后的相关系数矩阵求得的 $\bar{\lambda}=1$，所以，只要取特征值大于 1 的前 m 个主成分即可，也称为取特征值大于 1 的原则。

（3）提取第一主成分的原则。

主成分分析作为一种数据降维方法，其每一个主成分都有特定的含义，其中第一主成分说明了原始数据变动的总规模，而其余各主成分则说明样本内部的各方面的特征，但从综合评价角度来说，则不是所有的主成分都具有评价价值，只有第一主成分才能用于综合评价（苏为华，2000）。

小结

本章从经济社会的转型、科学技术的创新、市场体系的改革以及文化资源资本转换项目自身属性，分析了影响文化资源资本转换能力的主要因素，构建了包含资源化能力、资源资产化能力、资产资本化能力三个基本维度的多层次、多指标的文化资源资本转化能力评价指标体系，并采用层次分析法确定指标层各级评价指标权重。通过模糊综合评判法建立起文化资源资本转换能力的综合评价模型，以评估不同区域或类型文化资源的资本转换能力。

第五章 文化资源资本转换的资源配置模式选择

文化资源包括人们在文化生产和文化活动中使用或可以使用的物质和精神资源，是汇集人类智慧、经验和科学技术的一种特殊形式的资源。从资本转换角度对文化资源配置的思考，本质上是在探索如何把文化资源作为投资资本，纳入经济生产和资本循环系统中的客观规律。研究和掌握这一规律，对文化产品生产要素组合方式的更新、文化产业配置效率的提高、文化资源资本化运作的顺利推进，有着重要意义。本章立足于文化资源转换的视角，通过对文化资源三种转换模式以及转换因素进行剖析，力图探究提升我国文化资源配置效率的途径。

一、文化资源配置理论

（一）稀缺性——文化资源配置的前提

在经济学中，稀缺是指一种状态：相对于需求的增长性和无限性，物品是有限的。稀缺性是一种相对属性，因为人的欲望是无穷无尽的，因此现实世界中的所有资源都无法绝对满足人的需求。如果物质资源是无限的，那也就不存在所谓资源配置的问题了，正因为物质资源的相对稀缺性，所以才必须要对这些资源进行优化配置以尽可能实现人类需求满足的最大化。

稀缺性是绝大多数资源的基础属性，正是因为稀缺性的存在，才使得资源配置成为经济学研究的核心问题之一。古典经济学家相信，对资源配置机制而言，市场是最重要的。只有好好利用“看不见的手”的市场自主调控能力，才能尽可能地提高资源配置效率。然而，古典经济学只考虑了宏观层面，没有仔细考虑资源配置效率提升的条件，所以新古典经济学提出了一个必要条件，即完全竞争的市场环境。简言之，资源配置是社会在不同渠道之间对资源的配置。

物质资源显然是有限的，那么文化资源是否具有稀缺性呢？保罗·萨缪尔森（Paul A. Samuelson）将文化资源分为成果资源、技能资源、生产创作资源、人文自然资源与专利资源五大类。在现阶段，这五类文化资源显然都具有稀缺性。

1. 成果资源的稀缺性

古今中外，人类创造的文化成果不计其数。目前，我们可以看到的最早的绘画艺术是西班牙阿尔塔米拉洞窟的野牛遗迹，距今已经超过一万年。自从人类出现，人类就在不断地创造着文化成果，虽然很多文化成果已被淹没在历史的尘埃中，但也有少部分保存至今，而且时至今日，人类依然在不断创造着近乎无限的文化成果。当然，相对人类无限的文化需求，人类创造再多的文化成果也是非常稀缺的。这种稀缺不是体现在成果数量上，而是体现在其中缺少具备价值的成果资源。例如，我们每个人都可以去画画、去涂鸦、去写作，只要我们愿意，我们可以创造出无数的文化成果，但是这些成果仅仅对我们自己有意义、有价值，对其他人几乎没有任何意义。稀缺性是一种相对属性，一种资源存在稀缺性是因为它的供给量小于人们对它的需求量，大众不会对一个普通人的文化成果产生需求，但却会对毕加索（Pablo Picasso）的画、莫言的文学作品产生巨大的需求。在无限的文化成果中，这极少部分被大众所需要的文化成果显然是具有稀缺性的。

2. 技能资源的稀缺性

技能资源是一种看似无限延伸的无形的资源，这种资源需要一个载体，那就是人。具备相应技能资源的人显然是最为稀缺的一种文化资源，例如艺术家、编剧、设计师，他们对技能资源掌握得越多，市场对他们的价值需求也就越高，这类资源也就越稀缺。

3. 生产创作资源的稀缺性

生产创作资源实际上是一种物质资源，例如绘画需要用到的画笔、表演需要用到的舞台，推动文化生产的文化企业、娱乐场所等，这类物质资源其实和其他物质资源一样都是稀缺的，资源价格随着供给量与需求量、供给曲线与需求曲线的变化而变化。

4. 人文自然资源的稀缺性

人文自然资源实际上是整合了人文资源和自然资源，它需要一定的时间、地理、人、机遇等因素才能形成，因此大多都有自己独特的魅力，如风景名胜、城市之中的图书馆、文化广场等，这些都具备一定的稀缺性。

5. 专利资源的稀缺性

专利资源是受法律保护的极具价值的资源。以文化版权为例，电视剧电影 IP 的播放权在市场的交易费用，有的高达千万甚至上亿元。

正是由于文化资源具有稀缺性，所以才需要对文化资源进行必要的配置。文化资源的配置是指在文化的生产和服务过程中，通过对文化产品生产环节中各个要素的合理分配、科学组合，优化各个生产部门合作方式，从而实现文化产业市场整体利益的最大化[①]。人们生产各种各样文化产品的过程，本质上是对文化资源进行优化配置的过程。

（二）效率与公平——文化资源配置的目标

效率与公平问题是经济学研究一个永恒的主题，协调好两者的关系也是一个经济社会发展的核心问题。美国经济学家萨缪尔森认为“经济学研究的是一个社会如何利用稀缺的资源以生产有价值的物品和劳务，并将它们在不同的人中间进行分配。”[②] 稀缺资源如何利用也就是资源如何有效配置，实质是经济效率问题，而如何分配则涉及公平问题。经济学领域普遍认同的效率概念是帕累托效率。帕累托效率（或配置效率）是指在不会使其他人境况变坏的前提下，如果一项经济活动不再有可能增进任何人的经济福利，则该项经济活动就被认为是有效率的。或者说，效率是指此时没有一个人的福利能在不使别人的福利变得更差的情况下变得更好。相对帕累托效率概念的清晰和普遍认同性，公平的概念因涉及价值判断与不同的哲学伦理观念而有不同的理解。归纳起来，大致有三种类型的公平观：一是政治权力的公平观，如选举权公平；二是机会公平观，如提供相同的就业工作、教育和其他社会体系的途径；三是结果公平观，如保证人们得到相同的收入和消费水平。

在文化资源的配置中，效率当然是资源配置的重要目标。文化资源配置低效，也就是生产出来的文化产品不能符合大众需求，意味着社会文化资源被滥用，或者文化资源未能被很好挖掘，没有得到充分的应用。譬如当前有一部分文化形象工程、文化面子工程，在制作的过程中投入了很多人力物力，但由于其内容实际上并不符合大众的实际文化需求，最终落得“门庭冷落”，只能“自吹自擂”，这种行为实际是一种文化资源的低效配

---

① 秦淑娟，李邦君．文化经济规律研究［M］．上海：上海财经大学出版社，2013. 89－90.

② 保罗．萨缪尔森，威廉．诺德豪斯．经济学［M］．萧琛主译．17 版．北京：人民邮电出版社，2004.

置。而文化资源配置高效，则是指被生产出来的文化产品能够很好地符合大众需求，文化资源得到充分利用，达到了社会效应和经济效应的“双赢”。例如北京故宫博物院的成功，就源自150多位文创工作人员，通过深入挖掘故宫内的传统文化资源，增加合理的想象和创意，形成了诸如“反差感卖萌的雍正皇帝”的代言人以及制作精良的8款App、让广大年轻人追捧的《国家宝藏》《我在故宫修文物》等多个高分纪录片等作品，既传播了故宫博物院的传统文化，又收获了许多喜欢博物馆文创产品的“粉丝”，使600多岁的故宫文化逐渐变成集合了许多“网红IP”的IP综合体。

在文化资源配置领域，对文化资源配置公平性的追求应是和市场效率的高效配置同等重要的。我国文化企业数目庞大，可利用的文化资源众多，但市场化不足，要素配置效率低下，公平配置问题突出。自提出大力发展文化产业以来，政府部门也曾出台过诸多促进文化市场发展的政策举措，例如2008年就开始设置的行政性的文化产业专项资金配置，但实施以来存在着权力寻租、套利行为以及不公平竞争等诸多问题，以致该专项资金从2016年开始逐年缩减。因此，建立健全统一开放竞争有序的现代文化市场体系是文化资源公平配置的重要基础。文化资源要素价格市场化有利于减少各种隐性补贴，消除文化企业之间的不正当竞争，形成公平竞争的市场秩序①。如果说文化市场是提升文化资源配置效率的重要工具的话，那么政府就是促进文化资源配置公平的有力保障。多年来，我国通过建立公共文化服务体系，物质小康和精神小康同步推进，提升了群众的获得感和幸福感，让更多人享受到中国文化繁荣发展的成果，让每一个普通人可以学习知识、享受艺术，更能提升文化自信和民族自豪感。

（三）边际效用（MU）=边际成本（MC）——文化资源配置的原理

“边际效用等于边际成本”是经济学领域资源配置效率达到最优的基本原理，即当生产的边际成本等于消费者的边际效用之时，资源配置效率达到最优。边际成本是指每多生产一个单位产品所增加的成本，而边际效用是指每多消耗一个单位物品所带来的新增效用。

---

① 闫烁，祁述裕. 完善“十四五”时期文化经济政策，促进文化要素市场化配置［J］. 行政管理改革，2020（11）.

边际效用递减规律认为，随着某种边际效用的不断下降，消费者为获取这种商品所愿意支付的价格也逐渐降低，这就导致了商品的实际销售价格不断下降。当商品的实际交易价格降至商品的边际成本时，商品的实际交易价格就不会再下降了（否则商品就将亏本），此时，这种商品资源的配置效率是最优的。但是，如果继续不停生产该商品，那么边际效用就会下降到边际成本以下，消费者就不再愿意为过剩的商品买单，对于生产者而言也得不偿失，这就使得商品的供给过剩，造成资源浪费，降低了资源的配置效率。

在文化资源配置中也同样遵循着这一经济学规律。随着文化产品供给数量的提升，文化生产的边际成本曲线也开始呈下降趋势，但到了一定程度就趋于平稳，这是因为在文化内容的创作阶段往往是要投入较高的成本，而当文化内容被创作出来进入不断的复制阶段后，单位文化产品的边际成本就不断下降。所以，当边际成本曲线与边际效用曲线相交于某一点的时候，即当文化生产的边际成本等于文化消费的边际效用的时候，文化资源配置的效率为最高。

但是，要使某种商品的市场价格能不断地下降，直至达到生产的边际成本，就必须要有完全竞争的市场环境，因为在垄断的市场环境或不完全竞争的市场环境中，企业能够通过控制商品供给数量等手段，促使商品的市场价格不下降，从而保证利润。问题是，世界上的任何一个市场，都不可能做到完全市场竞争状态，只能无限接近于完全市场竞争。在这种情况下，除了要不断推动市场的自由竞争之外，同时还要走一条更为可行的道路，即帕累托改进。

“当生产资源的任何调整和变化都无法在不损害他人利益前提下使任何一个个体有更多利益的时候，帕累托最优就实现了。”达到帕累托效率可以说是所有经济治理者的理想，要达到这一效率就必须通过帕累托改进。所谓帕累托改进，就是在提升一个人福利的同时，不会让任何一个人的福利受到损失，通过这种不断的改进，最终达到帕累托效率。也就是说，帕累托改进就是将社会闲置的资源配置到需要的地方的一个过程，这是在无法达到完全竞争的市场环境条件下，推动资源配置效率提升的现实方法。因此，要不断提升文化资源的配置效率，一方面，要着重营造自由竞争的文化市场；另一方面，也要致力于推动文化资源配置领域的帕累托改进，将闲置的文化资源配置到更为有用的地方。

二、文化资源配置的三种基本模式

在经济学中，社会总体资源是有限的，无论是生产力落后的过去，还是生产力大幅提高的如今，无论国家的贫富，相比较于人类不断增长且日新月异的需求而言，生产所需的资源总是不够的，文化产品也是一样。为了解决这个矛盾，就需要做出一定的选择，也就是要决定如何利用有限的文化资源去进行最大化的产品生产。

（一）计划配置模式

所谓文化资源计划配置模式是指由计划部门对文化资源进行统一管理，根据资源的现状、存量、预计生产率等方面来统一调控、计划配额，并以行政命令将文化资源层层配置到各个文化基层配置单位。该模式可以实现文化资源配置的集中决策，在一定条件下，可以实现社会整体利益的协调发展，尤其适合重点工程项目的建设。①

计划配置模式有其自身的优势。第一，有利于正确价值观的传递。由政府主导提供，在满足基本公共文化需求的过程中嵌入各种社会管理理念，并以此来呈现社会治理机制以及传递公共价值理念、公序良俗等，都让个体对国家的文化认同感不断增强。第二，兼顾贫富差距，推进公平正义。因为计划配置本身强调无偿性，是以国家投资为基础的无偿性，因此所提供的文化产品往往不会受到价格机制的限制，对于优秀的文学、艺术、影视类的作品，国家也会予以资金支持，甚至会以超过市场均衡价格的价格进行政府购买，比如一些拥有珍贵历史资料的革命纪念地博物馆、重要人物纪念馆、城市发展博物馆、科技展馆等，其间的产品众多，且价值珍贵，如果完全按照市场的均衡价格那么门票会非常高，而有了国家购买作为补贴后盾之后，便无需用价格来挑选消费者，门票很低甚至是免费开放，这样的做法让弱势群体也能享受到同样的文化产品供给。

但是，市场竞争不能被统一管理所替代，计划配置以政府配额排斥市场选择，很难做到对文化资源的充分利用，带来社会文化福利整体的降低。一方面在效益上计划配置更看重社会效益，很少或者不考虑经济效益，不利于充分发挥文化市场参与者的积极性，从业者的智力资源也无法得到充

---

① 赵尔奎，杨朔．文化资源学［M］．西安：西安交通大学出版社，2016：109－110.

分发掘；另一方面在产品供给方面，相对消费者文化需求的变化，有计划地定制和部署文化产品供给存在较强的滞后性，导致出现供大于求、供不应求的现象，同时也容易造成文化资源的闲置或者浪费。

（二）市场配置模式

经济学理论认为，市场中存在着“看不见的手”，这只“手”会根据市场的运行机制来配置资源。当文化产品或服务的提供者直接参与到市场竞争中时，就会受到市场中供求关系变化的反馈，产品提供商根据市场对文化产品的认可度和价格接受度不断改变产品供给，再对所能控制的生产要素进行调整，以此达到合理的要素配置。① 通过市场配置模式，文化资源得以优化配置，主要表现在以下几个方面：

第一，价格机制可以调节生产和消费。当价格较高时，消费者可能会变少，当价格相对较低时消费者会增多。为了增加消费者，生产者会努力节约资源的耗费以降低生产成本和产品价格，提高文化产品的竞争力。比如，进入媒体融合时代之后，各级媒体纷纷建立起融媒体中心，构建全媒体传播矩阵，利用大数据、移动协同、生产流程再造等各种新技术提高生产力，努力生产出贴近用户群体的原创、高质量的综合媒体产品和内容，并进行高效传播。

第二，供求机制让文化产品种类繁多。不同的消费者在进行文化消费时差异很大，例如这几年随着豆瓣、B 站等具备文化属性的社交网站的兴起，还呈现出明显的“圈化”现象。网民们跟随自己的喜好，形成了大大小小许多不同类型的圈子，给自己贴上了各种全新的、不断变化的符号化标签，同时也会集中于圈子内的消费。

第三，竞争机制让文化产业不断推陈出新。过去报刊、图书等传统媒介的用户现在可以通过掌阅、微信读书、京东阅读等手机 App 满足消费需求，同时各大电子书平台为了提升竞争力都在不断签约优秀的新作者，不停推出新的网络文学作品；喜爱电视剧和综艺的观众能够直接在腾讯视频、爱奇艺、搜狐视频、芒果 TV 等在线视频网站及其移动端随时随地点播观看，而且这些网站还纷纷推出自制网络剧和网络综艺以增加其产品的丰富性，这些自制产品的制作水平和内容创作甚至有赶超电视节目的趋势。有的网站为了增加自身的竞争优势，甚至花费天价购买剧集的网络“独

① 秦淑娟，李邦君．文化经济规律研究［M］．上海：上海财经大学出版社，2013：169－171.

播”权。

第四，激励机制激发创作者动力。越来越多的人愿意为自己喜欢的文化产品来花费时间和金钱，而且消费能力也不弱。以洛丽塔装扮的经典品牌 Angelic Pretty 为例，其 Lolita 服装类价格从 1000～2500 元不等，配饰一般在 150 元以上，全套购买不低于 2000 元，但是处于“圈子内”的消费者因为喜欢 Lolita 的文化而愿意出高价进行消费。无独有偶，随着在线视频平台的不断发展，越来越多的消费者愿意充值成为会员 VIP。根据易观智库对国内各大在线视频平台的统计，2019 年在线视频用户付费市场达到 514 亿元，而这个数据在 2013 年仅有 5 亿元；付费用户数也有巨量增长，从 2013 年的 300 万人到 2020 年的 1.8 亿人。有了用户付费的激励，这些在线视频平台更加积极创新，会员网络综艺迎来了题材爆发、数量上涨、质量占优的新发展，如《创造营》《明日之子》《乐队的夏天》《这就是街舞》等节目纷纷爆红，同时衍生综艺也发展得如火如荼，比如记录这些参赛者的“宿舍日记”“练习室”“会员完整版”等颇受欢迎。

当然，完全竞争市场中“市场失灵”现象也是客观存在，完全依赖市场配置模式常常会给文化资源的开发利用带来诸多“市场失灵”。

一是资本逐利，资源难均衡。与计划配置模式不同，市场配置模式更多考虑的是局部利益，又因为资本自带的“逐利性”，从而会使得优质资源流向少数获利较高的部门，使得强者愈强。而创利较少的部门能获得的资源就会很少，随着市场的不断扩大，两者之间的差距还会进一步加剧。同时，资本的逐利性又会促使市场催生大量盲目趋同的供给，呈现出市场配置的另一弊端，即同质性。比如 2010 年作为曾经红极一时的相亲交友类节目的代表——《非诚勿扰》引发许多同类节目模仿的热潮，包括《牵手爱情村》（浙江卫视）、《爱情连连看》（浙江卫视）、《我们约会吧》（湖南卫视）、《称心如意》（湖南卫视）、《全城热恋》（吉林卫视）、《不见不散》（江苏卫视）、《相亲相爱》（贵州卫视）、《郎才女貌》（贵州卫视）、《相约星期六》（上海娱乐频道）、《百里挑一》（东方卫视）、《缘来是你》（安徽卫视）、《幸福来敲门》（辽宁卫视）等，一时间同质化的相亲类节目铺天盖地地裹挟着观众的注意力，容易让人有审美疲劳，也挤占了其他类型节目生存和创新的空间。

二是一味追求经济利益，存在媚俗倾向。比如一些媒体为了吸引消费者眼球，无限制地使用并报道名人逸闻趣事、明星八卦等，其文笔要么轻佻，要么危言耸听，把新闻的通俗化误用成了庸俗化，不注重对事实真相的探究，反而重点在故事的煽情和猎奇上，新闻专业主义精神几近消失殆尽。况且，文化资源本就有其特殊性，许多资源是珍贵的人类文明，是全社会共同的资源，如果全交由市场来调节，资源容易被不规范利用，最终会导致文化市场混乱、产业结构不合理、社会总需求和总供给失衡等问题的出现。①

（三）混合配置模式

在文化产业中，不同的文化产品和市场主体的地位和作用均有不同，资源配置方式不能仅依靠计划配置和市场配置其中任何一个，文化资本转化方式也要量体裁衣。计划配置和市场配置都各有其优劣势，为了更好发挥二者所长，避其所短，出现了计划配置和市场配置相结合的混合配置模式。例如PPP模式（public private partnership），即政府部门与社会资本的合作模式，目前多用于道路、场馆等基础建设项目的投资。PPP模式在文化资源开发方面的运用，主要是指政府与社会资本以提供公共文化产品或者服务作为共同目标，从而形成共同开发的伙伴关系模式②。PPP模式优势明显，可以把政府部门的统一协调能力、大局规划以及社会责任与企业家的高效管理方式结合起来，目前在我国轨道交通建设、文化旅游建设等领域都已经有较好的应用。

计划和市场混合配置是文化资源资本转换的一种资源配置模式。一方面，政府部门通过把公共文化资本的建设或经营权批准给了社会资本，就相当于把大型项目建设中的责任和风险也转移给了企业，促进了投融资体制的改革，在项目的建设过程中，政府不再受制于财政资金的不足，并且能以监督者的角度把公共文化资源的服务功能实现出来。另一方面，社会资本能以较低成本获得项目的准入权，企业的创新意识和高效的管理效率，能更进一步把公共文化资源的服务潜能激发出来，提升基础设施和公共服务的品质，使原本待开发的文化资本得到了进一步增值。

在实际应用中，计划和市场混合配置模式也存在一定的局限。首先，特许经营的模式容易导致行业垄断，竞争不够也会使得企业创新动力缺乏。其次，合作模式目前相对严格、灵活度不够，当情况变化时，不能做出因时制宜的决策。再次，混合模式的审批、决策周期比较长，交易结构比较

---

① 陈敬贵，曾兴. 文化经济学［M］. 成都：四川大学出版社，2014：114－116.

② 马忠民. 投资理论与实务［M］. 大连：东北财经大学出版社，2018：292－293.

复杂等，使得模式运行效率变低。最后，因为涉及公众利益，价格不能轻易制定和变动，否则会影响整体项目的后续发展。[①]

总之，文化资源是文化资本的基础和源泉，只有将其投资于社会再生产，才有持续增值的可能，然而由于采用计划配置、市场配置或者两者混合配置的不同配置模式，文化资源在资本转换过程中，其资本转换方式和时空均会有所不同。不论是以政府为主的计划配置、还是以市场为主的市场配置或是两者的结合，都是文化资源在投身市场实现其文化价值时会面临的选择，文化资源配置应当根据不同的文化产品因地制宜、相机而行。

三、文化资源资本转换的交易费用

文化资本是一种特殊的资本，其经济价值是由其文化价值转换而来，所有只有实现其文化价值，才能产生相应的经济价值，并且文化价值不具有易耗性，可以反复使用，还能被不断挖掘并实现增值[②]。根据产权理论的奠基人科斯的观点，市场运行本身是有代价的，市场中有交易费用的存在。因此在文化价值实现过程中，文化产品在市场上进行流通和交换，也必然存在交易费用。

（一）交易费用理论与制度变迁理论

产权经济学认为，产权以及交易费用是经济制度的决定性因素。因此，产权制度是经济制度中的基础，直接影响着经济效率的运行。如何评估产权制度优劣，资源配置效率怎样，一定程度上就看交易费用的表现。产权越明晰，资源配置效率越高，交易中的显隐性损耗越小，交易费用也就越低。相反，产权越模糊，资源配置效率越低下，交易中的显隐性损耗越大，交易费用也就越高。如果能明晰文化产品的产权，也就能降低交易费用，从宏观上起到提升文化资源配置效率的作用。

美国经济学家道格拉斯·诺斯在其“制度变迁理论”中认为制度通常由社会认可的正式规则和非正式规则组成，二者同时实施。诺斯的制度变迁理论对文化资源配置的启发主要有以下两方面：一是依靠知识产权结构创建有效率的文化市场。由此可知，文化市场之所以无效率，是因为知识

---

① 卢明明．PPP 项目运作与资产证券化［M］．北京：中国铁道出版社，2018：14－17.

② 徐望．文化资本时代的中国文化产业论［M］．北京：中国经济出版社，2017：82－83.

产权结构无效率，因此产权结构的创新是制度创新中重要的议题。同时，随着市场效率的提高还需要通过知识产权结构的调整、建立新的知识产权制度以满足不断变化的技术和市场效率。文化产权交易所的出现为文化产权制度的改革提供了试点。二是依靠产权结构推动文化产品生产与文艺创作的繁荣。通过建立和明确知识产权的制度，才能更好地鼓励和保护文化内容生产者努力创作更多更优秀的作品与产品。

（二）文化资源资本转化交易范畴

1871 年，英国文化人类学家泰勒（Edward Burnett Tylor）在《原始文化》中介绍了文化："文化或文明，在其广泛的民族学意义上，包括所有知识，信仰、艺术、道德、法律、习俗的一致性，以及作为社会成员的人们所掌握和接受的任何其他才能和习惯的综合体。"如果我们以泰勒的定义作为标准，那么我们就可以在此基础上将文化资源认为是一种在文化框架中，满足人们物质需要与精神需要的自然要素和社会要素的总和。

在文化资源的形态上，我们可以将其分为"形而上"与"形而下"两种形态，所谓形而上的形态，就是指那些看不见摸不着的文化资源，例如非物质文化遗产、艺术创作方法、知识体系、传统习俗、文化创意、价值观念等等方面。所谓形而下的形态，就是指那些以物质形态存在的文化资源，例如艺术作品、文化产品、物质文化遗产、文化企业等。从资源配置的视角，文化资源大致可以分为以下五个类别：

第一，成果资源。这种资源可以说是一种象征性的文化知识或文化成果。它是一种图案、文学、音乐、影视等由人们创造的文化知识。这种文化成就可以以符号的形式记录在物质载体上或者通过现代高科技手段对其进行压缩、剪切、复制、加工与转换，将其融合到其他的文化产品之中。

第二，技能资源，包括写作、绘画、演奏、舞蹈、设计等方面的技巧与理论知识。只有拥有了技能资源，才可以创造更丰富的文化成果。另外，创新能力也是一种独特的技能资源。所谓创新能力，就是在继承前人知识与经验的基础上，突破前人模式的独特能力，体现在灵感、构思、创意等方面。创新能力的多少决定了文化产品的独创性，是最稀缺的文化资源。

第三，生产创作资源。文化生产离不开物质工具，好的工具能够不断提升文化作品的品质。例如舞台、影院、设备、画笔、乐器以及一些文化企业等，这些都属于生产创作资源，甚至于其中的一部分本身已经成为文化符号。

第四，人文自然公共资源。包括一些可供参观的自然人文景观，如历史景观、名山大川、爱国主义教育基地、图书馆、博物馆等。

第五，专利资源。包括法律所保护的著作权（即版权）、专利权、商标权等，在现代文化市场中，文化专利资源很多时候成为文化生产的前提。

除了上述五个典型的文化资源类别外，还有两种资源与文化资源密不可分，在文化资源配置上，必然要对这两种资源进行配置。一是货币资源。它是文化产业投资的动力，也是文化产业金融市场正常运转的保障。现代经济理论认为，货币也是一种资源，同时也是任何产业任何领域中都不可或缺的关键性资源，要促进文化产业的发展，就必须重视对货币资源的利用，将货币作为一种文化价值衡量的标准，可以提高文化资源配置的效率；二是人力资源。作为典型的智力密集型产业，可是说文化产业是由人才进行推动的。人才是整个产业链中产品创意和产出的核心，也是文化观念、技能的载体，更是文化成果的接受者与消费者。对文化资源的配置，归根到底是将文化在人与人之间进行分配，使每个人享受到公平合理的文化权益，最大限度地提升文化资源的社会效益。

（三）文化资源资本转化交易市场

党的十八大提出要发挥市场在资源配置中的决定性作用。其实，文化交易市场是文化资源价值转化的重要场所之一。现代文化市场的两种结构现代文化市场的结构按照界定方法不同，可以形成以交易内容区分的，由文化产品市场与文化要素市场组成的矩形结构，和以按交易顺序来区分的一级市场、二级市场与三级市场组成的环形结构。

1. 产品与要素：现代文化市场的矩形结构

党的十八届三中全会提出，要“建立健全现代文化市场体系”“建立多层次文化产品和要素市场”。虽然目前各界对现代文化市场体系还没有一个较为公认的说法，但按照党的十八届三中全会《中共中央关于全面深化改革若干重大问题的决定》（以下简称《决定》）中的提法，多层次的文化产品市场与文化要素市场应该是现代文化市场体系中的两个方面。如果以《决定》的定义为标准，现代文化市场的结构就是由文化产品市场与文化要素市场组成的二元矩形结构。

（1）文化产品市场。文化产品是一个较为宽泛的概念，既包含直接的、有形的文化实物，也包括间接的、无形的文化服务。文化产品市场自然也就分为文化实物市场与文化服务市场两个分支。

（2）文化实物市场。文化实物市场是文化实物交易场所、过程、组织的集合。在文化实物市场中，市场的供给方提供的是具体的可见的文化实物，交易形式是直接交易，即需求方对文化实物进行直接购买，需求方付出多少货币就能获得多少文化实物的价值。同时，文化实物的生产阶段和消费阶段是分开的，即消费者购买文化实物之时，文化实物的生产早已完成。

根据2012年国家统计局发布的《文化及相关产业分类》，文化实物市场主要包括印刷出版物（书报刊）市场、电子出版物市场、音像出版物市场、文物艺术品市场、文化专用设备市场、文化用品市场、软件市场。

（3）文化服务市场。文化服务市场是一个以间接和非物质文化服务为交易对象，包括交易过程中的场所、流程和组织，是一个相对比较特殊的交易市场。市场的供给方提供一种无形的文化服务或文化体验，有时也会作为市场第三方，来服务文化实物交易。交易形式有时是直接交易、有时是间接交易。直接交易的情况如看电影、看演出，都是直接购买相关的门票，达成交易后即可欣赏作品；间接交易的情况如参加免费的博览会、文化商业活动，虽然参加这些活动并不收取费用，但在活动中如果产生了消费，这些消费的一部分就会变为活动的场地租金、报酬等进入场地提供者、活动策划者手中。

按照《文化及相关产业分类》，文化服务市场主要包括广播及影视市场、演出市场、会展市场、娱乐休闲服务市场、文化艺术及创意设计服务、文化产品生产的服务市场、网络市场。

（4）文化要素市场。生产要素，是指需要投入生产活动的各种社会资源。主要包括人力资源、土地资源、资本、技术等，例如消费者想要获得玉米，那农民不仅仅要投入种植玉米的种子，还要投入玉米地、肥料以及人力劳动、农具等，这些都属于生产玉米所需的生产要素。要素市场则是提供了一个能够进行要素交易的场所，使其满足社会生产的需求，同时也承担着资源配置的重任。

文化要素自然就是在创造文化产品之时所需要投入的各种资源，如文化生产工具、知识产权、资本等，而文化要素市场自然就是以文化要素作为交易对象的场所、过程及组织的集合。文化要素市场提供一个可以交易有形或者无形的文化要素的场所，也是文化资源配置的实现，以此保障文化生产的运转。

文化要素市场主要包括文化生产资料市场、文化资本市场、知识产权市场、文化人才市场、文化技术市场、文化信息市场、文化地产市场。

2. 三级市场转化：现代文化市场的环形结构

在金融市场中，一级市场指的是筹集资金的机构将其股份卖给最初投资者的市场，如融资市场、债券发行市场等，二级市场则是投资者之间将所持有股份或债券相互之间进行交易的市场，如股票市场、债券交易市场等。这种对市场进行分级的目的就在于能够更好地理解市场的交易层次，把握市场的资源配置规律。而对于文化市场而言，我们也可以按照其交易层次与顺序，将其分为三级文化市场。

（1）一级文化市场。一级文化市场是文化产品生产之前的要素交易市场。类比在房地产市场中，一级市场是土地市场，往往以土地使用权的转让交易为主。文化产品产出前，生产者们总有获得相应生产要素的需要，就意味着交易市场的产生，例如，一部电影要拍摄之前，总需要付给编剧稿费，来购买编剧剧本创作过程中付出的劳动，如果剧本是改编自文学作品，还需要向作品版权所有人支付版权费用，同时也需要付给演员片酬，由此就产生了文化版权交易市场与演艺经纪市场，这些是文化产品生产要素，都属于一级文化市场。

一级文化市场与文化产品的生产活动息息相关，其供需双方关注的核心都在于对文化劳动、传播、创造的价值补偿，因此在一级文化市场中，交易的完成实际上也往往意味着新价值的产生。当一级文化市场交易活跃、频繁时，也意味着文化创作的大发展大繁荣。

（2）二级文化市场。二级文化市场是文化产品产生后，文化消费者可以购买到并获得文化产品的交易市场。类比房地产中的二级市场指的是新房交易市场，以新开放的商品房的初次交易为主。这一市场是一个消费型市场，需求方购买文化产品主要是用于文化消费，因此这一市场中的需求方也被称为文化消费者。值得注意的是，在二级文化市场中，供给方只能是文化产品的生产者，需求方只能是文化产品的消费者，比较典型的二级文化市场包括演出官方票务市场、各类出版物市场、采取艺术家作品寄售模式的画廊等。

二级文化市场与文化产品的消费息息相关，国民文化消费的热情高，那么二级文化市场的活跃程度也会高，如果文化消费欲望一般，那么也能很明显从二级文化市场上反映出来。同时，如果二级文化市场交易火爆也会带动一级文化市场的交易，促进文化产品的生产创作。

（3）三级文化市场。三级文化市场是文化产品生产者之间、消费者之间进行相关产品转让交易的市场。同样类比房地产市场的三级市场，指的是房产所有者之间的产权再交易市场，以二手房、商铺转让最为常见。这一市场是一个投机型市场，在市场的交易过程中不会产生新的价值，仅仅是对局部过剩文化产品或文化资源的重新配置。像其他投机市场一样，三级文化市场也具有其两面性，一方面，其起到了对文化产品或文化资源的跨时空调配作用，即通过市场的套利行为来消除文化产品或文化资源价格上的差异，最终提升整个文化市场的效率；另一方面，如果三级文化市场运用不当，也会出现过度投机的情况，也就是我们俗称的“炒作”，在这种形势下资金会疯狂流入三级文化市场，造成市场中的文化产品或文化资源价格迅速提升，极度偏离其实际价值，最终形成泡沫。典型的三级文化市场包括拍卖市场、相关演出票务转让市场等。

（4）文化市场的环形结构图。为什么这三个市场的区分是一种环形结构？因为一级市场与三级市场在某种意义上，其功能是相同的，例如文化版权的交易，当文化生产方需要利用他人的文化版权进行文化生产时，其是通过一级市场购入文化版权，但现实情况是，这个文化版权的所有权也许早已经在三级市场中数次转手，当这个文化生产方对其产生需求时，其也就成为三级市场中需求方中的特殊一员，可以说是三级市场中的“需求终结者”，因为他购买文化版权的核心目的不是为了投机，不是为了等这一版权升值后再转手套利，而是为了使用这一版权进行文化生产，因此投机链条在他这一环节就断了，在这种情况下，一级市场就与三级市场打通，文化市场形成环形结构。

（四）文化资源资本转换交易费用的构成

文化产品交易费用主要包括市场型、管理型和政治型①。

市场型交易费用是指进入市场和使用市场的成本，包括：交易信息搜索成本，是指文化产品和服务提供商为了寻找交易对象而支出的费用，例如网络营销等方式的开销；谈判和决策成本是指交易双方确定交易价格和交易方式所需消耗的费用②，如电影出品方和院线之间的合作方式的洽谈的支出；监督成本是指为保证交易的顺利进行所需要支付的监督和义务履行的费用，例如防止第三方剽窃、盗用、侵犯版权等行为的支出。管理型交

---

① 弗鲁博顿，芮切特．新制度经济学：一个交易费用分析范式［M］．姜建强，罗长远译．上海：上海人民出版社，2006：125－128.

② 赵文平．管理经济学［M］．西安：西安电子科技大学出版社，2017：217－218.

易费用是指组织内部正常运转所需成本，包括：固定的交易费成本，即成立或者改变文化组织的费用；维持组织正常运转的成本，即组织维护和更新迭代的费用，比如为了文化产品的创新而采取的人力资本的更新。而政治型的交易费用则是指的为了公共物品的供给，而采取集体行动所花费的成本。

（五）文化资源资本转换交易费用的影响因子

制度经济学奠基人科斯认为，所谓交易费用，是为了保障交易的顺利进行而进行的一些必要的活动所产生的费用，这些活动包括产权度量、界定和保障、寻找交易伙伴、进行谈判，缔结合同，执行交易违约监督制裁和维持交易秩序等。在此基础之上，威廉姆森将影响市场交易费用的因素分成："交易" 和 "人"。其中，交易因素包括资产专用性、内外部的不确定性、交易频率等；人的因素包含了机会主义和有限理性等假设①。文化产品或服务的交易过程有其复杂性和特殊性，交易费用影响因素众多，表现在以下方面：

1. 资产专用性

如果为了支持某项特定交易而进行长期投资，因此很难被其他项目再次利用，该特性被称为资产专用性。包括场地、设施和人力三方面：一是专用的场地，是指具备一定的排他性的场地购买或者租用，难以被其他项目再次利用。比如以凸显我国地方文旅融合特色的山水实景演出的"印象"系列产品，都是在当地结合实景设计、搭建演出场所，又如世博会、奥运会等大型活动的举办地，通常都会搭建大大小小的临时场馆，这些场馆因为针对性很强，难以反复利用，所以等到活动结束之后，大多会拆掉，以腾出空地。二是专用的设施，对许多工厂而言，某一产品的生产线只能针对该产品进行生产，如果要生产新的产品就要投资一条新的生产线，不过这个现象在文化产业中的体现有所不同，对于设备的组合和技术创新可提高其利用率，比如湖南卫视《舞蹈风暴》节目为对所有表演进行 360 度实时观测从而使用"时空凝结"技术来捕捉舞者最燃的"风暴时刻"，同时采用了 128 台摄像机，以技术手段实现了创新视觉呈现。三是专用的人才，尤其是经过了多年培养随着公司一路成长起来的经验丰富的员工，是组织重

---

① 威廉姆森．企业的性质：起源、演变和发展［M］．姚海鑫等译．北京：商务印务馆，2007：165 - 166.

要的人力资本，比如知名综艺节目的主持人，已经拥有较高的知名度，重新培养则需要花费大量时间和精力。因此，专用性越强，投资越是长期，就越需要长期而稳定的合作关系，投入费用也会越高。①

2. 交易频率

威廉姆森认为交易频率会因影响交易费用，如果双方需要多次且连续的交易，那么为了维持这份持续性，需要花费大量资源去建立一个专门的交易机制，分摊到每次的相对交易成本下降，但是总体交易费用上升；但如果合作是临时性的，那么便不需要花费资源去专门设计交易方式，交易费用会下降。② 因此，我国也出现了能够解决多次交易需求的合法的平台种类——文化产权交易所，交易对象包括文化公司股权、文化债权、文化产品物权、文化版权等各类文化资源产权，是目前文化金融市场和艺术金融市场的重要组成部分，尽管还存在一些不完善的地方，但是可以作为文化项目融资评价的重要参考。

如果文化产品分为重复型和创新型的，重复型的文化产品，每一次交易都有实务的交换，那么其价值量取决于生产所花费的社会必要劳动时间，而创新型的产品，是一次生产多次售卖，而且多次售卖的时候成本非常小，大多服务于文化，具有很强的传播性和共享性，其价值取决于第一创造者的个人劳动时间和努力程度。比如很多网络文学 IP，往往是某一个作者在积累了一定数量的粉丝之后，才得以形成一个具有相当经济价值的 IP 化的文化资本。

从经济学的角度来说，社会必要劳动时间决定价值量的大小，但是文化产品有所不同，大多数文化产品都会批量生产，具有多次售卖的重复性，因此文化产品在市场上交易的价格并不等同于该作品的创作价值。比如一部电影进入市场之后，他的交换价值只能通过电影票价来体现，但这个价格并不能完全反映拍摄这部电影所花费的所有成本，更不能反映出这部电影的价值。况且，不同的国家或地区，因为经济水平消费水平的不同，哪怕同一部电影，同时放映，但是电影票价却各不一样。

3. 交易的信息不对称性

一方面，交易对象双方的不确定情况，假设信息是公开透明的，交易

---

① 王文娟，付敏．中国文化产业发展中政府角色定位研究［M］．北京：中国戏剧出版社，2016：79－80.

② 沈满洪，张兵兵．交易费用理论综述［J］．浙江大学学报（人文社会科学版），2013（2）：44－58.

对象的资质正规与否、信誉好坏、技术高低、产品质量优劣、价格和售后服务情况都能轻松获得，交易各方都能高效找到适合的交易对象，但现实是信息不可能完全透明，那么交易各方需要花不少资源和时间、精力在寻找和试错上，这必然会增加交易费用。另一方面，市场环境未来的不确定性，交易风险有发生的可能性，为了避免合约因系统性风险或者人为风险导致不能完成，那么就需要制定一系列的预警机制和备选方案，这也增加了交易费用。文化资源与其他领域资源的区别就在于资源之间的同质化程度较低，难以标准化，因而在交易中很容易产生信息不对等的情况。信息壁垒的问题很大程度影响了文化市场的交易。

有的地方想要针对性地对文化市场进行改进，比如东方雍和国际版权交易中心就建立了一个版权公示平台，对在其平台上交易的所有类别的文化版权进行公示，促进版权信息公开。其将文学类文化版权分为剧本、小说、图书三个类别。每一个类别中的单独文化版权又按网络搜索热度进行排名，点开每一件作品，都可以看到该作品当前和历史上的授权情况、交易情况，作品特点等情况，这些信息的真实性都由平台进行担保。因此版权的交易双方都可以进行更加理性公平的交易，降低风险。

4. 有限理性决策

人在获取信息和做出决策的时候，对所有的历史信息不可能完全穷尽，也不能完美预测未来，因此，是有限理性的，为了寻找可靠信息，会增加一定的交易费用。

赫伯特·西蒙（Herbert Simon）提出的有限理性决策，在文化产业领域同样适用。消费者号称追求理性，但并不是追求完全程度上的，而是追求有限理性，比如对于普通消费者而言，在选择文化旅游的目的地时，会发现市场上文化遗产类旅游景点品种繁多，消费者难以百分之百完全了解所有文旅地的信息，更不可能知晓决策的所有规律，就算知晓，也不可能把所有的可能性全部量化计算出来，并不是说人不能利用，而是因为，一方面，人类的想象力和计划能力都是有限的，不可能把所有方案全部列出，如果无法穷尽所有方案的，那就达不到完全掌握信息的理想状态。另一方面，人的价值观会变化，目的也会不止一个，有的时候甚至自相矛盾，难以产生统一的标准，所以对于消费者来讲，他们只能尽力追求能力范围内的理性决策。同时，因为现实世界难以把握，消费者们会根据自己主观所确定的“标准”对备选方案进行衡量，以找到让自己最“满意”而不是理论最优的决策。那也就是为什么，如今的旅游消费者们大多更愿意去携程、飞猪和马蜂窝等大型在线旅游平台，去寻找知名度较大和好评度较高的景点，这也是典型的受信息公开所带来的信任背书所影响的交易决策。

5. 机会主义

科斯发表于1960年的《社会成本问题》把外部性问题和交易费用之间的关系进行深入阐述，提出了著名的科斯定理：如果交易费用是0，那么无论产权如何界定，通过市场交易，最终都可以达到资源的最佳配置，即若交易费用为零，市场在配置资源时是完全有效的。也就是说，在交易费用为零、产权明晰时，不需要政府，私人自由行动、协商就可以导致效率最优。但在实际经济中，交易费用不为零，完全依靠市场配置资源就会导致效率损失，也就是市场失灵，所以在制度经济学中，认为交易费用是公司起源的原动力。

威廉姆森把人一有机会倾向于将自己的利益最大化，不惜损害他人的利益，这种“自私本性”定义为机会主义。人的这种本性直接影响了以人和人之间的信任、合约基础的市场效率，从而导致交易费用的增多。他认为，人类存在机会主义行为是一个源头，从这里出发，产生了一切其他所有足以引起提高市场交易费用的因素，也产生了更多的交易费用。在交易过程中，交易方可能会用撒谎、欺瞒、扭曲事实等不正当手段来牟取私利，信息的不对称和监督的困难为机会主义的产生提供了可能，因此为尽量避免机会主义，交易双方会采取一定措施，因此交易费用必然增加。措施主要表现为以下两个方面：一是增加交易者数量，从宏观上营造威廉姆森所提供的“大数量竞争者”的竞争环境，比如产业集群，同行集聚使得竞争变得激烈而有序，有利于增加信任等社会资本①；二是制定标准化的交易，个性化交易往往沟通风险更高，标准化交易使得交易过程交易形式都按照既定规则进行，也可规避部分机会主义风险。

四、模式选择：基于 Heckman 两阶段计量模型

前面提到文化资源配置方式主要有：计划（又称政府主导）、市场、计划和市场混合三种类型。为了更深入了解不同配置模式对于绩效的影响，我们以文化传媒公司为考察对象，观察不同模式下文化传媒类公司绩效的变化。

① 李峰，曹克瑜. 陕西产业集群发展战略研究［M］. 北京：中共中央党校出版社，2007：72－73.

（一）研究假设

1. 股权性质

在中国新常态经济形势下，文化产业作为未来重要的产业支柱得到了政策的倾斜和资金的支持。与重工业等行业不同，文化产业的特点是“轻资产”和“重知识产权”，相比而言，文化企业难以通过资产质押的方式筹到银行等金融机构的融资。当我国文化传媒公司经过股份制改革后，我国上市公司股权性质分成四个类别，即国企、民营、外资、其他，在我国整个证券市场上，以国企性质和民营性质为主。而这两类是否存在发展能力的不同，值得进一步探索，据此提出本书第一个假设：

假设1：在文化类传媒上市公司中，国企性质的公司的综合绩效普遍好于非国企性质的公司。

2. 政府资本参与度

一方面，相比其他行业，文化企业有其独特的方面，文化传媒类企业具有一定的公共属性，如果是国有为主，那么会更加凸显其公共特性。另一方面，根据委托代理理论，由于委托人和代理人的效用函数是不一样的，因此如果公司由国有控股，那么可能会出现管理者与所有者经营目标不一致的情况，从而导致潜在绩效损失的现象。据此提出第二个假设：

假设2：在文化传媒上市公司，政府资本参与程度与公司绩效是负向相关的。

3. 产权主体

我国文化类传媒上市公司在经历股份改革之后，股份结构发生了比较大的改变，其中有限售条件的流通股股份占据大多数股份比例，包括了两类重要的股份类型，一是国家及国有法人股，另一个是其他内资持股。而其他内资持股包括境内法人持股和境内自然人持股。法人股和自然人股都具有产权主体明确的特征，不仅能够以股份作为人事激励，更能让法人和自然人公司或者个体自发密切关注经营情况，逐步改进和优化经营情况。据此提出第三个假设：

假设3：文化传媒类行业上市公司中，其他内资（境内法人持股和境内自然人持股）比重与文化传媒行业上市公司综合绩效呈正相关。

（二）指标选择

1. 因变量——综合绩效PE

为全面衡量公司的综合绩效，采用因子分析法来从多个方面综合评估我国文化类传媒上市公司的公司综合绩效，将围绕偿债、经营、盈利和发展四个主要能力进行探究。分别选择的指标如下所示：

（1）偿债能力，流动比率（A1）、现金比率（A2）；

（2）经营能力，流动资产周转率（B2）、资产负债率（B1）和总资产周转率（B3）；

（3）盈利能力，总资产报酬率 ROA（C1）、总资产净利率（C2）、成本费用利用率（C3）、总资产净利率 TTM（C4）、净利润率（C5）、营业利润率（C6）；

（4）发展能力，营业利润增长率（D1）、综合收益增长率（D2）。

共计 4 个一级指标和 13 个二级指标，二级指标可根据上市公司公开的财务年报进行计算，具体计算公式如表 5－1 所示。

表 5－1　因变量指标计算公式

一级指标	二级指标和计算公式
偿债能力	流动比率＝流动资产/流动负债×100%
	现金比率＝（货币资金＋有价证券）÷流动负债×100%
经营能力	资产负债率＝（负债总额÷资产总额）×100%
	流动资产周转率主营业务收入净额/平均流动资产总额×100%
	总资产周转率＝销售收入总额/平均资产总额×100%
盈利能力	总资产报酬率＝（利润总额＋利息支出）/平均总资产×100%
	总资产净利率＝净利润/平均资产总额×100%
	成本费用营业利润率＝营业利润额/成本费用总额×100%
	总资产净利率 TTM＝净利润 TTM×2/（期末总资产＋期初总资产）×100%
	净利润率＝净利润/营业收入×100%
	营业利润率＝营业利润/全部业务收入×100%
发展能力	营业利润增长率＝本年营业利润增长额/上年营业利润总额×100%
	综合收益增长率＝（本期期末值综合收益－上年同期期末值）/abs（上年同期期末值）×100% 注：综合收益是除所有者的出资额和各种为第三方或客户代收的款项以外的各种收入

2. 自变量——资源配置方式

文化传媒类上市公司股权结构是指总股本中，不同性质的股份所占的比例。在上市公司年报中的股权结构指标中，以国有资本占文化类上市公司总股本比例来衡量“计划主导资源配置程度”，以衡量政府主导资源配置程度，在文中以 state 表示；同时在上市公司年报中的股权结构指标中，以其他内资资本（境内法人持股和境内自然人持股）占文化类上市公司总股本比例来衡量产权主体的资本参与度，在文中以 corp 表示。

3. 控制变量

为了避免其他因素对公司绩效会产生影响，因此我们围绕总股本、公司规模和股本集中度等方面来选取控制变量。

（1）文化传媒上市公司的员工规模差异较大，为了避免结果因为人员规模不同而出现较大差异，因此选择公司规模作为控制变量，在引入前对其进行自然对数处理，表示为 lnfac。

（2）工具变量：总股本。经数据收集和观察，对于部分样本公司个体而言，总股本可能不会随着时间有着明显变化，因此取其自然对数作为工具变量引入，表示为 lnzgb。

（3）工具变量：股权集中度。股权集中度是衡量上市公司的股权分布集中程度的指标，常见的有赫芬达尔指数、前五名股东集中度 CR5、前十名股东集中度 CR10 等，曾有许多学者对其进行研究，可能确实会对公司绩效和股本结构都存在一定的影响，因此作为工具变量进行引入，用前十大股东之和所占的比例来计算，表示为 CR10。

（三）基础模型选择

1. Logistic 多元回归模型

使用 Stepwise 方法对文化传媒上市公司的股权结构进行多元化回归分析。其中，自变量为国有股占比（state）或其他内资占比（corp），控制变量为员工数量的自然对数（lnfac），因变量为公司绩效（PE）。

$$PE = \alpha_0 \times state\text{（国有股占比）} + \alpha_1 \times \ln fac\text{（员工规模）} + \forall_0 \quad (5.1)$$

$$PE = \alpha_2 \times corp\text{（其他内资占比）} + \alpha_3 \times \ln fac\text{（员工规模）} + \forall_1 \quad (5.2)$$

2. Heckman 两阶段模型

为解决上文的选择性偏误问题，因此用赫克曼（Heckman，1979）两阶段方法控制潜在的自选择问题对实证结果的影响，可一定程度解决自选择产生的内生性问题。尤其是部分文化类企业可能存在民转国的转变，这是需要考虑的。

第一阶段，利用不区分股权性质的所有公司的数据样本，借用 probit 模型来估计分析，用以估计存在选择偏差变量发生的可能性，方程为：

$$Y_i = \beta_0 + \sum_{i=1}^{n} \beta_i X_i + \mu_i \tag{5.3}$$

其中，Y_i 表示是否为国企性质的公司（有为1，没有为0）；X_i 是影响国有资本参股的一系列因素，比如在上述式（5.1）和式（5.2）的基础之上再加入工具变量和辅助变量，工具变量如股权集中度，股本规模大小等，辅助变量由 xtHeckman 自动生成。β_i 为变量系数；μ_i 为随机误差项。

同时，计算逆米尔斯比率（Inverse Mills Ratio，IMR）。对每家公司计算逆米尔斯比率：

$$IMR_i = \frac{\theta(\beta_i X_i)}{\varphi(\beta_i X_i)} \tag{5.4}$$

IMR 的作用是为每一个样本公司计算出一个用于修正样本选择偏差的值。如果 IMR 不等于零，并通过5%的显著性检验，表示样本的选择偏差的确影响到了最初模型的设计，说明采用 Heckman 两步法来进行修正是合适的。X_i 是第一阶段模型［式（5.3）］中的解释变量，$\theta(\beta_i X_i)$ 表示以 X_i 为变量的标准正态分布的累计密度。

第二阶段，为公司绩效模型。把所有变量与第一阶段估计的逆米尔斯比率放入第二阶段的回归模型中，采用 OLS 法估计公司绩效，克服样本的选择性偏差，方程为：

$$P_i = \partial_0 + \sum_{i=1}^{n} \gamma_i Z_i + \omega IMR_i + \mu_i \tag{5.5}$$

其中，P_i 表示公司绩效情况，Z_i 表示国有资本/其他内资参与投资的一系列影响因素；μ_i 为随机误差项，而前式中的 X_i 可能存在一部分变量影响选择行为，对后面阶段的 P_i 没有直接影响。

五、实证分析

（一）研究样本与数据来源

本书选取的数据主要来源于文化类传媒上市公司。对文化传媒上市公司进行实证分析主要是基于文化传媒企业的特点——事业单位经营的传统、智力聚集、受政策影响大，并且国有和非国有股权性质的不同可能对企业绩效产生关键作用。本书通过对上市公司数据的搜集和整理，将所有上市且符合标准的文化传媒类企业作为初始样本，涉及 2017 ~ 2019 年的数据搜集。但为了保证样本的科学性，本书拟定以下规则筛选数据：

（1）年份不齐全者进行剔除，有不少公司是近两年才上市的新企业，数据不足三年，不能支撑面板数据的分析，因此予以剔除。

（2）数据缺失较多者进行剔除，如果数据缺失情况十分偶然，可以采用数据平滑的方式对其进行预测和补足，但如果数据缺失太多，那么无法将其填补，因此将数据公开不及时、数据缺损比较严重的公司予以删除。

通过以上对于初始公司的筛选，截至目前所收集到的年报情况，最终得到48家文化传媒上市公司共144个样本数据（如附录中的表1和表2所示）。所有数据均来自国泰安数据库CSMAR和中国经济金融研究CCER数据库等权威数据库，搜集过程中发现了数据的缺失，因此从上海证券交易所以及深圳证券交易所的信息公开年报数据库中下载并一一核查。全书数据整理工具是Excel，数据处理和分析工具是Spss 22和Stata 14。

为了消除不可公度性的问题，在分析时对所有指标均进行了标准化处理。

（二）评价体系构建——基于主成分分析法

主成分分析法，根据多个变量之间的相关性进行多元统计分析，在保证尽可能多地反映原来变量信息的前提下，对多个变量降维，使得少数几个变量尽可能代表所有变量信息，因此我们采用主成分分析法对选取的指标进行降维+赋权，并算出综合得分。

利用Spss 22统计软件进行主成分分析，在因子分析时选择KMO和球形度Barlett检验，旋转选择最大方差法，依照传统基于特征值1以上的才可纳入考虑，分析方法选择主成分，采用Kaiser标准化最大方差法进行旋转，提取主成分，运行结果如下：

1. KMO和球形度Barlett测试

该测试可衡量变量之间相关程度高低，因此往往用于主成分分析之前，根据该测试的结果可以判断原始数据是否适合做主成分分析。KMO的值越大，变量之间的相关性越大。超过0.5则认为适合，越靠近1，越适合做主成分分析。如表5－2所示，2017年、2018年和2019年的KMO值分别为0.639、0.683、0.714，均达到了主成分分析方法0.5相关度的基本要求，同时2017年、2018年和2019年三年的球形度Barlett检验的显著性均为0.000，强烈拒绝原假设中变量间相互独立的设定，进一步说明所选变量是适合做主成分分析方法来进行研究。

表 5－2　　　　KMO 和 Barlett 球形检验

项目		2017 年	2018 年	2019 年
Kaiser－Meyer－Olkin 测量取样适当性		0.639	0.683	0.714
Bartlett 的球形检验	近似卡方	867.136	1199.903	1093.946
	df	78	78	78
	显著性	0.000	0.000	0.000

2. 变量共同度

变量共同度能够体现主成分对原始数据的解释程度，初始值和提取值展现的是原始变量的信息量和提取之后的信息量。如表 5－3 所示，除了 2019 年资产负债率的变量共同度为 75.1%，整体三年里 13 个变量的共同度都很高。根据统计分析，整体变量共同度的平均值为 91.32%，中位数为 95.3%，这说明提取的主成分对原始数据的解释程度很高。

表 5－3　　　　变量共同度表格

项目	起始	提取（2017 年）	提取（2018 年）	提取（2019 年）
现金比率 A2	1.000	0.875	0.875	0.743
流动比率 A1	1.000	0.862	0.862	0.792
资产负债率 B1	1.000	0.778	0.778	0.751
流动资产周转率 B2	1.000	0.836	0.836	0.898
总资产周转率 B3	1.000	0.801	0.801	0.854
总资产报酬率 ROA C1	1.000	0.977	0.977	0.965
总资产净利率 C2	1.000	0.979	0.979	0.965
成本费用利用率 C3	1.000	0.975	0.975	0.934
总资产净利率 TTM C4	1.000	0.951	0.951	0.964
净利润率 C5	1.000	0.953	0.953	0.963
营业利润率 C6	1.000	0.960	0.960	0.934
营业利润增长率 D1	1.000	0.993	0.993	0.992
综合收益增长率 D2	1.000	0.993	0.993	0.993

注：提取方法——主成分分析。

3. 提取主成分

通过 Kaiser 标准化最大方差法进行旋转，得到总方差解释。一般情况下，累计方法贡献率超过 80% 为宜。

根据 2017 年总方差解释表（见表 5－4），特征值超过 1 的是前 4 个主成分，其方差贡献率分别为 27.58%、27.106%、19.623% 和 15.248%，累计方差贡献度高达 89.557%，合计贡献度很高。总之，这 4 个主成分能够解释 89.557% 的原始企业绩效数据，具有较高程度的解释力度，因此，选择前 4 个作为主成分。

表 5－4　　2017 年总方差解释表

成分	初始特征值			提取载荷平方和			旋转载荷平方和		
	总计	方差百分比	累加（%）	总计	方差百分比	累加（%）	总计	方差百分比	累加（%）
1	4.387	33.744	33.744	4.387	33.744	33.744	3.585	27.580	27.580
2	3.079	23.688	57.432	3.079	23.688	57.432	3.524	27.106	54.686
3	2.639	20.303	77.734	2.639	20.303	77.734	2.551	19.623	74.309
4	1.537	11.823	89.557	1.537	11.823	89.557	1.982	15.248	89.557
5	0.608	4.680	94.236						
6	0.295	2.267	96.503						
7	0.171	1.319	97.822						
8	0.138	1.065	98.887						
9	0.078	0.603	99.490						
10	0.025	0.193	99.683						
11	0.018	0.140	99.823						
12	0.015	0.117	99.939						
13	0.008	0.061	100.000						

注：提取方法——主成分分析。

根据 2018 年总方差解释表（见表 5－5），特征值超过 1 的是前 4 个主成分，其方差贡献率分别为 44.458%、19.19%、15.33% 和 12.801%。累计方差贡献度高达 91.779%，合计贡献度很高。总之，这 4 个主成分能够解释 91.779% 的原始企业绩效数据，因此，选择前 4 个作为主成分。

表 5 -5　　　　2018 年总方差解释表

成分	初始特征值			提取载荷平方和			旋转载荷平方和		
	总计	方差百分比	累加（%）	总计	方差百分比	累加（%）	总计	方差百分比	累加（%）
1	6. 188	47. 601	47. 601	6. 188	47. 601	47. 601	5. 780	44. 458	44. 458
2	2. 605	20. 039	67. 639	2. 605	20. 039	67. 639	2. 495	19. 190	63. 649
3	1. 895	14. 578	82. 217	1. 895	14. 578	82. 217	1. 993	15. 330	78. 979
4	1. 243	9. 562	91. 779	1. 243	9. 562	91. 779	1. 664	12. 801	91. 779
5	0. 480	3. 689	95. 468						
6	0. 206	1. 582	97. 050						
7	0. 201	1. 550	98. 599						
8	0. 129	0. 993	99. 592						
9	0. 028	0. 218	99. 810						
10	0. 013	0. 103	99. 913						
11	0. 008	0. 064	99. 977						
12	0. 003	0. 019	99. 997						
13	0. 000	0. 003	100. 000						

注：提取方法——主成分分析。

根据 2019 年总方差解释表（见表 5 -6），特征值超过 1 的是前 4 个主成分，其方差贡献率分别为 43. 411%、16. 993%、15. 454% 和 14. 511%，累计方差贡献度超过了 90%，高达 90. 369%，合计贡献度很高，总之，这 4 个主成分能够解释 90. 369% 的原始企业绩效数据，因此，选择前 4 个作为主成分。

表 5 -6　　　　2019 年总方差解释表

成分	初始特征值			提取载荷平方和			旋转载荷平方和		
	总计	方差百分比	累加（%）	总计	方差百分比	累加（%）	总计	方差百分比	累加（%）
1	5. 797	44. 592	44. 592	5. 797	44. 592	44. 592	5. 643	43. 411	43. 411

续表

成分	初始特征值			提取载荷平方和			旋转载荷平方和		
	总计	方差百分比	累加（%）	总计	方差百分比	累加（%）	总计	方差百分比	累加（%）
2	2.318	17.828	62.420	2.318	17.828	62.420	2.209	16.993	60.404
3	2.200	16.920	79.340	2.200	16.920	79.340	2.009	15.454	75.858
4	1.434	11.029	90.369	1.434	11.029	90.369	1.886	14.511	90.369
5	0.460	3.538	93.907						
6	0.343	2.641	96.548						
7	0.213	1.638	98.186						
8	0.151	1.161	99.346						
9	0.063	0.481	99.827						
10	0.012	0.093	99.920						
11	0.006	0.044	99.964						
12	0.003	0.025	99.989						
13	0.001	0.011	100.000						

注：提取方法——主成分分析。

4. 因子表达式

根据主成分系数矩阵，可以表达出各主成分对应的文化传媒上市公司的公司综合绩效。旋转后的成分矩阵表是初始因子载荷矩阵，该表显示的是各个原始值表在提取后的每个主成分上的载荷值，该值越大则说明该原始值对主成分的影响度越大。

由表 5－7 可知，2017 年，总资产报酬率（ROA）、总资产净利率、成本费用利用率、净利润率、营业利润率在第一主成分 F1 上的占比较大，说明主成分 F1 表达企业的盈利能力；流动资产周转率、总资产周转率在第二主成分 F2 的关联比较大，说明第二主成分 F2 表达企业的经营能力；流动比率、现金比率在第三主成分 F3 上的占比较大，说明主成分 F3 表达企业的偿债能力；营业利润增长率、综合收益增长率在第四成分 F4 上占比比较大，说明主成分 F4 表达了企业的发展能力。同理，可得各年度成分和能力对应表，如表 5－8 所示。

表 5－7　旋转后的成分矩阵 a

项目	成分（2017 年）				成分（2018 年）				成分（2019 年）			
	1	2	3	4	1	2	3	4	1	2	3	4
流动比率 A1	0.058	0.020	0.936	－0.036	－0.155	0.904	0.059	－0.176	0.061	0.842	－0.124	－0.117
现金比率 A2	－0.012	0.013	0.899	－0.127	0.052	0.925	0.057	－0.010	－0.103	0.881	0.062	0.025
资产负债率 B1	－0.115	－0.004	－0.859	0.132	－0.098	－0.874	－0.003	－0.065	－0.251	－0.802	0.015	－0.212
流动资产周转率 B2	－0.350	0.640	－0.226	－0.015	0.182	－0.181	－0.061	0.875	－0.120	－0.067	0.038	0.937
总资产周转率 B3	－0.497	0.800	0.093	0.057	0.254	0.084	－0.091	0.849	－0.125	0.143	0.136	0.894
总资产报酬率 ROA C1	0.386	0.884	0.001	0.047	0.973	0.013	－0.056	0.165	0.976	0.112	0.006	0.020
总资产净利率 C2	0.375	0.894	0.071	0.088	0.971	0.035	－0.059	0.175	0.971	0.140	0.005	0.040
成本费用利用率 C3	0.972	0.093	0.051	0.067	0.983	－0.001	－0.025	0.094	0.952	0.022	0.033	－0.159
总资产净利率 TTM C4	0.307	0.915	0.096	0.119	0.950	0.080	－0.056	0.195	0.974	0.116	0.017	0.054
净利润率 C5	0.963	0.111	0.082	0.054	0.966	－0.055	－0.036	0.123	0.954	－0.063	－0.009	－0.221
营业利润率 C6	0.967	0.135	0.059	0.035	0.973	－0.048	－0.034	0.104	0.936	－0.046	－0.021	－0.238
营业利润增长率 D1	0.041	0.082	－0.164	0.975	－0.060	0.058	0.990	－0.083	0.009	－0.038	0.990	0.098
综合收益增长率 D2	0.076	0.085	－0.116	0.980	－0.067	0.047	0.991	－0.066	0.020	－0.033	0.993	0.072

注：提取方法——主成分分析。旋转方法——Kaiser 标准化最大方差法。

表 5－8　　各年度成分和能力对应表

年份	F1	F2	F3	F4
2017	盈利能力	经营能力	偿债能力	发展能力
2018	盈利能力	偿债能力	发展能力	经营能力
2019	盈利能力	偿债能力	发展能力	经营能力

（1）2017 年因子公式。

2017 年各成分得分系数矩阵，如表 5－9 所示。

表 5－9　　2017 年成分得分系数矩阵

项目	成分			
	1	2	3	4
流动比率 A1	－0.033	－0.012	0.390	0.088
现金比率 A2	－0.047	－0.004	0.367	0.036
资产负债率 B1	0.006	0.012	－0.343	－0.024
流动资产周转率 B2	－0.123	0.216	－0.090	－0.059
总资产周转率 B3	－0.196	0.261	0.059	0.017
总资产报酬率 ROA C1	0.069	0.245	－0.031	－0.050
总资产净利率 C2	0.060	0.244	0.004	－0.018
成本费用利用率 C3	0.280	－0.025	－0.025	－0.011
总资产净利率 TTM C4	0.035	0.252	0.021	0.003
净利润率 C5	0.275	－0.019	－0.013	－0.016
营业利润率 C6	0.277	－0.010	－0.026	－0.031
营业利润增长率 D1	－0.032	－0.037	0.043	0.516
综合收益增长率 D2	－0.024	－0.039	0.062	0.523

注：提取方法——主成分分析。旋转方法——Kaiser 标准化最大方差法。成分评分。

故 2017 年各成分得分因子结果如下：

$$F1\ (2017) = -0.033 \times A1 + -0.047 \times A2 + 0.006 \times B1 + -0.123 \times B2 + -0.196 \times B3 + 0.069 \times C1 + 0.06 \times C2 + 0.28 \times C3 + 0.035 \times C4 + 0.275 \times C5 + 0.277 \times C6 + -0.032 \times D1 + -0.024 \times D2 \tag{5.6}$$

$$F2\ (2017) = -0.012 \times A1 + -0.004 \times A2 + 0.012 \times B1 + 0.216 \times B2 + 0.261 \times B3 + 0.245 \times C1 + 0.244 \times C2 + -0.025 \times C3 + 0.252 \times C4 + -0.019 \times C5 + -0.01 \times C6 + -0.037 \times D1 + -0.039 \times D2 \tag{5.7}$$

$$F3\ (2017) = 0.39 \times A1 + 0.367 \times A2 + -0.343 \times B1 + -0.09 \times B2 + 0.059 \times B3 + -0.031 \times C1 + 0.004 \times C2 + -0.025 \times C3 + 0.021 \times C4 + -0.013 \times C5 + -0.026 \times C6 + 0.043 \times D1 + 0.062 \times D2 \tag{5.8}$$

$$F4\ (2017) = 0.088 \times A1 + 0.036 \times A2 + -0.024 \times B1 + -0.059 \times B2 + 0.017 \times B3 + -0.05 \times C1 + -0.018 \times C2 + -0.011 \times C3 + 0.003 \times C4 + -0.016 \times C5 + -0.031 \times C6 + 0.516 \times D1 + 0.523 \times D2 \tag{5.9}$$

由表5－9、表5－10可知，各成分之间彼此独立，因此得出2017年衡量文化传媒类公司因子公式为：

$$F(2017) = 0.27580F1(2017) + 0.27106F2(2017) + 0.19623F3(2017) + 0.15248F4(2017) \tag{5.10}$$

表5－10　　2017年成分评分共变异数矩阵

成分	1	2	3	4
1	1.000	0.000	0.000	0.000
2	0.000	1.000	0.000	0.000
3	0.000	0.000	1.000	0.000
4	0.000	0.000	0.000	1.000

注：提取方法——主成分分析。旋转方法——Kaiser标准化最大方差法。成分评分。

（2）2018年因子公式。

2018年各成分得分系数矩阵，如表5－11所示。

表5－11　　2018年成分得分系数矩阵

项目	成分			
	1	2	3	4
流动比率A1	－0.016	0.360	－0.021	－0.056

续表

项目	成分			
	1	2	3	4
现金比率 A2	0.001	0.374	-0.005	0.036
资产负债率 B1	0.001	-0.358	0.024	-0.077
流动资产周转率 B2	-0.095	-0.030	0.052	0.604
总资产周转率 B3	-0.080	0.077	0.026	0.584
总资产报酬率 ROA C1	0.175	0.003	0.004	-0.031
总资产净利率 C2	0.173	0.012	0.002	-0.022
成本费用利用率 C3	0.189	-0.008	0.015	-0.083
总资产净利率 TTM C4	0.165	0.032	0.003	-0.002
净利润率 C5	0.182	-0.028	0.013	-0.063
营业利润率 C6	0.186	-0.026	0.013	-0.077
营业利润增长率 D1	0.019	-0.017	0.508	0.034
综合收益增长率 D2	0.016	-0.021	0.511	0.048

注：提取方法——主成分分析。转轴方法——具有 Kaiser 正规化的最大变异法。成分评分。

故 2018 年各成分得分因子结果如下：

$$F1(2018) = -0.016 \times A1 + 0.001 \times A2 + 0.001 \times B1 + -0.095 \times B2 + -0.08 \times B3 + 0.175 \times C1 + 0.173 \times C2 + 0.189 \times C3 + 0.165 \times C4 + 0.182 \times C5 + 0.186 \times C6 + 0.019 \times D1 + 0.016 \times D2 \tag{5.11}$$

$$F2(2018) = 0.36 \times A1 + 0.374 \times A2 + -0.358 \times B1 + -0.03 \times B2 + 0.077 \times B3 + 0.003 \times C1 + 0.012 \times C2 + -0.008 \times C3 + 0.032 \times C4 + -0.028 \times C5 + -0.026 \times C6 + -0.017 \times D1 + -0.021 \times D2 \tag{5.12}$$

$$F3(2018) = -0.021 \times A1 + -0.005 \times A2 + 0.024 \times B1 + 0.052 \times B2 + 0.026 \times B3 + 0.004 \times C1 + 0.002 \times C2 + 0.015 \times C3 + 0.003 \times C4 + 0.013 \times C5 + 0.013 \times C6 + 0.508 \times D1 + 0.511 \times D2 \tag{5.13}$$

$$F4(2018) = -0.056 \times A1 + 0.036 \times A2 + -0.077 \times B1 + 0.604 \times B2 + 0.584 \times B3 + -0.031 \times C1 + -0.022 \times C2 + -0.083 \times C3 + -0.002 \times C4 + -0.063 \times C5 + -0.077 \times C6 + 0.034 \times D1 + 0.048 \times D2 \tag{5.14}$$

由表 5-11 及表 5-12 可知，各成分之间彼此独立，因此得出 2018 年衡量文化传媒类公司因子公式为：

$$F(2018) = 0.44458F1(2018) + 0.1919F2(2018) + 0.1533F3(2018) + 0.12801F4(2018) \quad (5.15)$$

表 5-12　2018 年成分评分共变异数矩阵

成分	1	2	3	4
1	1.000	0.000	0.000	0.000
2	0.000	1.000	0.000	0.000
3	0.000	0.000	1.000	0.000
4	0.000	0.000	0.000	1.000

注：提取方法——主成分分析。旋转方法——Kaiser 标准化最大方差法。成分评分。

（3）2019 年因子公式。

2019 年各成分得分系数矩阵，如表 5-13 所示。

表 5-13　2019 年成分得分系数矩阵

项目	成分			
	1	2	3	4
流动比率 A1	-0.032	0.396	-0.022	-0.109
现金比率 A2	-0.057	0.418	0.064	-0.060
资产负债率 B1	-0.028	-0.350	0.004	-0.088
流动资产周转率 B2	0.048	-0.089	-0.077	0.536
总资产周转率 B3	0.033	0.017	-0.014	0.486
总资产报酬率 ROA C1	0.181	0.009	-0.011	0.074
总资产净利率 C2	0.180	0.021	-0.012	0.084
成本费用利用率 C3	0.167	-0.019	0.019	-0.028
总资产净利率 TTM C4	0.183	0.009	-0.008	0.092
净利润率 C5	0.167	-0.056	0.000	-0.054
营业利润率 C6	0.162	-0.047	-0.004	-0.065
营业利润增长率 D1	-0.006	0.013	0.501	-0.042
综合收益增长率 D2	-0.006	0.016	0.505	-0.057

注：提取方法——主成分分析。转轴方法——具有 Kaiser 正规化的最大变异法。成分评分。

故 2019 年各成分得分因子结果如下：

$$F1(2019) = -0.032 \times A1 + -0.057 \times A2 + -0.028 \times B1 + 0.048 \times B2 + 0.033 \times B3 + 0.181 \times C1 + 0.18 \times C2 + 0.167 \times C3 + 0.183 \times C4 + 0.167 \times C5 + 0.162 \times C6 + -0.006 \times D1 + -0.006 \times D2 \quad (5.16)$$

$$F2(2019) = 0.396 \times A1 + 0.418 \times A2 + -0.35 \times B1 + -0.089 \times B2 + 0.017 \times B3 + 0.009 \times C1 + 0.021 \times C2 + -0.019 \times C3 + 0.009 \times C4 + -0.056 \times C5 + -0.047 \times C6 + 0.013 \times D1 + 0.016 \times D2 \quad (5.17)$$

$$F3(2019) = -0.022 \times A1 + 0.064 \times A2 + 0.004 \times B1 + -0.077 \times B2 + -0.014 \times B3 + -0.011 \times C1 + -0.012 \times C2 + 0.019 \times C3 + -0.008 \times C4 + 0 \times C5 + -0.004 \times C6 + 0.501 \times D1 + 0.505 \times D2 \quad (5.18)$$

$$F4(2019) = -0.109 \times A1 + -0.06 \times A2 + -0.088 \times B1 + 0.536 \times B2 + 0.486 \times B3 + 0.074 \times C1 + 0.084 \times C2 + -0.028 \times C3 + 0.092 \times C4 + -0.054 \times C5 + -0.065 \times C6 + -0.042 \times D1 + -0.057 \times D2 \quad (5.19)$$

由表 5－13 及表 5－14 可知，成分之间彼此独立，因此得出 2019 年衡量文化传媒类公司因子公式为：

$$F(2019) = 0.43411F1(2019) + 0.16933F2(2019) + 0.15454F3(2019) + 0.14511F4(2019) \quad (5.20)$$

表 5－14　　　　2019 年成分评分共变异数矩阵

成分	1	2	3	4
1	1.000	0.000	0.000	0.000
2	0.000	1.000	0.000	0.000
3	0.000	0.000	1.000	0.000
4	0.000	0.000	0.000	1.000

注：提取方法——主成分分析。旋转方法——Kaiser 标准化最大方差法。成分评分。

5. 文化类传媒上市公司企业绩效得分排名

根据上述公式可以计算出关于 2017～2019 年文化类传媒上市公司对应的 F1、F2、F3、F4，进而根据综合得分公式，以方差贡献率为权重，最终得到我国文化传媒类上市公司的企业绩效综合得分表（股权性质数据见附录中的表2）。

（1）综合绩效得分对比分析。

由表5－15及表5－16所示，从排名来看，综合得分排名靠前的都是非国有性质的文化传媒公司，而排名后半段中国有性质的文化传媒公司的占比更多。从均值来看，非国有性质的文化传媒类公司的盈利能力和发展能力都优于国有性质的，国有公司的偿债能力和经营能力相对更优。从稳定性来看，国有公司的盈利能力、偿债能力和经营能力的标准差相对较小，内部差距较小。总体来说，非国有性质的文化传媒类上市公司绩效表现在公司之间差别相对较大。

表5－15　　　　样本公司综合得分排名表

证券代码	股权性质	2017年	2018年	2019年	平均分	排名
300144	民企	1.257303	0.652753	0.601027	0.837028	1
603096	民企	1.327697	0.711013	0.229773	0.756161	2
300640	民企	0.606813	0.774668	0.706828	0.696103	3
002502	民企	1.304956	−0.58535	1.05068	0.590094	4
600576	民企	0.020078	0.338303	1.173773	0.510718	5
000802	民企	0.239993	0.211632	0.771496	0.407707	6
300251	民企	0.62433	0.543472	−0.05853	0.369758	7
603103	民企	0.292616	0.14097	0.451776	0.295121	8
601019	民企	0.521903	0.348138	−0.06048	0.269855	9
000892	民企	0.514103	0.226373	−0.02334	0.239044	10
600373	国有	0.173515	0.313094	0.202032	0.229547	11
601858	国有	0.252114	0.433723	−0.01621	0.223208	12
601595	国有	0.183618	0.324499	0.016961	0.175026	13
601949	国有	0.064904	0.34788	0.101981	0.171588	14
603999	国有	−0.12015	0.557617	0.072086	0.16985	15
603721	国有	0.352144	0.463751	−0.32887	0.162341	16
300336	民企	−0.05301	0.200788	0.331972	0.159916	17
600088	国有	−0.06098	0.44391	0.009677	0.130868	18
603466	民企	0.067545	0.200384	0.107285	0.125071	19

续表

证券代码	股权性质	2017年	2018年	2019年	平均分	排名
601801	国有	0.077285	0.460515	-0.18589	0.117305	20
000681	民企	0.265789	0.220208	-0.13762	0.116125	21
600977	国有	-0.09278	0.404863	-0.09751	0.071524	22
300027	民企	-0.16362	-0.18444	0.477237	0.043057	23
601900	国有	-0.19418	0.014162	0.277756	0.032581	24
002739	民企	-0.33128	0.209443	0.126905	0.00169	25
002905	民企	-0.18084	0.259858	-0.081	-0.00066	26
300182	民企	-0.06249	-0.01607	0.040072	-0.01283	27
601811	国有	-0.30704	0.213035	-0.08612	-0.06004	28
000156	国有	-0.23728	0.22703	-0.22343	-0.07789	29
600229	国有	-0.03261	-0.51798	0.310777	-0.07994	30
000607	国有	-0.21652	0.184264	-0.22563	-0.08596	31
300654	民企	-0.41489	0.264684	-0.1281	-0.09277	32
002699	民企	-0.12922	-0.03895	-0.17425	-0.11414	33
300364	民企	-0.29129	-0.68115	0.428964	-0.18116	34
002343	国有	0.00604	-0.52896	-0.20273	-0.24188	35
000665	国有	-0.5041	0.094967	-0.36779	-0.25897	36
600715	国有	-0.1082	-0.15003	-0.51957	-0.25926	37
300528	国有	-0.45507	-0.31033	-0.1438	-0.30307	38
300133	民企	-0.32777	-0.74184	0.154977	-0.30488	39
300592	民企	-0.43976	0.012792	-0.52154	-0.31617	40
300148	民企	-0.34394	-0.40232	-0.32284	-0.35637	41
600136	民企	-0.41038	-0.10585	-0.58826	-0.36816	42
600880	国有	-0.78279	-0.26679	-0.19481	-0.41479	43
000673	民企	-0.30566	-1.32505	0.304873	-0.44195	44
000793	国有	-0.37935	-0.78343	-0.36961	-0.5108	45
300426	民企	-0.40945	-1.16576	-0.46274	-0.67932	46
300291	国有	-0.39988	-1.55978	-0.12634	-0.69534	47
002071	民企	-0.39824	-0.43471	-2.30189	-1.04495	48

表 5 - 16　　能力维度描述统计

股权性质		数字	最小值（M）	最大值（X）	平均值（E）	标准偏差
民企	盈利能力	85	-4.25807	3.18124	0.1226478	1.20061225
	偿债能力	85	-1.95786	2.54180	-0.1079346	1.07129830
	发展能力	85	-4.25327	2.56767	0.0167637	0.92545886
	经营能力	85	-1.75214	3.68195	-0.0147354	1.15562560
	有效 N（成列）	85				
国有	盈利能力	59	-1.24677	0.96229	-0.1766960	0.53812989
	偿债能力	59	-1.22305	2.19076	0.1554990	0.85276448
	发展能力	59	-4.62159	2.62156	-0.0241511	1.09069635
	经营能力	59	-1.63327	1.40194	0.0212290	0.70436362
	有效 N（成列）	59				

（2）时间序列上的动态分析。

从表 5 - 17 的总体得分数据来看，2018 年我国文化类传媒上市公司平均综合绩效最低，其得分为 -0.2791，得分最高的是 2019 年，分值为 0.1599，2018 年同比增长率为 142.71%，2019 年的同比增长率为 274.54%，而且平均得分三年都未超过 1，说明我国文化类传媒上市公司综合绩效整体水平不高，并且波动较大，良莠不齐。

表 5 - 17　　时间维度描述统计

年份	项目	数字	最小值（M）	最大值（X）	平均值（E）	标准偏差
2017	综合得分	48	-0.214466	0.885915	0.11921193	0.216319192
	有效 N（成列）	48				
2018	综合得分	48	-2.364834	0.618148	-0.27908128	0.641366247
	有效 N（成列）	48				
2019	综合得分	48	-2.008891	1.334641	0.15986946	0.481689879
	有效 N（成列）	48				

（3）不同类别文化传媒公司的比较分析。

按照产权性质的不同分类统计文化传媒上市公司 2017 ~ 2019 年综合绩效的变化情况，如图 5 - 1 所示。

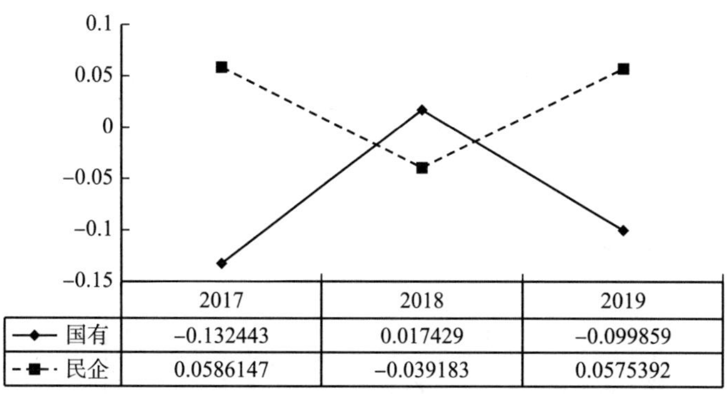

	2017	2018	2019
国有	−0.132443	0.017429	−0.099859
民企	0.0586147	−0.039183	0.0575392

图 5－1　2017～2019 年不同类别文化传媒上市公司综合绩效比较分析

经统计，当前我国文化类传媒上市公司中，由国有企事业单位控股有的有 21 家，非国有控股性质的企业 27 家，其中慈文传媒（代码：002343）和华录百纳（代码：300291）在 2017 年是国有性质，但从 2018 开始都变成非国有性质的公司。这说明在样本公司中非国有企业文化传媒类公司占多数，因此后续分析也会考虑个体因素的影响。

从表 5－18 可以看出，除了在发展能力这一栏里，国有性质的文化传媒类公司的标准差要高于民企之外，其余 2017～2019 年每年盈利能力、经营能力和偿债能力的标准差都是后者要高于前者，由此可知，在这三年内，相比较非国有性质的文化传媒类上市公司而言，国有性质的文化传媒上市公司的盈利能力、经营能力和偿债能力的稳定性要更强。

从图 5－1 可以看出，在 2017 年和 2019 年，非国企性质公司的综合绩效都稍高于国企性质的公司，2018 年，国有控股企业综合绩效要高于民企，通过进一步分析，如表 5－18、表 5－19 所示，2018 年的盈利能力、偿债能力和经营能力的均值都稍高于非国企，但是 t 检验不通过，因此不能认为 2018 年两者绩效存在显著差异。而 2017 年和 2019 年，民企类的文化传媒上市公司的盈利能力均优于国有控股的公司，并且通过方差齐性检验和 T 检验，Sig 值均小于 0. 05，具有统计学意义，因此，该差异是显著存在的，可以得到结论：2017 年和 2019 年的民企性质文化传媒类公司的盈利能力优于国有性质的文化传媒类公司。

表 5 – 18　　双重维度交叉统计描述

主成分指标	股权性质	数字	平均值（E）	标准偏差	标准误差平均值	主成分指标	股权性质	数字	平均值（E）	标准偏差	标准误差平均值
盈利能力 2017	国有	19	−0. 3787497	0. 5109533	0. 11722073	发展能力 2018	国有	19	−0. 0909284	1. 16123203	0. 2664049
	民企	29	0. 2481463	1. 16173184	0. 21572819		民企	29	0. 0595738	0. 89577799	0. 1663418
经营能力 2017	国有	19	−0. 0906969	0. 78671951	0. 18048583	经营能力 2018	国有	19	0. 0880877	0. 59434644	0. 13635242
	民企	29	0. 0594221	1. 12758611	0. 20938748		民企	29	−0. 0577126	1. 20115303	0. 22304852
偿债能力 2017	国有	19	0. 070756	0. 81769549	0. 18759221	盈利能力 2019	国有	19	−0. 3669257	0. 13981425	0. 03207559
	民企	29	−0. 0463574	1. 1149518	0. 20704135		民企	29	0. 2403996	1. 23076796	0. 22854787
发展能力 2017	国有	19	−0. 0688375	1. 11510406	0. 25582242	偿债能力 2019	国有	19	0. 1909846	0. 8312673	0. 1907058
	民企	29	0. 0451004	0. 93481763	0. 17359128		民企	29	−0. 1251278	1. 09242236	0. 20285774
盈利能力 2018	国有	19	0. 2061556	0. 54150185	0. 12422905	发展能力 2019	国有	19	0. 0816793	1. 08162259	0. 24814124
	民企	29	−0. 1350675	1. 20097293	0. 22301507		民企	29	−0. 053514	0. 95864224	0. 1780154
偿债能力 2018	国有	19	0. 2095256	0. 92197925	0. 21151655	经营能力 2019	国有	19	0. 1458114	0. 67327396	0. 15445964
	民企	29	−0. 1372754	1. 04057962	0. 19323078		民企	29	−0. 0955316	1. 16759855	0. 21681761

表 5 – 19　　独立样本检验示例

项目		列文方差相等性检验		平均值相等性的 t 检验						
		F	显著性	t	自由度	显著性（双尾）	平均差	标准误差差值	差值的 95% 置信区间	
									下限值	上限值
盈利能力 2017	已假设方差齐性	9. 375	0. 004	–2. 210	46	0. 032	–0. 62689601	0. 28366297	–1. 19787995	–0. 05591206
	未假设方差齐性			–2. 553	41. 366	0. 014	–0. 62689601	0. 24551853	–1. 12259765	–0. 13119436
盈利能力 2019	已假设方差齐性	11. 775	0. 001	–2. 134	46	0. 038	–0. 60732531	0. 28458703	–1. 18016930	–0. 03448133
	未假设方差齐性			–2. 632	29. 096	0. 013	–0. 60732531	0. 23078772	–1. 07927134	–0. 13537928

（三）面板数据的回归分析

采用48家公司的面板数据进行探索和分析，时间跨度从2017年到2019年三年一获得144组数据。采用面板数据对文化类传媒上市公司进行分析的主要目的：一是根据前文分析，发现不同个体之间很可能存在发展差异，需要控制个体异质性；二是面板数据更能描述和分析动态调整的过程，可以通过把时间和个体以及内生性的问题逐步考虑进去，更好处理误差成分。

1. 面板数据的描述性统计分析

对数据进行描述性统计可以从总体上进行把握，如表5－20所示。根据Overall数据显示，公司绩效PE、国有股占比state、其他内资（境内法人）股corp占比和股权集中度CR10的均值分别为－1.48e－07、0.1786704、0.2393323和0.6270078，而不同组之间的差值根据between来呈现变量的组件统计量，同时，组内的变化差异是由within来呈现的。不同公司之间其他内资持股占比的数值差异较大，标准差高达0.1276353。相比而言，不同公司之间的国有股占比的标准差只有0.0780589，说明其数值分布则要均衡得多。

表5－20　　面板数据的描述性统计分析表

变量		Mean	Std. Dev.	Min	Max	Observations
year	overall	2018	0.8193465	2017	2019	$N=144$
	between		0	2018	2018	$n=48$
	within		0.8193465	2017	2019	$T=3$
code	overall	338719.5	250698.1	156	603999	$N=144$
	between		252469.8	156	603999	$n=48$
	within		0	338719.5	338719.5	$T=3$
PE	overall	－1.48e－07	0.4958048	－2.30189	1.327697	$N=144$
	between		0.3770192	－1.044945	0.8370279	$n=48$
	within		0.3250645	－1.256945	0.7468184	$T=3$
state	overall	0.1786704	0.2747119	0	0.768406	$N=144$
	between		0.2668694	0	0.7433133	$n=48$
	within		0.0724118	－0.2808549	0.4094311	$T=3$

续表

变量		Mean	Std. Dev.	Min	Max	Observations
corp	overall	0. 2393323	0. 2663347	0	0. 9940902	$N=144$
	between		0. 2354113	0	0. 8830022	$n=48$
	within		0. 1276353	-0. 102342	0. 8720545	$T=3$
lnzgb	overall	20. 41842	0. 8645636	18. 19754	21. 7995	$N=144$
	between		0. 8635454	18. 50814	21. 7995	$n=48$
	within		0. 1104048	19. 87696	20. 89248	$T=3$
CR10	overall	0. 6270078	0. 1744883	0. 0047523	0. 9253	$N=144$
	between		0. 1451791	0. 3272841	0. 9055667	$n=48$
	within		0. 0983056	0. 0184606	0. 9345814	$T=3$
lnfac	overall	7. 124179	1. 223837	4. 521789	9. 800125	$N=144$
	between		1. 218632	5. 204698	9. 687943	$n=48$
	within		0. 1829841	6. 403191	7. 735978	$T=3$

由于不同公司的年份数据都是2017~2019年，因此公司代码code的组内标准差为0，而不同年份对应的code编码都是一样的48个，因此year的组件标准差也为0。同时对数化之后的总股本（lnzgb）和对数化之后的员工数量（lnfac）均符合正态分布，为回归分析做好了准备。

2. 混合回归模型 Pooled OLS

为了保证比较的标准化，把自变量的比较范畴定义为——总股本里国有股的占比和其他内资的占比，把股权类型分成国有股和其他内资两个部分，分别代入Pooled OLS混合回归模型。

混合回归模型假设难以成立——个体和时间都不能对解释变量对被解释变量的边际影响产生关联，因此他的适用情况比较少，模型形式如下：

$$y = \alpha_0 + \sum_{k=2}^{k} \beta_k x_{it} + \mu_{it} \tag{5-21}$$

（1）国有股部分。

从表5-21可以看出，股权集中度CR10与企业综合绩效PE之间是正向相关，而且通过0.05的显著性检验，但是其余各变量均以及模型整体都不具备统计学意义。由输出结果可知，股权集中度CR10的系数为正，而且通过0.05的显著性检验，但是其余各变量均以及模型整体都不具备统计学意义。

表 5-21　　混合回归模型（国有持股）

PE	Coef.	St. Err.	t-value	p-value	95% Conf Interval		Sig
state	0.096	0.152	0.64	0.526	-0.203	0.396	
lnzgb	0.023	0.056	0.42	0.678	-0.087	0.133	
CR10	0.558	0.271	2.06	0.041	0.023	1.093	**
lnfac	-0.048	0.043	-1.12	0.263	-0.132	0.036	
Constant	-0.499	1.082	-0.46	0.645	-2.639	1.64	
Mean dependent var		-0.000		SD dependent var		0.496	
R^2		0.039		Number of obs		144.000	
F-test		1.420		Prob > F		0.230	
Akaike crit. （AIC）		209.829		Bayesian crit. （BIC）		224.678	

注：** $p<0.05$。

（2）其他内资股部分。

与前者相似，如表 5-22 所示，只有股权集中度 CR10 与企业综合绩效 PE 之间是正向相关，通过 0.05 的显著性检验，但是其余各变量均以及模型整体都不具备统计学意义。

表 5-22　　混合回归模型（其他内资持股）

PE	Coef.	St. Err.	t-value	p-value	95% Conf Interval		Sig
corp	0.268	0.17	1.57	0.118	-0.069	0.604	
lnzgb	0.055	0.059	0.93	0.352	-0.061	0.171	
CR10	0.55	0.264	2.08	0.039	0.028	1.071	**
lnfac	-0.038	0.041	-0.93	0.353	-0.118	0.042	
Constant	-1.26	1.158	-1.09	0.278	-3.549	1.029	
Mean dependent var		-0.000		SD dependent var		0.496	
R^2		0.053		Number of obs		144.000	
F-test		1.957		Prob > F		0.104	
Akaike crit. （AIC）		207.708		Bayesian crit. （BIC）		222.557	

注：** $p<0.05$。

由此可知，混合回归模型的使用要求不论是从横向上还是纵向上进行比较，不同个体之间均不存在显著性差异，这个理想状态是难以达到的，因此要进一步分析个体之间的差异性。

3. 检验个体效应的显著性

以证券代码 code 为固定簇，检查是否存在个体效应，如表 5－23 所示，LSDV 法结果显示，多数个体虚拟变量均很显著（P 值小于 0.05），因此个体效应明显是存在的，拒绝原假设"所有个体虚拟变量都为 0"，不能使用简单的混合回归。拟寻找更好更优的分析法，采用 Hausman 检验法进行验证，选择随机效应模型或者固定效应模型。

表 5－23　　个体效应的显著性检验

PE	Coef.	St. Err.	t-value	p-value	95% Conf Interval		Sig
state	−0.721	0.491	−1.47	0.149	−1.709	0.267	
corp	0.139	0.327	0.43	0.672	−0.518	0.797	
lnzgb	0.199	0.206	0.97	0.339	−0.215	0.612	
Z	−0.011	0.01	−1.14	0.26	−0.031	0.009	
lnfac	−0.468	0.25	−1.87	0.067	−0.97	0.034	*
156b. code	0						
607. code	−0.046	0.147	−0.31	0.755	−0.342	0.25	
665. code	0.179	0.243	0.74	0.465	−0.31	0.669	
673. code	−1.373	0.534	−2.57	0.013	−2.446	−0.299	**
681. code	−0.802	0.565	−1.42	0.163	−1.939	0.336	
793. code	−0.592	0.07	−8.44	0	−0.733	−0.451	***
802. code	−0.599	0.596	−1.01	0.32	−1.799	0.6	
892. code	−1.269	0.864	−1.47	0.149	−3.008	0.47	
2071. code	−1.76	0.484	−3.64	0.001	−2.733	−0.786	***
2343. code	−1.522	0.769	−1.98	0.054	−3.069	0.026	*
2502. code	−0.617	0.692	−0.89	0.377	−2.009	0.776	
2699. code	−0.481	0.241	−2.00	0.051	−0.965	0.003	*
2739. code	0.624	0.269	2.32	0.025	0.082	1.166	**
2905. code	0.306	0.372	0.82	0.415	−0.442	1.054	
300027. code	−0.635	0.349	−1.82	0.075	−1.337	0.067	*
300133. code	−1.107	0.413	−2.68	0.01	−1.938	−0.277	**

续表

PE	Coef.	St. Err.	t-value	p-value	95% Conf Interval		Sig
300144. code	0. 306	0. 275	1. 11	0. 271	-0. 247	0. 86	
300148. code	-1. 009	0. 385	-2. 62	0. 012	-1. 783	-0. 236	**
300182. code	-0. 837	0. 491	-1. 71	0. 095	-1. 823	0. 15	*
300251. code	-0. 845	0. 62	-1. 36	0. 179	-2. 092	0. 401	
300291. code	-2. 117	0. 81	-2. 62	0. 012	-3. 746	-0. 489	**
300336. code	-1. 03	0. 684	-1. 51	0. 139	-2. 407	0. 346	
300364. code	-0. 965	0. 49	-1. 97	0. 055	-1. 952	0. 021	*
300426. code	-1. 754	0. 766	-2. 29	0. 027	-3. 294	-0. 213	**
300528. code	-0. 132	0. 422	-0. 31	0. 755	-0. 98	0. 716	
300592. code	-1. 089	0. 769	-1. 42	0. 163	-2. 635	0. 457	
300640. code	-0. 175	0. 834	-0. 21	0. 835	-1. 853	1. 504	
300654. code	-0. 614	0. 709	-0. 87	0. 391	-2. 041	0. 813	
600088. code	0. 525	0. 732	0. 72	0. 477	-0. 948	1. 998	
600136. code	-1. 317	0. 606	-2. 17	0. 035	-2. 536	-0. 098	**
600229. code	-0. 075	0. 424	-0. 18	0. 861	-0. 927	0. 778	
600373. code	0. 906	0. 255	3. 55	0. 001	0. 393	1. 42	***
600576. code	-0. 652	0. 698	-0. 93	0. 355	-2. 056	0. 751	
600715. code	-0. 744	0. 279	-2. 66	0. 011	-1. 305	-0. 182	**
600880. code	-0. 76	0. 38	-2. 00	0. 051	-1. 525	0. 004	*
600977. code	0. 736	0. 481	1. 53	0. 133	-0. 232	1. 704	
601019. code	1. 511	0. 549	2. 75	0. 008	0. 407	2. 616	***
601595. code	0. 586	0. 577	1. 02	0. 315	-0. 575	1. 747	
601801. code	0. 707	0. 299	2. 37	0. 022	0. 106	1. 309	**
601811. code	0. 377	0. 117	3. 21	0. 002	0. 141	0. 613	***
601858. code	0. 537	0. 592	0. 91	0. 37	-0. 655	1. 728	
601900. code	1. 105	0. 574	1. 93	0. 06	-0. 05	2. 26	*
601949. code	1. 021	0. 614	1. 66	0. 103	-0. 214	2. 257	
603096. code	0. 062	0. 758	0. 08	0. 936	-1. 463	1. 586	
603103. code	0. 645	0. 247	2. 61	0. 012	0. 147	1. 142	**

续表

PE	Coef.	St. Err.	t-value	p-value	95% Conf Interval		Sig
603466. code	-0. 195	0. 502	-0. 39	0. 699	-1. 205	0. 815	
603721. code	0. 057	0. 753	0. 08	0. 94	-1. 457	1. 571	
603999. code	-0. 488	0. 689	-0. 71	0. 482	-1. 874	0. 898	
Constant	-0. 2	4. 382	-0. 05	0. 964	-9. 016	8. 616	
Mean dependent var	-0. 000		SD dependent var		0. 496		
R^2	0. 612		Number of obs		144. 000		
F-test			Prob > F				
Akaike crit. （AIC）	79. 270		Bayesian crit. （BIC）		94. 119		

注：*** $p<0.01$，** $p<0.05$，* $p<0.1$。

4. Hausman 检验

由于面板数据年份 $n=3$，公司有 48 个，是一个典型的短面板。对短面板数据进行模型估计时，最常用的有三种：一是混合 OLS 模型；二是固定效应模型；三是随机效应模型。如果完全不存在个体和时间的差异，那么可以用混合 OLS 模型。但目前确实存在个体效应，对“个体效应”的处理主要有两种方式：一种是视其为不随时间改变的固定性因素，相应的模型称为“固定效应”模型；另一种是视其为随机因素，相应的模型称为“随机效应”模型。

（1）固定效应模型。

在上述公式中，变化了截面，如下所示，其中 α_i 表示对于不同的截面公司数据，有不同的截距项，我们可以利用因子不随时间变化的性质消除掉其对公司综合绩效的影响，可做差分或者平均，并且模型中所有的解释变量都是严格外生的。

$$y = \alpha_i + \sum_{k=2}^{k} \beta_k x_{it} + \mu_{it} \tag{5.22}$$

（2）随机效应模型。

如果不存在上述不随时间变化的性质消除掉其对公司综合绩效影响的情况，那么可以参考随机效应模型，公式的结构形式与上述一致，其中随机变量 α_i 与每一个解释变量都无关，假设个体效应与其他解释变量不相关。

（3）Hausman 检验结果。

综上所述，为了对固定效应和随机效应模型进行选择，我们检验固定

效应 α_i 与其他解释变量是否相关作。其基本原则是：原假设外生变量 α_i 与其他解释变量不相关作为前提，采用 OLS 估计固定效应模型和采用 GLS 估计随机效应模型得到的参数估计都是无偏且一致的，只是前者不具有效性。因此，两者的参数估计应该不会有显著的差异，我们可以基于两者参数估计的差异构造统计检验量。

如表 5－24 所示的 Hausman 检验结果，要探讨国有股占比对公司综合绩效的影响，chi2（3）为 9.908，Prob > chi2 的 p 值为 0.019，小于 0.05，应该采用固定效应模型，探讨其他内资（境内法人）占比对公司综合绩效的影响，chi2（3）为 8.058，Prob > chi2 的 p 值为 0.045 小于 0.05，也是应该选择固定效应模型。

表 5－24　　　　Hausman 检验结果

项目	国有股	其他内资股
	Coef.	Coef.
Chi-square test value	9.908	8.058
P-value	0.019	0.045

5. 双向固定效应模型（two-way Fe）

在上述固定效应模型的基础上，还有两个需要进一步考虑的方面，一是不随时间改变的个体特征，二是不随个体改变的时间特征。因此，可以通过建立分组以计算聚类稳健标准误差并创建时间的虚拟变量，构建双向固定效应模型，公式如下：

$$y = \alpha_i + \sum_{k=2}^{k} \beta_k x_{it} + \theta_i + \gamma_t + \mu_{it} \tag{5.23}$$

由于时间维度 T 比较小，只有三年，是典型的短面板数据，每个公司发展影响数据信息较少，也难以观测，无法通过探讨来确定扰动项是否存在自相关，因此一般假设扰动项独立同分布。对所有回归系数的标准误差都要在个体层面进行聚类处理，这样就能以簇为轴，控制潜在的异方差和序列相关问题。具体做法是，使用以证券代码 code 为聚类变量的聚类稳健标准误差，在公式中用 θ_i 表示。进一步考虑不可观测的时间效应，可能有些因素在特定年份会对所有公司都同时产生影响，因此可以构建时间虚拟变量来反映时间效应的影响，在公式中用 γ_t 来表示。

为探究不同股份性质是否会对公司绩效有较大影响，从而影响回归模型，我们分别进行交互效应检验，检验结果是国有股占比和其他内资占比对非国有股份性质的公司的综合绩效有影响，但显著性不通过，因此交互效应检验的结果不能作为本研究的结论。为了增加研究的严谨性，以下分析在区分国有股占比和其他内资的前提下，还将会进一步从三个方向分析——不区分股份性质的总体情况、国有性质企业、非国有性质企业。

（1）自变量为国有股占比。

第一种情况，在不区分股份性质的样本总体中，国有股占比与企业绩效关系的双向固定效应模型如表5－25所示。

表5－25　双向固定效应模型（国有股占比——不区分股份性质的总体）

PE	Coef.	St. Err.	t-value	p-value	95% Conf Interval		Sig
state	－0.754	0.236	－3.19	0.003	－1.23	－0.279	***
lnfac	－0.55	0.168	－3.27	0.002	－0.889	－0.211	***
2017b. year	0						
2018. year	－0.037	0.079	－0.47	0.644	－0.195	0.122	
2019. year	－0.128	0.079	－1.63	0.11	－0.287	0.03	
Constant	4.116	1.219	3.38	0.001	1.664	6.568	***
Mean dependent var		－0.000		SD dependent var		0.496	
R^2		0.099		Number of obs		144.000	
F-test		5.732		Prob > F		0.002	
Akaike crit.（AIC）		76.959		Bayesian crit.（BIC）		88.838	

注：*** $p<0.01$。

由表5－25可知模型结果，在国有性质的文化传媒上市公司中，其中自变量国有股占比state系数为－0.754，且其对应的Sig值为0.003，通过了1%水平下的显著性检验。可见，在不区分股份性质的前提下，国有股占比与公司综合绩效呈现负相关关系。员工数量lnfac的系数为－0.55且p值为0.002通过了1%水平下的显著性检验，强烈拒绝原假设，因此可得员工数量与公司综合绩效呈现负相关关系。

从模型整体来看，模型调整后的R方值为0.099，虽然拟合优度较低，但是F值为5.732，且其P值为0.002，能够通过1%水平下的显著性检验，表明参数整体上是显著的，是具备一定可参考价值的。

第二种情况，在国有性质企业中，国有股占比与企业综合绩效关系的双向固定效应模型分析结果如表 5 - 26 所示。

表 5 - 26　　　　双向固定效应模型（国有股占比_国有性质）

PE	Coef.	St. Err.	t-value	p-value	95% Conf Interval		Sig
state	-0.913	0.241	-3.79	0.001	-1.415	-0.41	***
lnfac	-0.648	0.449	-1.44	0.165	-1.585	0.29	
2017b. year	0						
2018. year	0.197	0.088	2.24	0.037	0.013	0.38	**
2019. year	-0.121	0.086	-1.42	0.171	-0.3	0.057	
Constant	5.348	3.554	1.51	0.148	-2.065	12.761	
Mean dependent var		-0.036		SD dependent var		0.315	
R^2		0.455		Number of obs		59.000	
F-test		22.090		Prob > F		0.000	
Akaike crit. (AIC)		-39.003		Bayesian crit. (BIC)		-30.693	

注：*** $p<0.01$，** $p<0.05$。

由表 5 - 26 可知模型结果，在国有性质的文化传媒上市公司中，其中自变量国有股占比 state 系数为 -0.913，且对应的 Sig 值为 0.001，通过了 1% 水平下的显著性检验，具有统计学意义。可见，在国有性质的文化传媒上市公司中，国有股占比 state 与公司综合绩效 PE 负相关。从模型整体来看，模型调整后的 R 方值为 0.455，拟合优度很高，且其 P 值为 0.000，F 值为 22.09，通过 1% 水平下的显著性检验，具有统计学意义，表明参数整体上是显著的，该模型是对于该样本数据是有效的。

第三种情况，在非国有性质企业中，国有股占比与企业综合绩效关系的双向固定效应模型分析结果如表 5 - 27 所示。

表 5 - 27　　　　双向固定效应模型（国有股占比_非国有性质）

PE	Coef.	St. Err.	t-value	p-value	95% Conf Interval		Sig
state	0.695	3.814	0.18	0.857	-7.118	8.508	
lnfac	-0.576	0.205	-2.81	0.009	-0.996	-0.156	***
2017b. year	0						

续表

PE	Coef.	St. Err.	t-value	p-value	95% Conf Interval		Sig
2018. year	-0. 152	0. 111	-1. 36	0. 184	-0. 379	0. 076	
2019. year	-0. 111	0. 124	-0. 90	0. 375	-0. 365	0. 142	
Constant	3. 942	1. 426	2. 76	0. 01	1. 021	6. 863	***
Mean dependent var		0. 025		SD dependent var		0. 590	
R^2		0. 126		Number of obs		85. 000	
F-test		2. 299		Prob > F		0. 099	
Akaike crit. (AIC)		71. 620		Bayesian crit. (BIC)		81. 391	

注：*** $p<0.01$。

由表 5－27 可知模型结果，在国有性质的文化传媒上市公司中，其中自变量国有股占比 state 系数为 0. 0695，但显著性检验不通过，因此不具备统计学意义。而员工数量 lnfac 的系数为－0. 576，且其对应的 Sig 值为 0. 009，通过了 1% 水平下的显著性检验，具有统计学意义，因此可得，在非国有性质企业中，员工数量与公司综合绩效呈现负相关关系。

模型调整后的 R 方值为 0. 126，拟合优度一般，但是 F 值为 2. 299，且其 P 值为 0. 009，通过 1% 的显著性检验，表明参数整体上是显著的，该模型对于样本数据有一定可参考价值。

（2）自变量为其他内资持股占比。

第一种情况，在不区分股份性质的样本总体，其他内资持股占比与企业综合绩效关系的双向固定效应模型如表 5－28 所示。

表 5－28　双向固定效应模型（其他内资占比_不区分股份性质的总体）

PE	Coef.	St. Err.	t-value	p-value	95% Conf Interval		Sig
corp	0. 283	0. 222	1. 28	0. 208	-0. 163	0. 73	
lnfac	-0. 554	0. 185	-3. 00	0. 004	-0. 926	-0. 182	***
2017b. year	0						
2018. year	-0. 001	0. 075	-0. 01	0. 994	-0. 151	0. 15	
2019. year	-0. 065	0. 07	-0. 93	0. 358	-0. 206	0. 076	
Constant	3. 9	1. 299	3. 00	0. 004	1. 286	6. 513	***

续表

PE	Coef.	St. Err.	t-value	p-value	95% Conf Interval		Sig
Mean dependent var		-0.000		SD dependent var		0.496	
R^2		0.081		Number of obs		144.000	
F-test		2.948		Prob > F		0.042	
Akaike crit. (AIC)		79.900		Bayesian crit. (BIC)		91.779	

注：*** $p<0.01$。

由表5-28可知模型结果，在非国有性质的文化传媒上市公司中，员工数量lnfac的系数为-0.554且Sig值为0.004通过了1%水平下的显著性检验，因此可得，员工数量与公司综合绩效呈现负相关关系，该结论与前文一致。自变量其他内资占比corp的系数为0.283，但是其显著性不通过，不具备统计学意义。

第二种情况，在国有性质企业中，其他内资持股占比与企业综合绩效关系的双向固定效应模型分析结果如表5-29所示。

表5-29　　双向固定效应模型（其他内资_国有性质）

PE	Coef.	St. Err.	t-value	p-value	95% Conf Interval		Sig
corp	0.576	0.242	2.39	0.027	0.073	1.08	**
lnfac	-0.584	0.386	-1.51	0.146	-1.389	0.221	
2017b. year	0						
2018. year	0.251	0.076	3.29	0.004	0.092	0.41	***
2019. year	-0.033	0.076	-0.43	0.671	-0.191	0.126	
Constant	4.373	3.013	1.45	0.162	-1.911	10.657	
Mean dependent var		-0.036		SD dependent var		0.315	
R^2		0.403		Number of obs		59.000	
F-test		10.420		Prob > F		0.000	
Akaike crit. (AIC)		-33.663		Bayesian crit. (BIC)		-25.353	

注：*** $p<0.01$，** $p<0.05$。

由表5-29可知模型结果，在非国有性质的文化传媒上市公司中，其中其他内资持股占比corp系数为0.576，且p值为0.027通过了5%水平下的显著性检验，因此可得，在非国有性质的文化传媒上市公司中，其他内资持股占比与公司综合绩效呈现正相关关系。

从模型整体来看，模型调整后的 R 方值为 0. 403，拟合优度很高，且其 Sig 值为 0. 000，能够通过 1% 水平下的显著性检验，整体上是具有统计学意义的，该模型对于该样本数据是有效的。

第三种情况，在非国有性质企业中，其他内资持股占比与企业综合绩效关系的双向固定效应模型分析结果如表 5 – 30 所示。

表 5 – 30　　　　双向固定效应模型（其他内资_非国有性质）

PE	Coef.	St. Err.	t-value	p-value	95% Conf Interval		Sig
corp	–0. 261	0. 661	–0. 39	0. 696	–1. 615	1. 093	
lnfac	–0. 546	0. 243	–2. 25	0. 033	–1. 043	–0. 048	**
2017b. year	0						
2018. year	–0. 185	0. 109	–1. 70	0. 1	–0. 408	0. 038	*
2019. year	–0. 153	0. 163	–0. 94	0. 357	–0. 488	0. 182	
Constant	3. 875	1. 483	2. 61	0. 014	0. 837	6. 914	**
Mean dependent var		0. 025		SD dependent var		0. 590	
R^2		0. 128		Number of obs		85. 000	
F-test		2. 726		Prob > F		0. 063	
Akaike crit. （AIC）		71. 372		Bayesian crit. （BIC）		81. 143	

注：** $p<0.05$，* $p<0.1$。

由表 5 – 30 可知模型结果，在非国有性质的文化传媒上市公司中，员工数量 lnfac 的系数为 –0. 546，且其对应的 Sig 值为 0. 033，通过了 5% 水平下的显著性检验，拒绝原假设，因此可得，在非国有性质的文化传媒上市公司中，员工数量与公司综合绩效负相关，与前面一致。自变量其他内资占比 corp 的系数为 –0. 261，但也显著性不通过，不具备统计学意义。

（四）Heckman 两阶段模型分析

为了更加全面地考虑自变量影响因素，增加工具变量和辅助变量，其中工具变量选择为两个，一是总股本的自然对数（在模型中名为 lnzgb），二是根据前十大股东占比计算的股权集中度（在模型中名为 CR10），辅助变量_mn_corp 和_mn_state 是用 xtHeckman 命令所创建的辅助变量，该变量存储了所有个体平均值的外生变量。

1. 国有股占比

表5－31为采用Stata 14对48家文化传媒上市公司的国有股占比State的两阶段法的结果以及双向固定效应模型的对比，看到的结果是，逆米尔斯比率不等于零，但是未通过5%的显著性检测，因此不能证明是否存在样本选择偏误，原双向固定效应模型的结论可以继续参考。根据对比表可知，在不区分股份性质的模型中（模型1），国有股占比与公司综合绩效是负向相关的关系，且显著性通过，并且在国有性质的文化传媒公司的模型中（模型2），国有股占比与公司综合绩效也是负向相关。

表5－31　　Heckman两阶段对比结果（国有股占比）

变量		(1) All State	(2) State 000	(3) State 111	(4) Heck2sS
main	state	－0.754*** (－0.236)	0.695 (－3.814)	－0.913*** (－0.241)	－0.184 (－0.284)
	lnfac	－0.550*** (－0.168)	－0.576*** (－0.205)	－0.648 (－0.449)	－0.056 (－0.036)
	2018. year	－0.037 (－0.079)	－0.152 (－0.111)	0.197** (－0.088)	0.254*** (－0.084)
	2019. year	－0.128 (－0.079)	－0.111 (－0.124)	－0.121 (－0.086)	0.01 (－0.092)
	cons	4.116*** (－1.219)	3.942*** (－1.426)	5.348 (－3.554)	0.599 (－0.406)
EquityNa	_mn_state				3.605*** (－0.551)
	lnzgb				0.15 (－0.157)
	CR10				－0.598 (－0.8)
	cons				－3.594 (－3.346)

续表

变量		(1) All State	(2) State 000	(3) State 111	(4) Heck2sS
mills	lambda				−0.351 (−0.181)
	r2	0.099	0.126	0.455	
	N	144	85	59	144

注：括号中为标准误；** $p<0.05$，*** $p<0.01$。

2. 其他内资持股占比

表5－32为采用Stata 14对48家文化传媒上市公司的其他内资持股占比（境内法人持股和境内自然人持股）corp的Heckman两阶段法的结果以及与前面双向固定效应模型的对比，看到的结果是，其他内资持股占比（境内法人持股和境内自然人持股）corp的系数为0.529，并且通过了1%的显著性水平，强烈拒绝原假设，具有统计学意义；同时，逆米尔斯比率不等于零，也通过了1%的显著性检测，说明确实存在样本选择偏误，用Heckman两阶段法进行检测是有意义的，说明其他内资持股占比（境内法人持股和境内自然人持股）与公司综合绩效呈正相关；进一步与原双向固定效应模型进行比较可知，在非国有性质的文化传媒公司的模型中（模型3），其他内资占比与公司综合绩效呈正相关，这与Heckman的第二阶段的模型结果是一致的，进一步说明该结论的可靠性。

表5－32　　　　Heckman两阶段对比结果（其他内资）

变量		(1) Allcorp	(2) corp 000	(3) corp 111	(4) Heck2sC
main	corp	0.283 (−0.222)	−0.261 (−0.661)	0.576** (−0.242)	0.529*** (−0.195)
	lnfac	−0.554*** (−0.185)	−0.546** (−0.243)	−0.584 (−0.386)	−0.031 (−0.038)
	2018. year	−0.001 (−0.075)	−0.185* (−0.109)	0.251*** (−0.076)	0.261*** (−0.086)

续表

变量		(1) Allcorp	(2) corp 000	(3) corp 111	(4) Heck2sC
main	2019. year	-0. 065 (-0. 07)	-0. 153 (-0. 163)	-0. 033 (-0. 076)	-0. 012 (-0. 087)
	cons	3. 900 *** (-1. 299)	3. 875 ** (-1. 483)	4. 373 (-3. 013)	0. 269 (-0. 313)
EquityNa	_mn_corp				-4. 468 *** (-0. 762)
	lnzgb				-0. 118 (-0. 171)
	CR10				1. 642 ** (-0. 695)
	cons				2. 08 (-3. 593)
mills	lambda				-0. 297 *** (-0. 097)
	r2	0. 081	0. 128	0. 403	
	N	144	85	59	144

注：括号中为标准误；* $p<0.1$，** $p<0.05$，*** $p<0.01$。

（五）研究结论

1. 国有性质的文化类传媒上市公司综合绩效并非好于非国有性质公司

根据因子分析法对样本公司进行打分排名，从排名来看，综合得分排名靠前的都是民企，而国有性质的文化传媒公司的排名在后半段占多数。非国有性质的公司的盈利能力和发展能力的得分均值都高于国有性质的文化传媒上市公司，国有公司的偿债能力和经营能力相对更优；稳定性上，国有公司的盈利能力、偿债能力和经营能力的标准差相对较小，内部差距较小。总体来说，民企性质的文化传媒类上市公司绩效表现在公司之间差别相对较大。因此，根据企业绩效的综合得分，并不能得出国有性质的文化传媒公司优于非国有性质的文化传媒公司，假设 1 不成立。

2. 文化类传媒上市公司的国有资本占比与公司综合绩效呈负相关

通过构建以公司综合绩效 PE 为因变量，国有股份占比 State 为自变量，员工数量的自然对数 lnfac 为控制变量，加入总股本的自然对数 lnzgb 和股权集中度 CR10 为工具变量，以 Heckman 两阶段法进行验证，得到结论：在不区分股份性质的模型中，国有股占比与公司综合绩效呈负相关的关系，并且在国有性质的文化传媒公司的模型中，国有股占比与公司综合绩效也呈负相关。由此可得，假设 2 成立。

3. 文化类传媒上市公司的其他内资占比与公司综合绩效呈正相关

通过构建以公司综合绩效 PE 为因变量，国有股份占比 corp 为自变量，员工数量的自然对数 lnfac 为控制变量，加入总股本的自然对数 lnzgb 和股权集中度 CR10 为工具变量，以 Heckman 两阶段法进行验证，分析发现确实存在自选择性，进一步优化原回归模型。最终得到结论：在非国有性质的文化传媒公司的模型中，其他内资占比与公司综合绩效呈正相关，Heckman 的二阶段模型验证了该结论的正确性。因此，假设 3 成立。

小结

政府与市场是文化资源资本转换过程中资源配置的两大主体。本章基于文化资源配置理论，归纳总结了文化资源资本转换的三种基本资源配置模式，即以政府为主导的计划配置模式、以市场为主导的市场配置模式以及由两者不同程度组合的混合配置模式。通过分析文化资源资本转换的交易属性和资源配置模式属性，发现影响文化资源资本转换交易费用的主要因素有文化资产的专用性、交易频率、交易的信息不对称性、交易人的有限理性决策以及机会主义等。以文化资源资本转换的任务（项目）作为交易费用计量对象，采用赫克曼（Heckman）两阶段模型对文化资源资本转换资源配置模式的选择进行实证研究，从而厘清文化资源资本转换过程中政府与市场的边界，选择最优的资源配置模式。

第六章　文化资源资本转换的风险分担机制及政策选择

文化资本市场是文化市场的核心组成部分，也是文化资源价值实现的关键环节。从投资的角度来看，文化产业是典型的高风险产业，因此要保障文化资源向文化资本顺利转换，首先需要解决的是其风险分担问题。在文化资源投资开发中，建构政府、文化企业、社会投资者共同承担文化资源投资开发风险的分担机制，对保障文化资源资本转换具有重要意义。同时，进一步完善文化资源资本转换的政策支撑体系，促进文化资源价值的最终实现。

一、文化资源资本转换的风险分担机制

（一）我国文化资本市场的发展现状

文化资本市场作为文化市场的核心组成部分，发挥着为文化产业发展与壮大筹措融通资金的重大作用。文化资本市场中的相关利益主体主要包括：①作为资金需求方的文化产业企业；②作为文化产业资金供给方的投资者（包括个人投资者和机构投资者）；③作为文化资本市场监督者和管理者的政府；④为企业融资提供服务的中介服务企业。

1992 年，国务院颁布了《关于加快第三产业发展的决定》，首次提出要加快发展包括文化生产和文化服务在内的第三产业；并在同年编撰的《重大战略决策——加快发展第三产业》一书中，首次明确使用了“文化产业”的提法。在国家宏观经济政策的指导和鼓励下，我国的文化产业犹如雨后春笋般蓬勃发展起来。伴随着文化产业的快速发展壮大，文化产业对资本的需求量越来越大。然而在当时背景下，我国的文化资本市场还处于初期发展阶段，文化资本对文化产业发展的支持力度还很不足。因此，国务院常务会议 2009 年 7 月讨论并通过《文化产业振兴规划》，要求降低准入门槛，积极吸收社会资本和外资进入政策允许的文化产业领域，同时加大政府投入和税收、金融等方面的政策支持，为文化产业发展提供强有力的保障。当前，我国文化产业中的企业融资方式以银行贷款为主、证券融资为

辅，其中证券融资的主要方式是指文化企业通过上市发行股票筹措资金。

1. 我国现代文化产业快速发展

数十年来，在国家宏观经济政策和产业政策的指导以及资本市场的努力下，我国文化产业（事业）发展迅速，据国家统计局数据显示，2019 年我国文化产业总值达到44363 亿元，同比增长 7.8%。从相对规模而言，我国文化产业总值占 GDP 的比重逐年提升（见图6－1），其中，2019 年占比值为4.5%，比上年提高0.02 个百分点。从图6－1 可知，2007 年我国文化产业总值为6455 亿元，经过12 年发展，截至2019 年，我国文化产业总值达到44363 亿元，绝对数额增长近6 倍，其间复合增长率为17.43%。近十年来，文化产业增加值的增长速度明显快于同期 GDP 的增长速度，显然文化产业在经济发展中的地位越来越重要。北京、上海等发达地区的文化产业及相关产业法人单位增加值占国内生产总值的比重已超过5%，已成为区域内的支柱性产业并在经济发展中发挥着重要作用。在文化产业发展的整个过程中，资本市场扮演了重要角色。

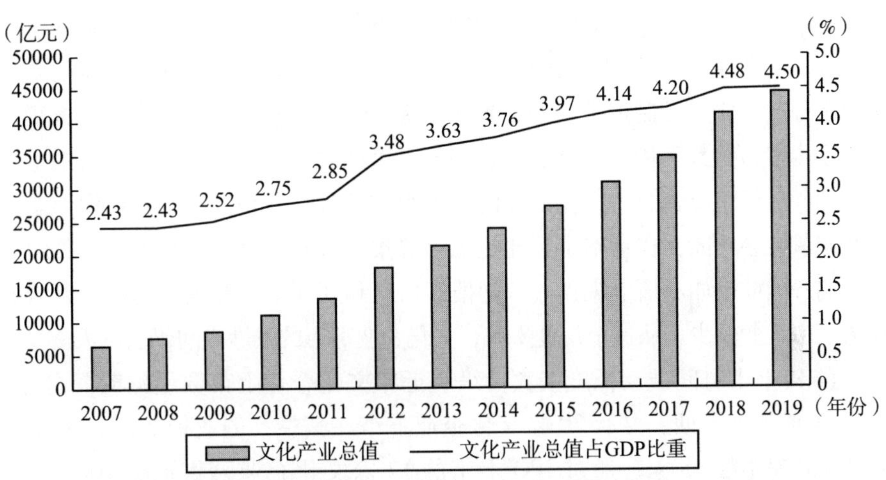

图6－1　历年我国文化产业总值及占 GDP 比重（2007～2019）

资料来源：国家统计局统计数据网站，http：//www. stats. gov. cn/tjsj/。

2. 文化企业上市现状

我国文化产业发展源于文化事业的发展。文化行业历尽“事业性单位，企业化运营”、集团化和转企改制三次大型的体制机制改革后，诞生了一大批文化企业和文化集团。这些被推向市场的文化企业和文化集团为了在市场经济的大潮中生存下来，必须借助资本的力量，谋求发展和壮大。随着我国资本市场进入形成与发展阶段，特别是上海证券交易所（以下简称“沪市”）与深证证券交易所（以下简称“深市”）成立之后，部分国有大型文化企业（集团）陆续改制上市，进入资本市场，筹集产业发展资金，解决资金短缺问题。当前，我国文化企业上市呈现以下几个主要特征：

（1）企业上市数量与募集资金总额都取得较大发展。我国文化企业尤其是传媒企业，绝大多数都是在国内 A 股上市，因此统计 A 股上市的文化企业基本能说明我国当前文化企业的上市状况。截至 2021 年 3 月 30 日，A 股共有 178 家文化企业及相关产业企业上市，占上市公司总数 4.05%，IPO 募集金额为 949.45 亿元，占 IPO 募集总金额的 3.48%。在这些上市企业中，41 家文化企业为借壳上市，137 家文化企业为 IPO 上市；沪市文化企业有 67 家，深市文化企业有 111 家。①

（2）全覆盖文化及其相关产业类别。根据《文化及相关产业分类(2018)》的行业类别划分，沪市和深市已对文化及其相关产业的 9 个大类实现了全覆盖，其中创意设计服务类 22 家、文化投资运营类 1 家、内容创作生产类 54 家、文化传播渠道类 36 家、文化消费终端生产类 20 家、文化娱乐休闲服务类 16 家、文化装备生产类 11 家、新闻信息服务 6 类家、文化辅助生产和中介服务类 12 家②。从上市先后顺序来看，早期上市的企业多以传统的景区游览服务、文化用品制造等为主，到中小板、创业板开板后，行业逐渐丰富起来，逐步覆盖到数字内容服务、广告服务、设计服务等领域。此外，从中也可以看到，虽然传媒产业是文化产业的重要组成部分，但是由于具有意识形态属性和调节社会功能，在资本市场通过上市募集资金时，会受到政策等相关因素的影响，因此诸如广播电视、互联网搜索信息和期刊出版等核心门类或领域的相关上市企业较少。从这个角度来看，文化企业上市的发展空间仍然巨大。

（3）上市时间波动幅度较大。纵观近年文化企业上市数量的时间分布，2015 年是其高峰期，共有 30 家文化企业上市。其中，创业板 7 家、中小板 8 家、沪深主板 15 家；通过 IPO 上市的 17 家文化企业募集资金 104.25 亿元。相较于 2015 年的繁荣，2013 年则受上市暂停、财务核查等政策影响，没有一家文化企业上市③。

随着发行股票成为文化企业募集资金谋求发展的重要方式，资本市场已经成为文化企业融资的重要平台。沪市上市的许多传统文化企业和非文化企业通过并购重组文化资源，实现业务转型，持续做优做强。深市已成为文化细分龙头的聚集地，汇聚了如分众传媒、完美世界等一批行业龙头。

---

①② 数据通过通达信软件细分行业分类查得。

③ 数据通过巨潮资讯网（http：//www.cninfo.com.cn/new/index）收集整理所得。

创业板则是文化创业创新的助推平台，诞生了如光线传媒、中文在线等一批明星企业。尽管我国文化企业利用资本市场筹措资金已经迈出了第一步，但是文化企业利用资本市场融通资金的体制尚未完善，文化资本市场的进一步发展与壮大仍存在诸多障碍。

3. 文化企业融资存在的主要问题

虽然当前我国文化产业发展势头迅猛，文化资本市场为文化产业发展提供了一定的支持，但是文化产业整体发展潜力并未充分挖掘，文化产业成为国民经济支柱产业的目标尚未实现，文化产业在对接资本市场中仍存在一些问题和诉求。

（1）文化上市企业融资比例较低。文化产业具有意识形态属性，属于特殊产业。文化企业在上市融资方面面临证监会和文化主管部门“双重”审核。文化主管部门监管和指导文化企业的文化价值导向和宣传报道导向时会产生两方面影响：一方面直接影响文化企业的生产内容和生产产品；另一方面对文化企业融资门槛和融资领域有严格的要求，这两方面影响直接导致大型国有传媒集团很难做到整体上市，如出版集团中的部分出版社不能纳入上市主体，报业及电视台改制时的核心资产和业务全部纳入上市主体仍存在较大困难。在此情况下，直接导致的一个后果就是，文化企业除了获得有限的政府财政支持外，很难在证券市场上融得足额资本以进行扩大生产。从目前上市的文化企业所在行业类型分布情况看，通过股票市场获得资金支持的文化企业整体上市融资规模较小，其中文化产品生产领域，如传统的出版领域和影视制作行业上市的企业相对数量较多，而文化创意、动漫游戏等文化消费领域对资金需求更大的行业获得股票市场资金支持明显不足。从文化产业基金在文化产业子行业投资比重上看，我国文化产业投资基金集中面向文化产业某些细分领域，而其他领域中具备较好发展潜力的公司则融资困难。有关数据表明，从2009年至今，文化产业基金的投资领域主要集中在影视产业，共计23起，占总案例数的43.23%，其次为旅游演艺行业，共8起，再次为网络游戏和文艺演出，整体上看，资金同质化问题严重①。

（2）社会资本进入程度低。随着经济高速发展，我国积累了巨额的民间资本，但这些民间资本却普遍游离于资本市场，且由于各种原因，大量的国外资本也被阻挡在文化产业领域之外。社会资本进入文化产业的程度

---

① 500亿文化产业基金热捧影视旅游演艺业［EB/OL］.（2015－3－4）［2022－10－11］. http：//www.szzs360.com/news/2015/3/2015_1_3702.htm.

整体较低，直接影响了文化产业通过金融支持获得发展。其原因主要在于以下方面：一是众多的大型文化企业文化项目建设周期较长、需要的资本投入偏大，民间资本进入的积极性不高，小微文化企业风险高的同时更难直接形成资金需求者和民间资本的对接；二是因为长期以来文化产业意识形态属性对国外资本的进入有着更为严格的限制条件。随着我国市场经济的深化和文化体制的改革，一些文化单位实现了由事业单位改制成企业主体的经营模式，但是我国当前文化产业领域发展强大的文化企业和主导产业依然呈现国有企业主导和国有资本主体特征，民营企业在文化产业核心企业中所占比重不大，小微企业又难以在文化领域成长和壮大。以中小企业为主体的民营文化企业由于文化产业轻资产的天然属性加上小微企业的高风险，既难以在传统银行机构获得信贷资金支持，又因为无法达到在证券交易所上市的标准进而难以实现同资本市场的对接。

（二）我国文化资本市场的风险计量

资本市场具有天然的逐利性。高收益的文化传媒类金融资产自然成为资本市场的“香饽饽”，但高收益伴随着高风险，文化投资需要了解文化资本市场风险的构成，对文化资本市场的风险要有充分的考量。

1. 文化资本市场风险构成

我国文化资本市场具有市场风险，主要包括系统性风险和非系统性风险。

（1）系统性风险。系统性风险也被称为市场风险，包括政策变化、经济周期、市场购买力变化、利率浮动、汇率波动等因素。当系统性风险出现时，市场上所有交易对象的价格都会发生变动，并波及市场上的所有交易对象。这些因素对文化资本市场中的证券价格都会产生一定的影响。

①政策变化风险。政策变化风险是指当与文化行业有关的重大政策出台时，所引起的文化企业利润的多少、方向和投资收益的变化，以及由此带来的文化资本市场的波动。例如，近年来，国家政策出台了一系列针对文化产业的减税降费政策，导致文娱行业投资热情明显高涨。

②经济周期波动风险。经济周期波动是指市场整体经济活动会按照既定的经济趋势呈现增长和下降的周期规律，文化产业深受整体经济环境的影响，在人力、交易费用、供需差异、市场购买力等方面都会随着经济趋势变化进行扩张和收缩，进而文化产业资本市场的行情也呈现出与整体经济环境相一致的周期性变化。

③金融风险。金融风险主要包括汇率风险、利率风险等方面。在投资

决策时，投资人和文化产业产权人都会对市场上的利率变化、通货膨胀、汇率波动等进行趋势分析和测算，尤其是在当前比较开放的国际投资环境中，这些因素都有可能会引发文化产业项目的金融风险。

（2）非系统性风险。非系统性风险也被称为是个别风险，指的是部分特殊事件的发生，只针对某些特别的企业或者行业的收益产生影响。这类事件是非预期的、偶发的，只会影响极少数公司，不会影响整个文化资本市场，因此属于文化资本行业中特有的风险。例如，获得了独家版权等独家优势会获得资本的青睐，又或者某一影视作品在孵化期间就因主演有太多负面新闻使得投资人血本无归。此外，更常见的如短期资金不到位、内部突发不团结等，都会影响项目的进程，甚至导致项目的失败。因此，文化产业项目投资人要充分估计各种可能的非系统性风险，及时防范并化解偶然的危机，确保项目的顺利进行。

2. 文化资本市场风险分析

在对我国文化行业资本市场风险构成进行分析的基础上，可以使用振幅分析和资产定价模型，以申万传媒指数为实证对象，上证指数为参照对象，考虑时间序列，对我国文化产业资本市场的风险特征进行分析。

（1）数据选择与来源。截至 2020 年底，虽然已有 173 家 A 股文化传媒类上市公司，总市值累计达 1. 86 万亿元，但文化传媒行业在资本市场中依然属于发展时间较短的行业，能够很好代表文化传媒类市场整体情况的指标很少，其中申万传媒指数（代码：801760）设立年份最早，涵盖文化传媒行业相对广泛。申万传媒指数是申银万国传媒行业投资指数的简称，作为申银万国行业股价系列指数旗下的一只，基于《申银万国行业分类标准》编制，用以表征传媒行业的整体股价变化的可投资指数。该指数的编制规则为：首先将样本空间中最近一年的日均成交金额处于最低的 20% 股票剔除，然后将剩余股票按照最近一年日均 A 股总市值由高到低进行排名，并选择归属于传媒行业日均总市值排名前 100 的股票构成指数成分股。

因此，本书以申万传媒指数为代表来对文化资本市场进行计量，同时选择证券市场的风向标——上证指数（代码：000001）作对比分析。时间序列范围选取近 10 年的相关数据，即 2011 年 5 月 1 日至 2021 年 4 月 30 日，共计 2433 天的申万传媒指数（见附录表 3）和上证指数（见附录表 4）的每日数值，原始数据来自 CCER 经济数据库和 CSMAR 国泰安数据库。

（2）振幅分析。在资本市场中，振幅指标用来描述股票收益率序列在一定时间内的活跃性及其程度，即某只股票在一定时间范围内，极大值与极小值之间的振荡幅度，用最高与最低价之差的绝对值与前一日股价收盘价的百分比来表示。如果某股票振幅较大，说明该股活跃性强，股票的风险较大。

设 P_n 为指数第 n 期的收盘指数，那么第 n 日振幅 F 采用当日极大值 $\text{Max}(P_n)$ 减去当期极小值 $\text{Min}(P_n)$ 后的绝对值再除以前一日收盘指数 P_{n-1} 进行计算。公式为：

$$F = \frac{|\text{Max}(P_n) - \text{Min}(P_n)|}{P_{n-1}} \times 100\% \tag{6.1}$$

根据式（6.1）计算申万传媒指数和上证指数的振幅指标，得到：采掘指数振幅均值为3.89%，方差为0.041%，深证成指振幅均值为2.82%，方差为0.023%。采掘指数与深证成指的日线振幅序列如图6－2所示。

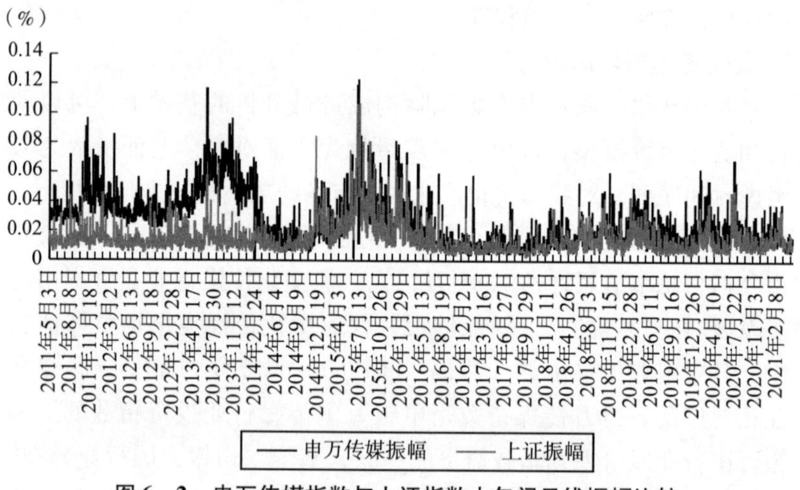

图6－2　申万传媒指数与上证指数十年间日线振幅比较

由图6－2可知，近10年来，申万传媒指数的日线振幅大部分时间都高于上证指数，尤其是2011年到2013年间，申万传媒指数的日线振幅远大于上证指数。将申万传媒指数与上证指数的序列均值和方差分别进行独立样本分析的t检验以及F统计量的假设检验，结果如表6－1、表6－2及表6－3所示。

表6－1　申万传媒指数与上证指数日线振幅双样本异方差假设t检验结果1

	数字	平均值（E）	标准偏差	标准误差平均值
申万传媒指数振幅	2433	0.026778021676942	0.017349645824427	0.000351738218051
上证传媒指数振幅	2433	0.015071347738165	0.010675931408903	0.000216394136064

表 6－2　　申万传媒指数与上证指数日线振幅双样本异方差假设 t 检验结果 2

项目	列文方差相等性检验		平均值相等性的 t 检验						
	F	显著性	t	自由度	显著性（双尾）	平均差	标准误差差值	差值的 95% 置信区间	
								下限值	上限值
已假设方差齐性	625. 068	0. 000	28. 350	4865	0. 000	0. 011706673938777	0. 000412934142719	0. 010897136486868	0. 012516211390687
未假设方差齐性			28. 347	4042. 494	0. 000	0. 011706673938777	0. 000412972391523	0. 010897020507396	0. 012516327370159

表 6－3　　申万传媒指数与上证指数日线振幅双样本异方差假设 F 检验结果 1

项目	N	平均值	标准偏差	标准误差差值	平均值 95% 置信区间	
					下限值	上限值
申万传媒指数	2433	0. 02677802167694	0. 01734964582442	0. 00035173821805	0. 02608828416996	0. 02746775918391
上证指数	2433	0. 01507134773816	0. 01067593140890	0. 00021639413606	0. 01464701192895	0. 01549568354737
总计	4866	0. 02092348204945	0. 01554669077950	0. 00022284725429	0. 02048660078797	0. 02136036331093

经检验，申万传媒指数的日振幅和上证指数日振幅两者的齐性检验结果显著性为0.00，小于0.05，说明这两组数据之间存在显著性差异。

由表6－1～表6－4可知，当置信水平为95%时，申万传媒指数振幅的均值和方差均显著大于上证指数。因此，从振幅指标来看，申万传媒指数所代表的文化传媒资本市场的风险显著高于上证指数所代表的整体资本市场风险。

表6－4　　申万传媒指数与上证指数日线振幅双样本异方差假设F检验结果－Anova

项目	平方和	df	均方	F	显著性
组之间	0.167	1	0.167	803.721	0.000
组内	1.009	4865	0.000		
总计	1.176	4866			

（3）资本资产定价模型分析。资本资产定价模型是在马柯维茨均值方差理论基础上发展起来的，是最经典的投资理论之一，在风险分析和风险资产定价领域应用广泛。该理论描述了资本市场上风险和预期回报率之间的关系模型，可给金融资产进行定价参考，亦可结合长期数据进行β系数的计算，并进一步分析某金融资产的风险构成和特征。

①计算总风险。资本资产定价模型着重分析资产的连续复合收益率，因此，采用日线收益率方差来描述资产的总风险。设P_n为第n天的收盘价，那么从第$n-1$天到第n天的收益率R_n为：

$$R_n = \ln(P_n) - \ln(P_{n-1}) \tag{6.2}$$

对上证指数和申万传媒指数的每日收盘指数进行对数收益率处理后，两者的平均值分别为0.000066466466852和0.000109494479079，标准差分别为0.019042245671359和0.013491693387903，对其进行F检验。

从表6－5、表6－6及表6－7中的检验结果可以得知，*Anova*单因素分析后，方差齐性检验的P值为0.000，小于0.05，说明在95%的置信水平下，申万传媒指数的收益率标准差显著大于上证指数，这表明以申万传媒为代表的文化传媒行业的市场风险大于整体市场水平，同时也对前面振幅指标计算得出的结论进行了进一步的验证。

表 6-5 申万传媒指数与上证指数日线收益率双样本异方差假设 F-检验结果-描述性统计

	N	最小值	最大值	均值	标准 偏差	方差
申万	2433	-0.092929265000000	0.063080881000000	0.000109494479079	0.019042245671359	0.000
上证	2433	-0.088731754000000	0.056035550000000	0.000066466466852	0.013491693387903	0.000

表 6-6 申万传媒指数与上证指数日线收益率双样本异方差假设 F-检验结果-方差齐性检验

项目		莱文统计	自由度 1	自由度 2	显著性
申万传媒指数	基于平均值	29.481	80	85	0.000
	基于中位数	11.909	80	85	0.000
	基于中位数并具有调整后自由度	11.909	80	3.408	0.022
	基于剪除后平均值	28.053	80	85	0.000

表 6-7 申万传媒指数与上证指数日线收益率双样本异方差假设 F-检验结果-ANOVA 表

项目	平方和	自由度	均方	F	显著性
组间	8592.729	2348	3.660	2.023	0.000
组内	153.786	85	1.809		
总计	8746.515	2433			

②申万传媒指数风险构成分析。CAMP 理论把某项金融资产的收益率风险分为系统性风险和非系统性风险。根据 CAMP 理论，该模型可以表示为：

$$E(R) = R_f + [E(R_m) - R_F] \times \beta \qquad (6.3)$$

其中，$E(R)$ 为期望收益率，R_f为无风险收益率，投资者能以这个利率进行无风险的借贷，$E(R_m)$ 为市场组合的收益率，β 是投资品的系统风险测度，通过对β 的计算可以反映某项资产收益率的风险构成。在计算β 系数时，实际应用中经常使用其一元线性回归来计算。表达式为：

$$R_n = \alpha_n + \beta_n R_m + \theta_n \qquad (6.4)$$

其中，R_n为风险资产的收益率，R_m为市场收益率，θ_n为回归误差项，更表达着非系统性风险的存在。用申万传媒指数收益率作为因变量，上证指数收益率作为自变量，得出结果，如表6－8、表6－9、表6－10所示。

表6－8　　申万传媒指数收益率市场模型回归计算结果－1

模型	R	R方	调整后R方	标准估算的错误
1	0.731a	0.534	0.534	1.2948602539470

注：预测变量：（常量），上证指数

表6－9　　申万传媒指数收益率市场模型回归计算结果－2

模型		平方和	自由度	均方	F	显著性
1	回归	4668.870	1	4668.870	2784.620	0.000b
	残差	4077.645	2432	1.677		
	总计	8746.515	2433			

注：（1）因变量：申万传媒指数；（2）预测变量：（常量），上证指数。

表6－10　　申万传媒指数收益率市场模型回归计算结果－3

模型		未标准化系数		标准化系数	t	显著性
		B	标准错误	Beta		
1	（常量）	0.013	0.026		0.502	0.616
	上证指数	1.033	0.020	0.731	52.770	0.000

注：因变量：申万传媒指数。

由表6－8、表6－9及表6－10可知，该模型能支持73%的情况，在95%的置信区间内，一元回归模型通过了F检验，回归系数β为1.033，且通过了t检验。1.033的结果和1十分接近，在95%的置信水平上，无法拒绝β＝1的原假设，可以认为系数是大致等于1的。

资本资产定价模型分析结果表明：从总风险角度来看，申万传媒指数总风险显著大于上证指数；但从风险敏感度来看，申万传媒指数收益率的市场敏感性与上证指数代表的整体资本市场是一致的，文化传媒资本市场的系统性风险基本上随整体资本市场的变动而变动，这表明文化传媒行业与整个资本市场的联系十分紧密。总而言之，经过实证表明，总风险中出现的显著差异更多来自非系统性风险，相较于其他行业，文化传媒行业的自身风险要高于整体资本市场风险，这也在一定程度上说明了文化资源资本转换还有很长的路要走。

（三）文化资源投资开发的风险分担机制

我国经济体制改革40余年，逐步建立了市场在经济发展过程中起基础性作用的社会主义市场经济体制。与此同时，资本市场乘着市场经济的东风，体量迅速壮大，成为市场经济的重要组成部分。资本市场为我国的产业发展提供了大量的融资需求，推动了我国的产业发展。在文化产业方面，资本市场通过提供大量融资，将文化资源巧妙地转化为文化资本，促进了文化产业的发展壮大。但是，文化产业的特殊性和政府规制的高门槛以及由此带来的高风险特性直接导致许多文化企业在文化资本市场中进行筹集的风险变大，难以筹集资金，因此需要建立完善的文化产业风险分担机制，这将有助于文化企业规避风险，降低融资风险。

在探讨文化产业风险分担机制之前，我们必须认识到，文化资源是人们从事文化生活和生产的基础和前提，如果没有文化资源，文化生产和生活就无从谈起，沦为无源之水，无根之木。文化资源是一种能够产生经济利益的精神文化内容。因此，想要生产出受众喜欢且能够产生经济效应的精神文化内容，就需要对文化资源进行前期的重点调研和评估。同时，精神文化内容属于虚拟的一次性精神产品，面市后不可能根据受众喜好进行产品纠偏，这就导致对文化资源的投资有着极大的不确定性和风险性。例如，制作一部新电影，要想知道是否卖座，只有在上映之后才知晓，但如果不卖座的话，投资方和制片方就会严重亏损。正是由于投资文化资源具有的极大不确定性和巨大风险性，使得资本市场在投资文化产业时相当谨慎，导致一些比较优秀的文化资源没有被充分开发。因此，如果想要在投资文化产业时有更高的胜算，那就需要在前期对文化资源进行全面的调研和评估。

所以，文化资源投资风险分担机制急需建构。文化资本市场中的相关利益主体主要由文化企业、社会投资者（包括个人投资者和机构投资者）、政府和提供融资服务的中介服务企业组成。围绕相关利益主体，结合世界上主要国家关于文化产业投资的经验，本书力图建立“政府—文化企业—社会投资者”三位一体的文化资源投资风险分担机制，如图6－3所示。

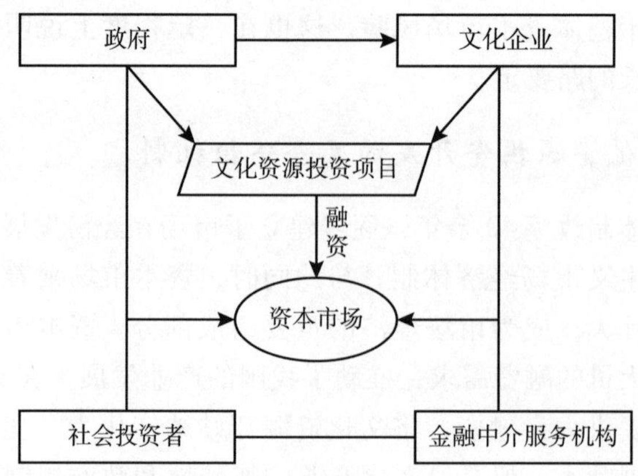

图 6-3 “政府—文化企业—社会投资者”三位一体投资风险分担机制示意

（1）政府。

文化产业是市场经济条件下繁荣发展社会主义文化的重要载体，是满足人民群众多样化、多层次、多方面精神文化需求的重要途径，也是推动经济结构调整、转变经济发展方式的重要着力点。上面提到文化产业发展的第一步，也是最为关键的一步，就是针对文化资源项目的投资调查和评估。因此，只有找到了符合市场经济规律和满足大众审美消费需求的文化资源，才能具有蓬勃的生命力。自党的十七大以来，党和政府明确提出要积极发展公益性文化事业，大力发展文化产业，激发全民族文化创造活力，更加自觉、更加主动地推动文化大发展大繁荣。党和政府是推动文化产业发展的重要力量，也是文化产业发展的监督者和管理者。对于文化资源项目的投资和融资方面，党和政府应从以下方面入手：

一是建立健全文化产业专项扶持制度，成立文化产业专项扶持资金。文化产业是繁荣社会主义文化事业的重要载体，积极发展公益性文化事业是政府义不容辞的责任。但文化资源项目投资的不确定性和高风险性，使得个人投资者和机构投资者颇为谨慎。因此，在文化资源项目投资上，政府应该担负起重任，成立文化产业专项扶持资金，建立和健全文化产业专项扶持制度，做到不以投资回报的得失为唯一目标；在制度措施上，开征文化事业建设费，鼓励对文化事业的捐赠，继续实行财政优惠政策以及建立健全专项资金制度；在扶持形式上，奖励、资助、贴息是目前大多数专项资金在扶持时采用的主要形式。据悉，我国已成立全国性的文化产业投资基金，基金规模 100 亿元，由财政部注资引导。此外，中央财政在每年投入10亿元的基础上继续大幅增加文化产业发展专项资金规模①。这一基金的成立以及专项资金规模的增加，对于文化产业的发展有着多方面的积极作用，也对于获得扶持的企业和项目及其产业的长远发展起到了不小的推动作用。

二是鼓励和吸纳非公有制经济成分参与到文化产业与文化事业发展之中。依靠政府拨款的单一的传统投资方式无法完全满足文化产业发展的资金需求。政府成立专项资金扶持文化产业的发展，只能起到示范引导的作用，要想为文化资源项目获取更多的融资，就需要鼓励和吸纳非公有经济成分参与进来，让社会资本和国家资本一起分担投资文化资源项目的风险。因此，吸收民间和社会其他资本形式进入文化市场是完善文化体制改革中投融资体制、活化文化市场的重要举措。当前，随着我国文化体制改革的进一步深入，国家也开始出台各类产业政策以吸纳非公有制经济成分参与到文化产业与文化事业发展中，逐步消除民间资本与境外资本进入文化产业领域的障碍。

（2）文化企业。

文化企业是文化产业和文化事业发展的基本单元和重要载体。在中国特色社会主义市场经济条件下，我国的文化事业具有公益性，文化产业以公有制为主，但是仍然面临着市场经济的激烈竞争。由于投入产出的不对称性和消费市场的不确定性，文化产业表现出典型的“高投入、高回报、高风险”的项目型投融资模式特点。正是这一特性使得文化企业在投资文化资源项目时比较保守，这也是文化企业难以做大做强的主要原因所在。文化企业是繁荣文化产业发展的主力军，在市场经济条件下，应勇于承担起发展文化产业的重任，在减轻文化资源项目投融资风险方面，应做到以下方面：

一是引导完善文化企业信贷机制。文化产业的高风险性使之难以获取银行贷款，此外，我国文化产业的主力为中小微企业，他们在进行银行信贷时更是困难重重。在此背景下，就需要政府有关部门加快构建现代文化市场体系，由相关部门牵头让文化企业将固定资产与知识产权共同质押获取贷款，对符合资质的文化企业贷款进行贴息，并设立文化产业资金池相互增信，发挥文化企业无形资产评估机构、担保机构等机构的中介作用。从银行方面来说，首先，要主动了解文化企业资金需求特点，创新适合文

① 李舫，杨暄．百亿基金助推文化产业［N］．人民日报，2009－07.

化企业特点的文化金融产品；其次，要建立与文化产业匹配的贷款模式，探索开展无形资产抵押、质押贷款业务；最后，要创新信贷产品，多采用文化产业集合担保贷款、供应链金融贷款、银团贷款、应收账款质押贷款，鼓励开发文化消费信贷产品。

二是推动文化企业进行混合融资。混合型融资更为灵活，也更能符合出资人要求的风险收益结果。虽然就以往来看，混合型融资的门槛较单纯的债权或股权融资门槛更高，但目前我国部分金融政策发生了一定的变化，为塑造更好的创新创业环境，提出了商业银行试点投贷联动，此外，资管新规也允许固定收益类产品投资于权益类资产，这使得商业银行的表内外资金可以去更多考虑混合融资方式。面对中小文化企业，因为其自身风险水平较高，而单纯贷款利息又不能抵补银行所承担风险，因此银行通过在贷款之外附加潜在认股权等方式既可以增加银行自身潜在收益，又能够提高银行自身放款意愿，在此方面，部分银行已经出现了初步探索。

（3）社会投资者。

这里的社会投资者主要是指社会公众，包括个人投资者和机构投资者。2011 年 10 月，《中共中央关于深化文化体制改革推动社会主义文化大发展大繁荣若干重大问题的决定》中提出，在国家许可范围内，引导社会资本以多种形式投资文化产业，鼓励文化企业和社会资本对接。2013 年中共十八届三中全会通过的《中共中央关于全面深化改革若干重大问题的决定》中则明确提出，要“鼓励非公有制文化企业发展，降低社会资本进入门槛”，强调要“建立多层次文化产品和要素市场，鼓励金融资本、社会资本、文化资源相结合”。因此，依据国家规定的相关政策，鼓励投资者参与文化资源项目的投资，并采取有效措施分担社会公众投资的风险，具体需要做到以下几点：

一要以激发民间资本和金融资本的创新力为核心点，引导民间资本和金融资本面向文化产业探索创新模式，并通过制度设计保障民间资本和金融资本平等、公平、自由地参与到文化产业投融资之中。在国家许可的文化产业领域，营造公平、公正的投融资环境，允许社会公众利用手中的社会资本参与投资。

二要完善多层次资本市场体系，健全金融资本和社会资本扶持文化产业发展的配套政策，进一步推动文化企业参与资本市场运营。对于成熟的大型文化企业应扶持其通过沪深交易所主板市场上市融资或再融资，不断增强企业创新活力；对于中小文化企业，要积极引导和支持其运用企业债券、商业票据以及中小企业集合债等融资工具，完成资金的有效融通。

二、促进文化资源资本转换的政策选择

（一）树立以价值增值为导向的文化资源开发理念，加强文化资源可资源化技术研究，提高文化资源资本转换能力

1. 树立以价值增值为导向的文化资源开发理念

1990 年西方著名经济学家波特在《国家竞争优势》中提出竞争优势发展四阶段论：要素驱动阶段、投资驱动阶段、创新驱动阶段、财富驱动阶段。其中，要素驱动阶段，即经济发展的主要动力来自廉价的劳力、土地、矿产等资源；投资驱动阶段，即以大规模投资和大规模生产来驱动经济发展；创新驱动阶段，即以技术创新为经济发展的主要驱动力；财富驱动阶段，即对人的个性的全面发展的追求，如文学艺术、体育保健、休闲旅游等生活享受的追求，成为经济发展的新的驱动力。从目前世界经济发展的状况来看，人类已经进入了创新驱动和财富驱动阶段。此外，还有研究发现，人类已经以不消耗自然资源也不损坏生态的状态在地球上生活了 300 万年，但自工业革命以来，仅仅几百年，地球上的资源已经被消耗了一半。因此，社会发展要求人类把生产目标从无限制地开发自然资源转向对文化资源的开发上。

文化资源是凝结了人类无差别劳动成果的物质或精神存在对象，在一定条件下可以进行开发，转化为文化资本，同样可以为人类创造财富。相比于自然资源开发，文化资源的开发具有绿色、高效、可持续、低消耗、多层次等特点，具有更大的开发潜力，尤其在当代社会，文化向产业化方向发展，文化产业上升到关乎一个国家文化软实力乃至捍卫国家文化安全的高度，文化资源开发的迫切性更为凸显。而要实现对文化资源的开发利用，首要的前提就是要树立以价值增值为导向的文化资源开发理念。

在社会主义市场经济体制下，产业化是实现文化资源开发价值增值的必然选择。从目的上来看，人类进行文化资源开发的最终目的就是创造财富；从文化资源自身属性上看，文化资源是一种兼具文化意识形态属性和商品经济属性双重属性的资源，这就决定了对文化资源的开发既要体现社会效益，也要追求经济效益，而只有文化资源的产业化开发才能最大化地实现社会效益与经济效益的兼顾。它既是从资源到产业的动态化的形成

“过程”，又是资源转化为产业运行的“结果”，是在文化生产发展到一定的规模，在遵循价值规律的基础上，以市场为导向，按照市场化运作、企业化经营的方式对文化资源进行整合利用，最终实现从文化资源向文化资本转化的过程或结果。根据布尔迪厄的文化资本理论，文化资本就是能够带来价值增值效应的文化资源，其本身就具有经济价值的不断增值性，处在一个不断增值的过程，能够为拥有它的个体提供诸如物质利益、符号利益等诸多好处。因而在今天，任何想要成为生动、活跃的“现在时”或“现在进行时”的文化资源都必须与市场相联系，在市场环境下经历交换、流通、服务、消费等环节，具备资本属性，成为文化商品，才能最终实现文化资源开发上的价值增值。

2. 加大文化资源可资源化技术研究

除了要树立以价值增值为导向的文化资源开发理念之外，更重要的是开展文化资源开发实践。从目前我国文化资源开发的现状来看，尽管我国文化资源储量丰富，但与一些文化产业发达的西方国家相比，开发程度明显不足，在文化产业的国际市场中长期处于文化逆差的状态。而对于已开发的文化资源，又存在着对文化资源认识不足，开发质量低、层次浅、破坏性大；缺乏合理布局，开发后劲不足；开发模式固化，缺乏创新意识；政策支持力度弱，难以落实等一系列的问题。

21 世纪的今天，要想解决这一系列的问题，最根本的途径就是加大文化资源可资源化的技术研究。科学技术就是生产力，通过科技手段一是能够强化文化资源的资本转化能力，二是能够提高文化资源的开发程度，使浅层次开发向深层次转化。

科学技术与文化从一开始就是一对孪生兄弟，人类文明的发展史在某种意义上来说就是一部科技进步史。文化的发展是建立在科学技术的发展之上的，文化的繁荣需要技术的支撑。20 世纪 90 年代，以计算机信息处理技术为标志的信息传播技术的应用带来了文化产业管理的革命，显著提高了工作效率，成为推动文化产业向更广阔领域拓展的一股重要力量，现代科技成为文化资源开发和文化产业发展的重要动力。因此，建立资源开发与现代技术的互动机制，用高新技术来改造资源开发和产业发展，是当今文化产业发展的重要趋势。

2015 年，“互联网 +”在政府工作报告中首次出现，随后一股“互联网 +”的热潮也席卷了文化领域，“互联网 + 文化”的组合无疑为文化产业带来了颠覆性的变革。在“互联网 +”时代，以互联网为代表的数字技术和信息技术，不仅极大地拓展和丰富了文化产品的表现形式和生产方式，更使文化产业获得了前所未有的大规模复制和传播能力，形成了数字文化产业，引领当代文化产业发展的新趋势。这种文化产业以创意为动力，将各种“文化资源”与互联网相结合，新兴业态层出不穷，建立了新的生产和消费方式，产生了新的产业群落，培育出新的消费人群，并以高端技术带动传统产业实现数字化更新换代，创造出惊人的经济社会价值，已逐步成为当代社会发展中的主流产业，赋予了文化创意产业新的时代内涵。例如随着科学技术进步而出现的数字博物馆，运用虚拟现实技术、三维图形图像技术、计算机网络技术、立体显示系统、互动娱乐技术、特种视效技术，将现实中存在的实体博物馆以三维立体的方式完整呈现于网络。与实体博物馆相比较，数字博物馆具有信息实体虚拟化、信息资源数字化、信息传递网络化、信息利用共享化、信息提供智能化、信息展示多样化等特点，满足了人们对文化的多样需要，是文化资源开发成功的典范。

这些新项目的成功都是源于数字技术的创新。数字技术已经成为媒体、影视、演出、娱乐、广告、出版、美术等文化产业领域在制作、传播、营销等方面离不开的重要工具，不仅为文化产业的发展开拓了新的广阔空间，而且在传播渠道、经营模式、受众以及人们的消费习惯等方面都产生了革命性的影响。伴随着数字和信息技术的进步，随之而来的网上图书、文献搜索、网络电影、网络电视、网络音乐等形式推动了文化管理载体智能化的进程，使文化产业产生了新的管理形式。

数字技术的进步与互联网的普及带来了文化创新和传播领域的重大革命，既给我们扩大文化阵地、加快文化发展提供了新手段，也为各种文化业态的变革创造了新机遇。因此，抢占高新技术与文化产业深度融合这一战略高点，对于未来加速文化产业发展具有决定性作用。

（二）根据不同文化资源类型，实施差异化的文化资源资本转换管理政策

任何一个产业的发展都离不开资金的支持，当前国家重点扶持的文化产业也不例外，但由于我国幅员辽阔，地理环境、区位、民族和经济发展状况以及文化传统等诸多方面差异迥然，不同地区文化资源的类型和特点也会有所不同，因此，投资文化产业以推进文化资源的资本转换，首先需要厘清我国文化资源的分类，才能针对不同类型的文化资源实施差异化的文化资源资本转换管理政策。

基于文化资源存在的形态，文化资源可以分为历史文化资源、民俗文化资源以及新型文化资源。其中，历史文化资源又可分为物质文化遗产资源和非物质文化遗产资源；民俗文化资源可分为饮食文化资源、岁时文化资源、人生礼仪文化资源、民俗信仰文化资源；新型文化资源种类庞杂，包括网络文化资源、校园文化资源、红色文化资源等多种类型的文化资源[①]。

首先，对历史文化资源而言，五千年的中华文明给我们留下了丰厚的历史文化资源，其中凝聚的民族精神对提升民族创造力，增强国家软实力，推动我国文化产业大发展大繁荣有着十分重要的作用。从资源禀赋上看，历史文化资源储量丰富，具体可分为物质类文化遗产和非物质类文化遗产，物质类文化遗产主要包括文物、建筑群、遗址以及一些自然资源文化景观等。这类文化资源市场潜力巨大，其可以依托自身历史文化的优势，在一定的条件下发生转化，产生高于其自身的经济价值，并带来巨大的社会效益。很多产业开发都是依托这类文化资源而繁荣发展起来的，如文化遗产与旅游业的结合带动了住宿、交通、饮食等多种产业的发展，为当地居民提供了众多的就业岗位。物质类文化遗产资源已经凭借其鲜明的特色、巨大的开发潜力、超高的投资回报率成为文化产业发展中的中坚力量。而非物质类文化遗产的情况则有所不同，非物质文化遗产是指被各群体、团体、有时为个人所视为其文化遗产的各种实践、表演、表现形式、知识体系和技能及其有关的工具、实物、工艺品和文化场所。它是一种无形的遗产资源。相比于有形遗产资源可发挥的载体作用，无形文化遗产资源只能凭借其自身的文化独特性获取价值，而文化的独特性与产业化的要求又是相背离的，正如学者徐艺乙所说，“产业化要求有规模有标准，但文化要求个性、要求独特、要求差异”“做抽水马桶，每个抽水马桶都不一样，是灾难；但做紫砂壶，每把壶都一样，也是灾难”。产业化要求市场化、规模化，与资本联系密切，追求利润的最大化。而非遗是文化，是超越私有与利润的人类共有的精神意义。要解决两者之间的矛盾，就需要建立起非遗市场化、产业化后的评估、监测、规范等管理机制与利润分配体系，在坚持文化生态整体性保护的原则下积极寻求新时代背景下非遗的生存发展空间。

其次，对民俗文化资源而言，民俗就是民间的风俗习惯，是指一个国

① 胡郑丽．文化资源学［M］．北京：光明日报出版社，2016：95.

家或民族中的广大民众在长期的历史生活过程中所创造、享用并传承的物质生活与精神生活文化，是民族文化的重要组成部分。民俗文化资源就是一种在不同的民族、地域、时代中不断形成的文化力量。它来源于民众，在民众中广泛传承，规范民众的日常生活和行为，具体包括饮食文化资源、岁时节日文化资源和人生礼仪文化资源。不管是哪一种民俗文化资源都具有意识形态和商品经济的双重属性，经过一定的整合开发利用，可以转化为各种文化产品或服务，在文化市场中发挥经济功能。因此，民俗文化资源是当前文化资源产业开发的主要对象，也是文化资源资本转换管理施策的重点对象。

最后，对新型文化资源而言，这类文化资源种类繁多，内容庞杂，无法一一论述，但概而论之，作为新型文化资源其共性在于资源开发程度低、层次浅，但资源储量丰富，因而具有极大的开发潜力，是未来文化资源产业开发的潜力股。因此，我们在制定相关文化资源开发政策时需要具有前瞻性，需要着眼未来经济社会发展和科技发展趋势，使制定的政策具有充足的韧性和延展性。

（三）构建多层次和多样化的文化资本产权交易市场，拓宽文化资源开发融资渠道

党的十九大报告指出“要健全文化产业体系和市场体系，创新生产经营机制，完善文化经济政策，培育新型文化业态”。文化产业作为生产、交换和销售精神产品的创意产业，创新是其发展的源泉。文化资源的开发和交易是促进文化产业发展的根本动力。布尔迪厄的资本理论指出文化资源本身可以创造很高的附加值，可以给资源的拥有者带来可观的效益。因此，将稀缺的文化资源进行二次创作，生产成文化产品，通过商业销售获得“产权”，便可以产生显著的经济效益，文化资本也就有了交易的机会。这就需要构建多层次和多样的产权交易市场，这样一方面能够促进文化产权交易信息的公开化，有利于增加社会大众与文化产业沟通的机会和渠道；另一方面能够拓宽文化资源的开发渠道，实现文化资源和金融资本的有效连接，形成规模的集约效应。

1. 构建文化资本产权交易市场的必要性

近年来，国家政策的支持和互联网的发展推动了文化产业的发展，刺激了文化产品的生产，文化市场日益繁荣。文化生产力的直接表现形式与典型形态就是文化产业，文化产业作为21世纪的朝阳产业，具有极大的发

展潜力，其在经济发展中所发挥的作用日益凸显。同时，互联网科技的发展也为文化产权的交易提供了新的机遇，运用互联网技术能够节省交易时间，提高资金和信息的流通，也为投资者提供更多的发展机会。因此，构建多层次和多样化的文化资本产权交易市场，探究文化资本产权交易的内在机理，可以进一步拓宽文化产品的融资渠道，促进文化产业的繁荣发展。

虽然当前文化产品与服务精彩纷呈，但高价位高品位的文化产品所有者和交易活动仍是极少数人的专利。一边是需求旺盛的文化消费，一边是入口难寻的文化市场，公众没有合理正规的交易渠道很容易陷进消费陷阱①。当下随着市场经济体制的不断完善，以及交易场所自身谋求转型升级的需要，原有产权市场正逐步从简单的国资产权、实物交易，扩展到了公共资源交易，服务于各类要素市场资源的自由流转和市场化配置。然而，传统的文化产业长期运行于金融轨道之外，文化产业在进入资本市场之后出现了失衡状态，文化资本的产权交易市场由于相关制度不完善，交易规则存在漏洞等问题，导致文化资源融资困难。此外，目前我国的文化产权交易投资风险大，文化产权范围大，管理困难，部分投资人利益受损，投诉纠纷持续不断，国务院对文化产权交易所进行全面清理整顿，文化产品的产权交易一直处于缓慢发展的状态。2020 年暴发的新冠肺炎疫情又加大了对文化消费行业的打击，增加了文化企业的经营压力，清理整顿工作还未结束，文化产权交易所的发展方向还未明确。面对这一系列的问题，未来需要继续探索文化产权交易市场如何从事符合市场及监管要求的交易业务，构建一个多层次和多样化的文化资本产权交易市场，丰富经营场所，健全市场评估体系，完善监管制度，促进文化产业的繁荣发展。

2. 完善文化资本产权交易市场

2017 年，党的十九大明确了社会主义文化建设的新战略与新征程，我国社会主要矛盾的变化对文化产业的发展提出了更高的要求，中国需要加快推动文化事业与文化产业的发展，创造多元文化产业以满足人民日益增长的文化需求。新时代下，不断更新的文化业态，日趋完善的文化产业市场和服务体系给文化产业带来了新的发展机遇，互联网技术的助力更是创新了文化产业的发展模式。未来，随着外部市场环境和政策环境逐步优化，不断建构完善“政府 + 市场”与“制度 + 技术”双重机制，构建规范有序、责任明确的运作体系，在此基础上，形成统一的文化产权交易市场，活化

① 李雪娇. 文交所：产权制度框架亟待搭牢［J］. 经济，2020（5）：122 – 124.

文化资本。

“坚持以市场主导与政府推动相结合”是我国构建文化产权交易市场的基本原则。我国现已基本建成多层次的文化产品市场，文化产权交易所的数量与规模也在逐渐增加。具体，中国注册在案的文化产权交易所共有122个，其中以2009年6月成立的上海文化产权交易所和2009年11月成立的深圳文化产权交易所为代表，搭建了以文化物权、债权、股权、知识产权等为交易对象的专业化市场交易平台。这类全国性文化产权交易所的出现为投资者及生产者提供了相对公允的交易平台，极大地便利了文化产品的交易[①]。总的来说，要想循序渐进地推进市场体系的建立，就要合理规划政府、市场、企业和产权所有者之间的关系，形成多层级和多样化的产权交易体系。首先，政府部门要充分发挥宏观调控和监管职能，及时了解文化产权市场的发展动向，加大对文化产权交易市场的政策支持，探索构建更为多元化的文化资本产权权益担保体系[②]；其次，在市场经济主导的背景下，文化产权交易市场也应当坚持“市场主导”，充分发挥市场的资源配置作用，规范知识产权交易市场中的交易主体，不断更新交易种类，丰富文化产权交易市场的交易品种，创新交易模式；同时，还应该构建完善的知识产权交易市场信息反馈机制和平台，通过网络信息手段采集产权交易主体的信用信息，实现相关信息的互通互联，以更好地约束产权交易双方行为；另外，要强化产权机构的责任意识，充分发挥中介咨询、产权评估等多方面作用，为产权顺利交易提供保障和支撑。构建多层次的文化资本产权交易市场还要坚持中国特色知识产权交易市场结构，坚持国际化平台、全国性平台和区域性平台齐头并进。国际化平台面向全球，积极建设和拓展海外交易平台，实现交易信息全球化共享；全国性平台辐射全国、发挥自身在整个国家交易市场体系中的示范作用；区域性平台立足京津冀、长三角、珠三角、西部、中部等重点区域，打造区域特色，实现三者的协调发展。同时，要实现综合化平台与专业化平台的相得益彰，综合化平台须致力于做大做强，专业化平台致力于做精做优，再利用线上平台与线下平台协同发展，充分利用“互联网+”思维，提高交易便捷性，增加市场透明度，提升市场化效率，线下平台则需提供更精准的一站式服务[③]。我们还

---

① 王曙光，雷雪飞．中国文化产业发展：打造强大文化资本的模式创新与制度支撑［J］．艺术评论，2020（2）：29－47.

② 谢雪凯．强化知识产权交易市场规范化发展的路径［J］．人民论坛，2019（24）：34－35.

③ 陈蕾，徐琪．知识产权交易市场建设态势与路径找寻［J］．改革，2018（5）：119－130.

需认识到，在中国传统文化中，有许多优秀文化值得我们传承和发扬，这些文化已经熔铸于社会生产力之中，成为经济社会发展的强劲助推器。因此，构建多样化的文化资本产权交易市场，就要不断创新交易模式、交易方式和交易品种，力争形成国有产权交易、文创资源交易、文化艺术交易、文化版权交易、文化收藏交易、非遗文化交易、文化旅游交易、广告资源交易、影视动漫交易等多品种、多功能、多元化的综合性文化产权交易市场体系①。未来，我们要继续深化制度变革，融合技术创新，进一步推动文化产业有序、规范地发展。

3. 拓宽文化资源融资渠道

目前我国文化产业取得了喜人的成绩，但融资困局仍然是文化产业面临的最大问题。市场发展不够健全和融资体系不完善所带来的投资主体单一、融资渠道不畅以及企业自身融资体系不够健全规范，文化资产价值难以评估等问题是融资困难的根本原因。因此，只有构建多样化和多层次的文化资本产权交易市场，才能拓宽文化资源的融资渠道，构建政府有效引导、企业自主融资、金融机构大力支持的三位一体的多元投融资体系②。

首先，政府要加快推进政策实施，优化融资环境，激发创意产业的投资活力。可以采用设立文创产业投资基金的方式，与风险自购和资本管理机构合作，积极吸纳社会各行业资金与海外资金来缓解企业的资金困局，构建出一套以政府基金投资为主导的多元化融资体系。同时，要建立一套有效的文化创意产业信用担保体系。中小企业融资难的主要问题在于自身的信用等级过低，政府应当积极推进中小企业投融资信用担保机构的建设，鼓励资金面向中小文创企业进行投资，全面开展多元担保业务，将政府政策、财政支持与信用担保市场化进行有机结合，助力中小企业自主融资。另外，要加快推进科技产业的创新发展，还需要充分利用大数据的优势，激活融资环境，吸引海外资金的投入。

其次，企业是发展文化产业的主力军，也是开展融资的主体。以往企业融资最直接的途径是银行贷款，但由于自身企业规模太小，导致银行贷款额度小，融资存在一定的困难。面对这个问题，中小文化企业可尝试采用公司集合债券的方式，这样既可以增强文创产业的融资成功概率，有效

---

① 程家忠．共建文化产权市场生态 助推供给侧结构性改革［J］．产权导刊，2017（3）：53－57.

② 李晟璐，杜春晶．文化创意产业融资的困局与路径分析［J］．全国流通经济，2021（1）：78－80.

拓宽融资的路径，又能降低金融风险的发生。同时，企业应当充分利用大数据拓宽融资渠道，加强自身的大数据体系构建，保持良好的信用并运用大数据进行记录，提高自身投资信赖能力；还要充分利用大数据降低资本市场对于文化产业的信息获取成本，降低企业融资门槛，提高融资效率。

最后，金融机构应当积极响应国家政策，增强对文化产业的投资额度。金融机构可以为文化产业设置专门的融资通道，研发特色金融产品，不断优化信贷产品体系，为文化产业的发展提供强大的资本支持①。

在文化产业高速发展的背景下，文化资本产权交易也将会有一个很好的发展平台，但是还需要政府、企业和相关机构共同努力，推进文化资本交易市场的有序、规范发展，进而拓宽文化资源的融资渠道，促进文化资本的有效转化和文化产业的繁荣发展。

（四）建立文化产业投资基金，充分发挥财政资金的引导作用，调动文化企业及社会资本投资的积极性

2020 年 9 月 17 日，习近平总书记在湖南长沙考察时提出：“谋划‘十四五’时期发展，要高度重视发展文化产业。”② 而文化产业的发展要从健全现代文化产业体系入手，培育壮大文化市场主体，完善文化投融资体系，从而提高文化产业的规模化、集约化和专业化水平。随着政府对文化产业鼓励政策的陆续落地，文化产业已逐渐成为经济增长的新动能和新引擎。目前我国的文化产业主要还是依赖创意发展，具有低门槛、轻资产的特点，存在着企业规模小、可获取资源低、抗风险能力差等问题。因此我们应该认识到金融对于文化产业发展的重要性，积极设立文化产业投资基金，一方面发挥财政资金的引导作用，另一方面充分调动文化企业和社会资本的积极性，给文化产业带来资金活水，引入资本、技术、人员等要素，加速促进文化产业的高质量发展。

1. 文化产业投资基金的整体发展

近年来，国家出台多项政策，支持设立文化产业投资基金来推动文化产业的发展。早在 2009 年 7 月，国务院印发的《文化产业振兴规划》中就提到，要由中央财政注资引导，通过吸收国有骨干文化企业参与以及大型

---

① 李晟璐，孙阳. 基于大数据的创意产业多元化融资体系构建［J］. 经济研究导刊，2021（8）：126－128.

② 习近平在湖南考察时强调 在推动高质量发展上闯出新路子 谱写新时代中国特色社会主义湖南新篇章［N］. 人民日报，2020－09－19.

国有企业和金融机构认购的方式，成立中国文化产业投资基金①。2011 年，由财政部联合 3 家国有企业共同发起成立了中国文化产业投资基金，采取股权投资形式，主要集中投资在文化产业细分领域。2012 年 6 月，文化部出台相关文件，提出要鼓励民间资本以投资的形式进入文化产业领域。2016 年 7 月，中央宣传部等五部委联合出台《关于深化国有文化企业分类改革的意见》，鼓励有条件的地方设立国有文化资本投资基金②。2020 年，中国文化产业投资母基金在北京正式成立，以政府引导资金撬动，吸引各方资本投入，通过市场化运作、专业化管理，支持文化企业改制重组和并购，促进文化资源整合和产业结构调整，推动文化产业高质量发展③。目前，我国的文化产业投资基金的设立模式主要有三种：第一，政府作为投资主体设立的文化产业投资基金，如中国文化产业投资基金等；第二，文化公司成立的文化基金，如阿里巴巴集团牵头设立的文化产业基金等；第三，创投机构成立的投资基金，如海通证券与多家公司共同成立中美文化产业发展投资基金等。

2. 政府文化产业投资基金的发展

政府文化产业投资基金是通过发挥财政资金压舱石和风向标的作用，以股权投资方式通过非公开募集资本，由专业团队负责管理，进行市场化运作、专业化管理的一种股权投资基金。从我国政府文化产业投资基金的现状来看，目前还存在着资本供需结构失衡、基金内部管理机制未健全和外部运行环境不完善等问题④。政府的投资基金依然向大规模、较稳定的文化企业倾斜，而中小企业难以得到政府基金的支持，资源分配不够合理。此外，政府文化产业投资基金设计结构不够合理，缺乏合理的退出机制，还没形成比较完善的市场体系，财政和税收政策没有完全发挥引导作用等问题，这都会阻碍其发展。

未来，要完善我国政府文化产业投资基金运行机制，发挥其财政引导作用，需要做到以下几点。首先，国家要出台针对文化投资资金的财政和税收政策，明确基金功能定位，使政府文化产业投资基金与国民经济占比相当的相关产业投资基金规模大体一致，同时基金要向重点产业倾斜，比

---

① 陈伟．关于设立文化产业基金的模式分析及建议［J］．职业，2019（8）：120－121.

② 朱建程，马婕．我国文化产业引导基金的实践思考及政策建议［J］．清华金融评论，2020（10）：39－41.

③ 中国文化产业投资母基金助推进文化产业改革发展［J］．青年记者，2020（34）：11.

④ 朱尔茜．政府文化产业投资基金：基于公共风险视角的理论思考［J］．财政研究，2016（2）：104－112.

如数字出版、文化创意和动漫游戏等。其次，要规范基金治理结构，政府在保证财政资金安全的情况下，通过一定的让利手段引导基金的投向，让中小企业也得到融资机会。另外，各级政府应当适应当前发展局势，结合地方实际推动制度建设，为文化产业发挥增加新动力。

3. 文化企业和地方资本投资的发展

党的十八届三中全会通过的《中共中央关于全面深化改革若干重大问题的决定》明确提出要“鼓励非公有制文化企业发展，降低社会资本进入门槛”，强调要建立多层次文化产品和要素市场，鼓励金融资本、社会资本、文化资源相结合，为社会资本进入文化产业提供了强有力的支持。随着文化体制改革的不断深化，文化产业的发展也迎来黄金期，社会资本实力雄厚且具有较强的灵活性，鼓励社会资本，特别是民间资本进入文化产业将促进文化集团上市步伐，有利于文化产业未来发展。在多项国家政策的扶持下，文化企业融资渠道也呈现出多样化特征，中小型和微型企业通过贷款进行融资，许多文化企业通过私募股权开展融资活动，还有一些大型文化企业通过上市进行融资，文化产业随着资本市场的加持获得了快速的发展。

从文化企业融资和社会资本涌入的发展现状来看，资本市场的进入在推动文化产业发展的同时，也还面临着一定的问题。首先，我国文化产业基础薄弱，整体实力不强且发展不均匀，大型文化企业都集中在发达城市，这就导致社会资本进入文化产业结构不合理，中小城市的中小文化企业得不到资本支持，无法获得长远发展。其次，社会资本对文化产业的认知不足，文化产业多属于知识性、创意型产业，文化产业的资金需求一般都是出现在前期筹建阶段，运转得当后才能收获效益，投资风险大，回报周期长，如果运转不当，那么可能造成大量资金投入的产品无法被市场认可，造成巨大损失①。另外，我国目前有大量的中小企业，其经营能力和抵御风险能力较弱，缺少银行信贷所要求的固定资产、不动产等传统抵押物，这些都会使得社会资本的进入呈观望态度。最后，虽然近年来不断出台一系列鼓励和支持文化产业发展的政策和规划，但在政策制定和落实上还存在很多的问题，例如政府政策创新力不足、吸引力不够、缺乏权威的评估标准和体系，这导致文化产业和社会资本难以对接，此外还有相关法律法规

① 潘姬熙．促进温州社会资本进入文化产业的对策研究［J］．管理观察，2018（35）：43－48.

还未完善，投资者权益无法得到保障等问题，这都影响了社会资本投资的积极性。

国内外文化产业的发展历史表明，一个国家或地区的文化产业发展到一定阶段就需要进入资本市场，由此观之，促进社会资本进入文化产业是发展的必经之路。因此要想促进社会资本进入文化产业，首先从政府层面来看，要加强对文化产业的总体发展战略布局，发挥宏观调控作用，为社会资本进入文化产业营造良好的投资环境。政府应该整合优质资源，优化产业结构，扩大对中小企业的资金支持力度，促进文化产业的均衡发展，引导社会资本进入文化产业，同时也要完善社会资本的退出机制，从而提高社会资本的投资积极性。另外，政府还要搭建多层次融资平台，探索新型融资模式，完善信息沟通共享平台，通过建立数据库为社会资本和银行进入文化企业提供参考和评估信息，形成畅通的政银企沟通平台①。其次，从金融机构来看，要构建支持体系并提供优质服务，完善金融配套机制，建立共享文化企业信用记录数据库，为社会资本的进入提供参考②。另外，还要完善无形资产评估体系，完善文化企业信用担保制度，为社会资本进入文化市场提供保障。最后，从文化企业来看，要不断创造自身潜在价值，提高吸纳优质社会资本的能力。我国有丰富的文化资源，也有很多具有发展潜质的中小文化企业。企业应当根据自身特点，依托科学技术加快转型升级，打造有特色的文化品牌，构建自身核心竞争力和吸引力。同时，企业也要重视自身信用建设，在日积月累中建立良好的信用体系。另外，企业要认识到文化产业的发展关键还是在于创造文化价值，企业应当不断提高创新能力，提高文化产品的潜在价值，进而吸引更多的优质社会资本进入文化产业之中。

资本进入文化行业，将文化产业发展带入了一个机遇与挑战并存的新时代。一方面，政府设立文化产业基金为文化产业发展提供了强有力的保障，灵活性的社会资本为文化产业发展注入了新的活力。但另一方面，我国文化产业融资体系还存在着一定的问题，未来政府需要进一步完善相关政策，发挥财政资金的引导作用，金融机构要完善自身服务体系，文化企业要不断提升自身的实力，结合自身发展实际适时调整发展策略，推动企

---

① 李怡飞，贾毅．广州文化产业社会资本利用的问题及对策研究［J］．城市观察，2020（6）：150－160．

② 李晟璐，杜春晶．文化创意产业融资的困局与路径分析［J］．全国流通经济，2021（1）：78－80．

业提质提效，变革升级，创造更大的文化价值，提高社会资本投资的积极性。

（五）厘清政府与市场职能边界，合理选择资源配置主导模式，提高文化资源资本转换效率

我国文化资源丰富，且不乏可资本化的文化资源，但文化资源占有的多寡并不决定着文化资源资本化程度的高低。文化资源要转化为文化资本需要实现两大转化：一是文化资源的资产化；二是从文化资产转换为文化资本，实现真正的产业化、规模化与社会化①。只有使文化资源活化为文化产品或服务，才能在生产、流通和消费过程中通过产业运营实现文化价值增量效应。为此，需要厘清文化资源资本转换过程中政府与市场的边界，合理选择文化资源资本转换的资源配置主导模式，提高文化资源资本转换效率。

1. 政府职能

社会主义市场经济是社会主义基本制度与市场经济的有机结合，是决定我国政府与市场关系的基本制度约束。要从法律上给政府职能设定边界，加强对政府权力的制约和监督，健全政府决策程序制度，实现程序、责任法定化，禁止政府干预的随意性，优化政府服务，这是处理好政府与市场关系的关键，也是优化市场环境，让市场经济高效、有序运行的重要保障②。

（1）构建完善的产业政策。

文化产业的发展，离不开完善的产业政策体系。政府要通过制定产业、融资、税收、人才等政策来保障文化资源的资本转换，包括以下几个方面：一是政府要尽快制定金融相关政策，促进文化资源与金融资本对接，如鼓励金融机构为文化企业提供信贷服务以解决文化企业信贷难的问题，引进风险投资公司解决文化企业成长资金的问题，帮助成长迅速的文化企业通过股权运营上市融资，解决龙头企业培育的问题等；二是实施税收优惠政策，针对性地给予文化企业纳税人税收方面的照顾，减轻其税收负担和运

---

① 罗君名．民族旅游资源资本化研究［J］．贵州社会科学，2019（2）：161－168.

② 李义平，王梅梅．新形势下如何更好处理政府和市场的关系［J］．中国党政干部论坛，2020（6）：54－57.

营成本，并通过补助、贴息、奖励等手段多方面支持文化企业的发展[①]；三是强化人才培养与优惠，解决文化产业高端人才缺乏问题，具体来说，首先，明确培养的人才范围，培养媒体艺术人才、传统技术传承人、艺能人才、其他各种文化艺术人才，以及各类管理、经营人才[②]，其次还要加大对科研院所和高校在文化产业人才培养方面的政策和财政支持，同时加大人才引进和培训力度，使高端文化人才引得进也留得住[③]。

（2）加强文化知识产权保护。

文化资源资本转化的过程离不开政府对产权的保护。对于文化产业而言，产权便是文化资源资本转换的结果。因而政府必须加强对文化市场的监管，强化文化知识产权保护，为文化资源资本转换营造良好的市场氛围。政府需要做到以下方面，一要建立健全文化产业知识产权保护政策法规，加强对文化市场的监管力度与执法力度，如数字化、网络社会的著作权制度，以及权力不明的著作权运用[④]；二要大力宣传知识产权保护各项政策法规，提升全民知识产权保护意识，保护创作者合法权益；三要引导专业法律机构入驻文化产业园区，为园区内的文化企业提供知识产权相关的法律咨询和服务。

（3）推进相关部门协同作战。

加快构建政府相关部门间的协同机制，提高文化资源市场配置效率。建立政府部门间的联席会议机制，发挥文化旅游部门的牵头作用，加强与教育、卫生、土地、税务、财政、民政等部门间的协商联络，形成各部门与各层级间责任明确、措施有力、联动高效的格局[⑤]。

2. 市场职能

我国经济体制改革从市场在资源配置中起基础作用到市场在资源配置中起决定作用，再到坚持要素市场化配置原则，在此过程中，我国资源配置和微观经济活动已经转向主要依靠市场调节。在文化资源资本转换过程

---

① 饶世权．日本的文化产业政策及其对我国的启示［J］．出版科学，2020，28（3）：114－122.

② 文化芸術の振興に関する基本的な方針［R］．閣議決定，2002，2007，2011，2015.

③ 郭娅娟．企业科技创新中的地方政府职能分析——以淮安市为例［J］．企业经济，2012，31（2）：184－186.

④ 165 熊花．文化产业转型升级中的地方政府职能创新研究［J］．企业经济，2014，33（12）：131－134.

⑤ 白杨，蔡朋龙．国外公共体育资源市场化配置中的政府职能研究［J］．西安体育学院学报，2021，38（2）：148－152.

中，要让市场处理和传递巨量经济信息，并有效激励经济活动主体。

（1）市场决定生产什么。

首先，生产者按消费者需求和市场需要进行生产。在我国丰富的文化资源中到底哪些值得转化为文化资本，应交由消费者通过货币选票来选择，再由企业自主筛选符合市场需要的物质或精神文化资源，将其纳入企业内部生产开发，形成市场所需的文化产品与服务。与此相应，就需要政府降低甚至取消对相关生产部门的审批门槛。

（2）市场决定如何生产。

在经营方式上，由充分竞争的市场环境选择最先进、高效、经济的经营方式与方法①。优胜劣汰，既要淘汰产能过剩、产能落后的企业，也要淘汰效率低下，回报率低的技术，激励企业主体自主创新，提高资源配置效率。对于政府而言，则应打破政府保护和垄断，改变国企政府“一家亲”的局面，杜绝企业政治寻租，让政策向能充分发挥文化资源价值的企业倾斜。

（3）市场决定生产成果分配。

生产成果的分配应取决于各种生产要素市场上的供求关系。要让最稀缺的资源得到最有效的使用并且能增加有效供给，也要让最丰裕的资源得到最充分的使用。因此要让文化产业的各种要素都进入市场，在市场上形成要素价格，反应生产要素稀缺性并调节要素供求关系，特别是让原本集中在政府手中可以放开的文化产权进入市场，让要素报酬取决于要素市场供求，避免要素错配和低效率组合。

（4）市场激励企业主体。

市场的作用还在于为经济活动主体提供有效的激励机制，从而平衡供求，有效配置资源。《中共中央 国务院关于构建更加完善的要素市场化配置体制机制的意见》指出，要以要素市场化配置改革为重点，实现产权有效激励、要素自由流动、价格反应灵活、竞争公平有序、企业优胜劣汰。要实现产权有效激励，首先要保障的便是产权在企业和部门间的自由流动，产权通过市场流转，利用市场手段，交易文化资源产权（所有权、经营权、承包权等），由市场效率决定产权定价与流动方向；其次，需要通过产权结构重组，存量结构调整，优化文化资产质量，提高要素配置效率，让低效

---

① 洪银兴．关于市场决定资源配置和更好发挥政府作用的理论说明［J］．经济理论与经济管理，2014（10）：5－13．

率部门和企业的文化资源在并购与重组中向高效率的文化企业集中[①]，让文化资源充分活化，形成具有价值增值的相关产品与服务。政府所要做的相应改革就是显著缩减甚至取消相关企业经营活动的行政审批，打破各要素进入市场的障碍。

市场经济是市场配置资源的经济体制，是由产权明晰的市场主体自主决定生产什么、生产多少、怎样生产和为谁生产，商品和要素自由流动、平等交换。在这一过程中价值规律起决定性作用，价格在市场公平竞争中形成，充分反映资源的稀缺程度和供求状况。政府在资源市场化配置中要摆脱以往主导者的角色，转变成为服务者、合作者，解决文化资源资本转化过程中审批烦琐、监管不到位、资源错配等问题的存在。淡化政府干预，尊重市场规律，以提高资源配置效力，最大限度地满足人们对文化服务与文化产品的需求。

小结

本章通过对我国文化资本市场现状及风险结构的分析，发现资本的逐利性以及文化产业的高风险与高收益性使得文化企业利用资本市场进行文化资本融资成为可能。因此，提出政府、文化企业、社会投资者应共同承担文化资源投资开发风险，并构建文化资源投资开发风险分担机制，以保障足量资金持续地投入到文化资本市场。在此基础上，进一步构建多层次和多样化的文化资本产权交易市场，建立文化产业投资基金，合理选择资源配置主导模式，实施差异化的文化资源资本转换管理政策，提高文化资源资本转换能力和转换效率，最终实现文化资源价值。

① 洪银兴．实现要素市场化配置的改革［J］．经济学家，2020（2）：5－14.

主要参考文献

［1］埃里克·弗鲁博顿，鲁道夫·里希特．新制度经济学：一个交易费用分析范式［M］．上海：上海人民出版社，2006.

［2］艾尔文·古德纳．知识分子的未来和新阶级的兴起［M］．顾晓辉，蔡嵘译．南京：江苏人民出版社，2006.

［3］B. 约瑟夫·派恩，詹姆斯·H. 吉尔摩．体验经济［M］．北京：机械工业出版社，2002.

［4］白杨，蔡朋龙．国外公共体育资源市场化配置中的政府职能研究［J］．西安体育学院学报，2021，38（2）.

［5］保罗·萨缪尔森，威廉·诺德豪斯．经济学（第十七版）［M］．萧琛译．北京：人民邮电出版社，2004.

［6］北京市科学技术研究院．北京蓝皮书：北京文化发展报告（2019－2020）［M］．北京：社会科学文献出版社，2021.

［7］布迪厄．文化资本与社会炼金术［M］．上海：上海人民出版社，1997.

［8］陈骅．论文化资源价值的外部特征［J］．三江学院学报，2010（4）.

［9］陈敬贵，曾兴．文化经济学［M］．成都：四川大学出版社，2014.

［10］陈蕾，徐琪．知识产权交易市场建设态势与路径找寻［J］．改革，2018（5）.

［11］陈庆德．民族文化资本化论题的实质与意义［J］．云南大学学报（社会科学版），2004（2）.

［12］陈伟．关于设立文化产业基金的模式分析及建议［J］．职业，2019（8）.

［13］陈彦．中国文化 IP 产业发展报告［EB/OL］．https：//m.sohu.com/a/256657673_114200.

［14］D. 思罗斯比．经济学与文化［M］．王志标，张峥嵘译．北京：中国人民大学出版社，2011.

[15] D. 思罗斯比. 文化经济学 [M]. 台北: 台北典藏文化家庭有限公司, 2003.

[16] 程恩富. 文化生产力与文化资源的开发 [J]. 生产力研究, 1994 (5).

[17] 程家忠. 共建文化产权市场生态 助推供给侧结构性改革 [J]. 产权导刊, 2017 (3).

[18] 丛立先. 我国著作权法总体趋向与优化进路 [J]. 中国出版, 2020 (21).

[19] 大卫·赫斯蒙德夫. 文化产业 [M].3 版. 北京: 中国人民大学出版社, 2016.

[20] 戴维·克劳利, 保罗·海尔. 传播的历史: 技术、文化和社会 (第五版) [M]. 北京: 北京大学出版社, 2011.

[21] 单铭磊. 地理聚集与文化认同: 区域文化资源产业化与可持续发展研究 [J]. 山东社会科学, 2016 (12).

[22] 邓诗鉴, 郭国庆, 周健明. 品牌联想、品牌认知与品牌依恋关系研究 [J]. 管理学刊, 2018 (1).

[23] 丁赛, 王国洪, 王经绫, 冯伊. 民族地区县域文旅产业发展指标体系的构建和分析 [J]. 民族研究, 2019 (2).

[24] 段进朋, 许道荣. 试述我国资源资本化过程中的产权问题 [J]. 经济问题探索, 2008 (7).

[25] 范周. 从"泛娱乐"到"新文创","新文创"到底新在哪里——文创产业路在何方? [J]. 人民论坛, 2018 (8).

[26] 付英. 论矿产资源、资产、资本一体化管理新机制 [J]. 中国国土资源经济, 2011 (4).

[27] 葛家澍. 资产概念的本质、定义与特征 [J]. 经济学动态, 2005 (5).

[28] 顾阳芹, 时平. 关于当代文化资源概念的界定 [J]. 特区经济, 2016 (3).

[29] 郭娅娟. 企业科技创新中的地方政府职能分析——以淮安市为例 [J]. 企业经济, 2012, 31 (2).

[30] 郭媛, 卫亚东, 王晓琪. 媒体融合发展中科技期刊版权保护路径探析 [J]. 编辑学报, 2020 (10).

[31] 国家统计局. 文化及相关产业分类 (2018) [EB/OL]. http: //

www. stats. gov. cn/tjsj/pcsj/jjpc/4jp/zk/html/zb0103. htm，2018 - 05 - 09.

[32] 赫尔南多·德·索托．于海生译．资本的秘密 [M]．北京：华夏出版社，2007.

[33] 洪银兴．关于市场决定资源配置和更好发挥政府作用的理论说明 [J]．经济理论与经济管理，2014 (10).

[34] 洪银兴．实现要素市场化配置的改革 [J]．经济学家，2020 (2).

[35] 胡惠林．论政府与文化市场的关系 [J]．长白学刊，2014 (3).

[36] 胡惠林．文化产业概念 [M]．昆明：云南大学出版社，2005.

[37] 胡惠林．文化经济学 [M]．上海：上海文艺出版社，2003.

[38] 胡娜．"文化资本"理论对我国文化艺术管理活动的启示 [J]．华北电力大学学报（社会科学版），2015 (3).

[39] 胡卫萍，胡淑珠．我国文化资源资本化现状及投融资路径 [J]．企业经济，2016 (7).

[40] 胡兆量．文化资源论 [J]．城市问题，2006 (4).

[41] 胡郑丽．文化资源学 [M]．北京：光明日报出版社，2016.

[42] 黄庆．文化资源的资本转换刍议 [J]．山东社会科学当代文坛，2011 (4).

[43] IASC. 国际财务会计与会计准则 [M]．孙又奇等译．北京：中国物资出版社，1993.

[44] 蒋萍．文化冲突视野中的"和而不同"观与后殖民主义理论 [J]．北京科技大学学报（社会科学版），2018，34 (3).

[45] 蒋正举．"资源—资产—资本"视角下矿山废弃地转化理论及其应用研究 [D]．徐州：中国矿业大学，2014.

[46] 解学芳，盖小飞．技术创新、制度创新协同与文化产业发展：综述与研判 [J]．科技管理研究，2017 (4)

[47] 解学芳、臧志彭．国外文化产业财税扶持政策法规体系研究：最新进展、模式与启示 [J]．国外社会科学，2015 (4).

[48] 柯惠新，沈浩．调查研究中的统计分析方法 [M].2 版．北京：中国传媒大学出版社，2005.

[49] 李澄．日本动漫产业运作模式在中国的可行性探究与前景展望 [D]．西安：西安建筑科技大学，2016.

[50] 李舫，杨暄．百亿基金助推文化产业 [N]．人民日报，2009 - 07.

[51] 李峰，曹克瑜．陕西产业集群发展战略研究 [M]．北京：中共中央党校出版社，2007.

[52] 李嘉图．郭大力，王亚南译．政治经济学及赋税原理 [M]．北京：商务印书馆，1962.

[53] 李晟璐，杜春晶．文化创意产业融资的困局与路径分析 [J]．全国流通经济，2021 (1).

[54] 李晟璐，孙阳．基于大数据的创意产业多元化融资体系构建 [J]．经济研究导刊，2021 (8).

[55] 李涛．“文化资本”与文化生产者的定位 [J]．艺术百家，2007 (1).

[56] 李维华，韩红梅．资源观的演化及全面资源论下的资源定义 [J]．管理科学文摘，2003 (2).

[57] 李雪娇．文交所：产权制度框架亟待搭牢 [J]．经济，2020 (5).

[58] 李怡飞，贾毅．广州文化产业社会资本利用的问题及对策研究 [J]．城市观察，2020 (6).

[59] 李义杰．媒介与文化资本——基于中国武术文化资源资本转换的研究 [D]．杭州：浙江大学，2012.

[60] 李义平，王梅梅．新形势下如何更好处理政府和市场的关系 [J]．中国党政干部论坛，2020 (6).

[61] 李银兵．从文化到资本：民族文化资本化的条件初探 [J]．前沿，2010 (15).

[62] 刘滨谊，张琳．旅游资源资本化的机制和方法 [J]．长江流域资源与环境，2009，18 (9).

[63] 刘吉发．文化产业学 [M]．北京：经济管理出版社，2005.

[64] 刘晓春．谁的原生态？为何本真性——非物质文化遗产语境下的原生态现象分析 [J]．学术研究，2008 (2).

[65] 刘宗碧．“原生态文化”问题及其研究的理论辨析 [J]．原生态民族文化学刊，2009，1 (3).

[66] 卢明明．PPP 项目运作与资产证券化 [M]．北京：中国铁道出版社，2018.

[67] 鲁忠慧．关于宁夏文化资源资本化的理论思考 [J]．北方民族大学学报（哲学社会科学版），2012 (3).

[68] 陆扬，王毅．文化研究导论（修订版）[M]．上海：复旦大学出版社，2015.

[69] 陆扬．文化定义辨析 [J]．吉首大学学报（社会科学版），2006 (1).

[70] 吕庆华．文化资源与产业开发 [M]．北京：经济日报出版社，2006.

[71] 罗君名．民族旅游资源资本化研究 [J]．贵州社会科学，2019 (2).

[72] 罗纳德·H. 科斯等．财产权利与制度变迁：产权学派与新制度学派译文集 [M]．刘守英等译．上海：格致出版社，2014.

[73] 马素伟，范洪．"城市文化资本"指标体系构建及其测度研究——以江苏省为例 [J]．江西农业大学学报（社会科学版），2012 (3).

[74] 马忠民．投资理论与实务 [M]．大连：东北财经大学出版社，2018.

[75] 玛丽亚·杨森－弗比克，格达·K. 普里斯特利，安东尼奥·P. 罗素．孙业红，闵庆文主译．旅游文化资源：格局，过程与政策 [M]．北京：中国环境出版社，2010.

[76] 米子川．文化资源的时间价值评价 [J]．开发研究，2004.

[77] 牛宏宝．文化资本与文化（创意）产业 [J]．中国人民大学学报，2010，24 (1).

[78] 潘姬熙．促进温州社会资本进入文化产业的对策研究 [J]．管理观察，2018 (35).

[79] 庞朴．文化的民族性与时代性 [M]．北京：中国和平出版社，1988.

[80] 裴小革．劳动价值论及相关理论的演变和比较 [J]．劳动经济研究，2016，4 (2).

[81] 彭兰．智能时代的新内容革命 [J]．国际新闻界，2018 (6).

[82] 秦淑娟，李邦君．文化经济规律研究 [M]．上海：上海财经大学出版社，2013.

[83] 饶世权．日本的文化产业政策及其对我国的启示 [J]．出版科学，2020，28 (3).

[84] 萨伊．政治经济学概论 [M]．陈福生，陈振骅译．北京：商务印书馆，1963.

［85］申琳．泛娱乐时代我国儿童 IP 运营研究［D］．长春：吉林大学，2020.

［86］申维辰．评价文化：文化资源评估与文化产业化评价研究［M］．太原：山西教育出版社，2005.

［87］沈满洪，张兵兵．交易费用理论综述［J］．浙江大学学报（人文社会科学版），2013，43（2）.

［88］施炎平．从文化资源到文化资本——传统文化的价值重建与再创［J］．探索与争鸣，2007（6）.

［89］苏卉，王丹：基于数字技术的大遗址区文化资源的活化策略研究［J］．资源开发与市场，2016（2）.

［90］苏平．美国知识产权资产评估方法选择及其启示——以我国上市公司的知识产权资产评估为视角［J］．知识产权，2010（5）.

［91］苏为华．多指标综合评价理论与方法问题研究［D］．厦门：厦门大学，2000.

［92］孙粤文．文化资本化、资本文化与文化软力量提升［J］．中华文化论坛，2013（12）.

［93］W．尼科尔森．朱幼为等译．微观经济理论陪着基本原理与扩展（第 9 版）［M］．北京：北京大学出版社，2008.

［94］汪应洛．系统工程［M］.2 版．北京：机械工业出版社，2001.

［95］王广振，曹晋彰．文化资源的概念界定与价值评估［J］．人文天下，2017（7）.

［96］王书文，骆岩红，黄伟，杨筱平，贾建芳：敦煌壁画数字图像修复中遇到的挑战［J］．西北民族大学学报（自然科学版），2009（6）.

［97］王曙光，雷雪飞．中国文化产业发展：打造强大文化资本的模式创新与制度支撑［J］．艺术评论，2020（2）.

［98］王文娟，付敏．中国文化产业发展中政府角色定位研究［M］．北京：中国戏剧出版社，2016.

［99］王秀伟．文化创意产业视域下的博物馆文化授权研究［D］．合肥：中国科学技术大学，2016.

［100］王志芳．煤矿区林业复垦融资机制研究［D］．北京：北京林业大学，2008.

［101］威廉·麦克高希．世界文明史——观察世界的新视角［M］．北京：新华出版社，2003.

[102] 威廉姆森. 姚海鑫等译. 企业的性质：起源、演变和发展 [M]. 北京：商务印务馆，2007.

[103] 维克托·A. 金斯伯格，戴维·思罗斯比. 艺术与文化经济学手册（上）[M]. 大连：东北财经大学出版社，2018.

[104] 魏鹏举. 多元资本对于中国现代文化市场体系的建构 [J]. 清华大学学报（哲学社会科学版），2019 (2).

[105] 文化芸術の振興に関する基本的な方針 [R]. 閣議決定，2002，2007，2011，2015.

[106] 吴桂韩. 文化及其相关概念阐释与辨析 [J]. 江苏省社会主义学院学报，2013.

[107] 吴仕民. 原生态文化摭谈——兼谈少数民族传统文化的保护与发展 [J]. 西南民族大学学报（人文社科版），2006 (11).

[108] 向勇. 文化产业导论 [M]. 北京：北京大学出版社，2015.

[109] 向勇. 文化产业无形资产价值评估：理论与实物 [M]. 北京：北京大学出版社，2016.

[110] 谢慧明. 公共物品问题及其解决思路——公共物品理论文献综述 [J]. 浙江大学学报（人文社会科学版），2009 (6).

[111] 谢雪凯. 强化知识产权交易市场规范化发展的路径 [J]. 人民论坛，2019 (24).

[112] 熊花. 文化产业转型升级中的地方政府职能创新研究 [J]. 企业经济，2014，33 (12).

[113] 徐望. 建构新的文化资源观 [J]. 中国国情国力，2017 (12).

[114] 徐望. 文化资本时代的中国文化产业论 [M]. 北京：中国经济出版社，2017.

[115] 徐艳芳. 区域文化资源优势向产业开发优势转化机制研究 [J]. 山东社会科学，2011 (11).

[116] 许艳艳，黄志诚. 景德镇陶瓷文化资源资本化的模式研究 [J]. 江苏陶瓷，2008 (6).

[117] 闫烁，祁述裕. 完善"十四五"时期文化经济政策，促进文化要素市场化配置 [J]. 行政管理改革，2020 (11).

[118] 闫玉刚. 避免误区以立体思维传承红色基因 [N]. 中国文化报，2021-02-04 (004).

[119] 杨庭硕. "原生态文化"疏证 [J]. 原生态民族文化学刊，

2009 (1).

[120] 杨毅，谌骁，张琳. 博物馆文化授权：理论内涵、生成逻辑与实施路径 [J]. 东南文化，2018 (2).

[121] 姚林青，池建宇. 版权制度与文化产业关系的辩证分析 [J]. 现代传播，2011 (4).

[122] 姚林青，卢国华. 文化创意产品的经济性质与外部约束条件 [J]. 现代传播，2012 (5).

[123] 姚伟钧. 中国文化资源禀赋的多维构成与开发思路 [J]. 江西社会科学，2009.

[124] 尹华光，彭小舟，于洁. 非物质文化遗产旅游开发潜力评估指标体系的构建 [J]. 湖南大学学报（社会科学版），2009 (23).

[125] 尹明明. 传统文化资源的创新性开发利用 [J]. 江西社会科学，2015 (11).

[126] 尤芬，胡惠林. 论技术长波理论与文化产业成长周期 [J]. 上海交通大学学报（哲学社会科学版），2007 (4).

[127] 于鸿君. 产权与产权的起源——马克思主义产权理论与西方产权理论比较研究 [J]. 马克思主义研究，1996 (6).

[128] 约翰·哈特利. 创意产业 [A]. 单世联，胡惠林编《文化产业研究读本》（西方卷）[C]. 上海：上海交通大学，2011.

[129] 张春河，张奎. 国有文化企业社会效益评价：概念、重点与指标 [J]. 现代传播（中国传媒大学学报），2020 (6).

[130] 张云平. 原生态文化界定及其保护 [J]. 云南民族大学学报（哲学社会科学版），2006 (4).

[131] 赵尔奎，杨朔. 文化资源学 [M]. 西安：西安交通大学出版社，2016.

[132] 赵昆，马生涛：用数字传承文明——激光三维数字建模技术在秦俑遗址保护管理中的应用 [J]. 四川文物，2007 (1).

[133] 赵文平. 管理经济学 [M]. 西安：西安电子科技大学出版社，2017.

[134] 中国文化产业投资母基金助推进文化产业改革发展 [J]. 青年记者，2020 (34).

[135] 仲冰. "资源—资产—资本" 视角下我国矿产资源价值实现路径研究 [D]. 北京：中国地质大学，2011.

［136］ 周锦，顾江．文化遗产的经济学特性分析［J］．江西社会科学，2009（10）．

［137］ 朱尔茜．政府文化产业投资基金：基于公共风险视角的理论思考［J］．财政研究，2016（2）．

［138］ 朱建程，马婕．我国文化产业引导基金的实践思考及政策建议［J］．清华金融评论，2020（10）．

［139］ 朱媛媛，甘依霖，李星明，余瑞林．中国文化消费水平的地域分异及影响因素［J］．经济地理，2020（3）．

［140］ Awoniyi Tephen. The contemporary museum and leisure：recreation as a museum function［J］. Museum Management and Curatorship，2001，19（3）.

［141］ David Throsby. Cultural Capital［J］. Journal of Cultural Economics，1999（23）.

［142］ D. Paul Schafer. Culture：Beacon of the Future［M］. Twickenhan：Adamantine Press，1998.

［143］ FASB：The elements of financial Statements［R］. SFAC No，3，1985.

［144］ John B. Canning：The Economics of Accounting［M］. New York：New York Ronald Press Co. 1929.

附　　录*

附表 1　　文化传媒上市公司各能力指标原始数据

证券代码	名称	年度	A 流动比率（%）	A 现金比率（%）	B 资产负债率（%）	B 流动资产周转率	B 总资产周转率	C 净资产收益率 ROE	C 总资产报酬率（ROA）×100	C 总资产净利率	C 成本费用利用率	C 总资产净利率 TTM	C 净利润率	C 营业利润率	D 营业利润增长率（%）	D 综合收益增长率
000156	华数传媒	2017	322. 3719	143. 2613	28. 0398	38. 91	22. 56	6. 1799	4. 4516	4. 4465	24. 5832	4. 507	19. 9817	20. 1963	-75. 04	-88. 79
000156	华数传媒	2018	325. 4493	154. 5246	27. 721	40. 26	23. 54	6. 0329	4. 4263	4. 3605	22. 75	4. 4132	18. 7482	19. 2846	-46. 55	-81. 06
000156	华数传媒	2019	292. 1514	162. 4642	30. 0245	40. 6	24. 33	5. 8671	5. 0486	4. 1055	19. 467	4. 2335	17. 3968	18. 0242	-18. 21	-62. 05
000607	华媒控股	2017	139. 596	72. 7873	37. 3694	118. 31	59. 39	8. 1554	7. 0727	6. 5656	12. 4761	6. 8111	8. 0125	12. 0381	13. 29	-48. 84
000607	华媒控股	2018	142. 4821	81. 537	34. 6797	110. 89	54. 26	5. 5635	5. 7764	4. 8252	9. 7256	4. 8612	6. 012	9. 8324	-76. 08	-69. 73
000607	华媒控股	2019	115. 6754	58. 2853	44. 3476	115. 86	53. 5	1. 1383	2. 3925	1. 6249	3. 3668	1. 6998	1. 0375	3. 0089	-51. 27	-42. 32
000665	湖北广电	2017	35. 8559	13. 6854	35. 2956	235. 45	29. 72	5. 7181	3. 5869	3. 5034	14. 4892	3. 7704	12. 8345	12. 7156	-26. 08	-7. 94
000665	湖北广电	2018	69. 7208	18. 4354	40. 2302	166. 27	26. 66	2. 8713	2. 155	1. 864	8. 0702	2. 0174	6. 6721	7. 5615	2. 23	24. 31
000665	湖北广电	2019	56. 3949	16. 1134	42. 0399	122. 56	22. 81	1. 5173	1. 3849	1. 0231	4. 9038	1. 0546	3. 9211	5. 5814	-61. 46	-60. 38

* 附录数据由笔者从 CCER 经济数据库和 CSMAR 国泰安数据库中购买下载并整理而成。

续表

证券代码	名称	年度	A 流动比率（%）	A 现金比率（%）	B 资产负债率（%）	B 流动资产周转率	B 总资产周转率	C 净资产收益率 ROE	C 总资产报酬率（ROA）×100	C 总资产净利率	C 成本费用利用率	C 总资产净利率 TTM	C 净利润率	C 营业利润率	D 营业利润增长率（%）	D 综合收益增长率
000673	当代东方	2017	200. 2138	23. 6406	36. 6067	37. 11	24. 06	5. 0911	4. 6689	4. 2365	26. 2496	4. 5572	13. 3706	20. 9354	-33. 82	-29. 77
000673	当代东方	2018	127. 2754	2. 0156	68. 9115	37. 66	26. 75	-289. 4013	-72. 4361	-74. 9971	-214. 098	-55. 2153	-206. 2601	-200. 827	-19. 74	-12. 18
000673	当代东方	2019	88. 631	6. 2358	106. 0076	34. 06	27. 19	0	46. 9695	41. 9479	115. 186	34. 6743	123. 6609	72. 3501	0. 94	12. 06
000681	视觉中国	2017	109. 7574	53. 0451	36. 4926	86. 93	21. 37	11. 305	9. 3	7. 6246	60. 6227	8. 2006	35. 7024	43. 4037	-78. 39	-77. 77
000681	视觉中国	2018	118. 1287	48. 9594	31. 2123	108. 69	23. 72	11. 1141	10. 0886	7. 9255	53. 8688	8. 0497	32. 5166	39. 7033	-52. 63	-51. 14
000681	视觉中国	2019	106. 1932	57. 3393	25. 3447	84. 9	17. 3	7. 1265	7. 0443	5. 2818	45. 6153	5. 2104	30. 3346	36. 3414	-29. 32	-27. 28
000719	大地传媒	2017	218. 4074	118. 1141	34. 1727	125. 65	77. 43	9. 6488	6. 6037	6. 3882	9. 3413	6. 6354	8. 4803	8. 1764	-103. 02	-103. 59
000719	中原传媒	2018	222. 4059	113. 1797	32. 6794	127. 89	80. 06	9. 5294	6. 5045	6. 4335	9. 0094	6. 5927	8. 1571	8. 5036	-84. 19	-83. 83
000719	中原传媒	2019	222. 5745	81. 9297	32. 3724	126. 42	79. 67	10. 0117	6. 9409	6. 7956	9. 6822	7. 0236	8. 7231	8. 9661	-61. 95	-59. 03
000793	华闻传媒	2017	278. 8958	145. 0438	36. 0029	60. 35	23. 42	2. 8399	4. 6764	2. 6698	14. 2756	2. 8942	8. 1004	16. 5338	-24. 64	-25. 65
000793	华闻传媒	2018	143. 3562	47. 6967	57. 5683	76. 88	26. 34	-106. 1059	-35. 6644	-38. 2338	-126. 398	-34. 3409	-131. 8605	-128. 916	-102. 91	-102. 93
000793	华闻传媒	2019	123. 3151	18. 5445	51. 905	103. 78	30. 41	1. 9833	6. 5787	2. 837	9. 4305	2. 8335	2. 668	13. 5998	-74. 81	-74. 78
000802	北京文化	2017	508. 4866	168. 9075	14. 7361	38. 05	24. 2	6. 4824	7. 038	5. 6794	36. 8376	5. 8683	23. 4923	29. 7024	-53. 86	-54. 3
000802	北京文化	2018	288. 6569	59. 1504	23. 0717	29. 98	19. 63	6. 4029	6. 2876	4. 8825	42. 7954	5. 2804	27. 0377	34. 6303	-22. 01	-26. 11
000802	北京文化	2019	168. 8238	8. 9228	45. 5465	22. 1	15. 25	-92. 2384	51. 7247	50. 6693	249. 058	41. 3506	269. 5825	272. 162	-105. 27	-104. 94
000892	欢瑞世纪	2017	405. 582	127. 6668	23. 9682	43. 52	42. 42	13. 5264	11. 425	10. 272	37. 5893	11. 4117	26. 9313	28. 9165	-61. 22	-59. 21

续表

证券代码	名称	年度	A 流动比率（%）	A 现金比率（%）	B 资产负债率（%）	B 流动资产周转率	B 总资产周转率	C 净资产收益率 ROE	C 总资产报酬率（ROA）×100	C 总资产净利率	C 成本费用利用率	C 总资产净利率 TTM	C 净利润率	C 营业利润率	D 营业利润增长率（%）	D 综合收益增长率
000892	欢瑞世纪	2018	349. 5498	66. 1535	29. 8476	30. 46	29. 47	9. 4187	7. 7909	6. 5813	38. 37	7. 1706	24. 4354	27. 5956	-39. 49	-36. 53
000892	欢瑞世纪	2019	381. 5204	43. 0106	25. 2537	13. 42	12. 76	-20. 7684	18. 2306	15. 5276	70. 5857	13. 0275	102. 0573	108. 323	-68. 13	-66. 92
002071	长城影视	2017	65. 9852	7. 9209	75. 7566	77. 48	37. 05	26. 0331	7. 9003	5. 8572	21. 0507	6. 5179	13. 6312	12. 5375	-17. 32	-13. 33
002071	长城影视	2018	58. 0389	3. 3768	82. 41	101. 07	43. 32	-173. 7423	-8. 6244	-12. 6238	-29. 4347	-11. 1093	-28. 6348	-23. 0928	-147. 05	-152. 12
002071	长城影视	2019	39. 6472	2. 7121	138. 4401	52. 79	22. 7	0	-65. 2793	-68. 1917	-178. 476	-43. 6878	-192. 5044	-173. 351	-100. 99	-106. 4
002343	慈文传媒	2017	188. 3985	65. 9119	49. 8378	46. 85	35. 62	15. 4926	8. 9546	7. 6329	35. 6201	8. 8035	24. 5209	25. 1467	-71. 32	-67. 06
002343	慈文传媒	2018	189. 6875	40. 1426	52. 8863	39. 54	33. 2	-74. 1358	-31. 5329	-33. 8507	-66. 7553	-25. 4577	-76. 2564	-73. 7351	-36. 72	-42. 11
002343	慈文传媒	2019	256. 1012	34. 5845	35. 6516	43. 5	39. 89	10. 0406	7. 6368	5. 9774	14. 9188	5. 3391	14. 0619	14. 8563	-21. 56	-26. 06
002502	骅威文化	2017	678. 6994	373. 2004	7. 1215	55. 98	19. 72	10. 5154	10. 7799	9. 864	78. 4272	10. 0615	50. 2459	55. 6565	-41. 87	-35. 84
002502	骅威文化	2018	510. 7278	183. 7425	11. 5057	60. 06	24. 16	-59. 0042	-51. 9365	-51. 8949	-195. 325	-41. 0918	-169. 8566	-170. 554	-37. 44	-35. 83
002502	骅威文化	2019	1223. 9648	252. 1226	5. 5711	95. 34	55. 11	-64. 3833	60. 7134	60. 2417	65. 653	43. 5705	78. 9036	82. 5745	-70. 06	-67. 42
002699	美盛文化	2017	294. 7401	57. 6122	23. 2656	32. 97	22. 15	5. 4747	5. 2321	3. 957	25. 1993	4. 4083	20. 9147	24. 4858	-38. 78	-32. 99
002699	美盛文化	2018	328. 0952	50. 6411	19. 4566	31. 06	17. 86	-6. 9777	-4. 5589	-5. 775	-34. 3857	-5. 4673	-29. 5082	-28. 3947	-32. 98	-23. 17
002699	美盛文化	2019	335. 0183	163. 5855	15. 0577	67. 26	35. 13	1. 1945	1. 8622	0. 8473	2. 7547	0. 8051	2. 7223	3. 3324	-29. 5	-39. 53
002739	万达电影	2017	55. 4423	31. 4701	49. 404	298. 77	62. 65	12. 9873	9. 1175	6. 5488	12. 9832	7. 1768	11. 4569	14. 149	-59. 61	-52. 61
002739	万达电影	2018	69. 8532	20. 7455	45. 4359	294. 59	60. 92	10. 2891	8. 1255	5. 5932	10. 1971	5. 5891	9. 1895	11. 2838	-110. 02	-109. 22

续表

证券代码	名称	年度	A 流动比率（%）	A 现金比率（%）	B 资产负债率（%）	B 流动资产周转率	B 总资产周转率	C 净资产收益率 ROE	C 总资产报酬率（ROA）×100	C 总资产净利率	C 成本费用利用率	C 总资产净利率 TTM	C 净利润率	C 营业利润率	D 营业利润增长率（%）	D 综合收益增长率
002739	万达电影	2019	93. 7879	24. 7777	46. 6233	222. 65	62. 24	-34. 1855	19. 5839	17. 8259	33. 2026	19. 0406	30. 6348	29. 2553	-103. 34	-153. 38
002905	金逸影视	2017	204. 541	128. 9365	37. 7924	147. 88	82. 98	11. 2171	10. 5557	6. 9604	10. 8224	8. 0052	9. 6545	13. 4988	-90. 67	-90. 8
002905	金逸影视	2018	177. 0914	80. 3274	33. 275	125. 82	67. 47	8. 1341	8. 2856	5. 3793	8. 5562	5. 2766	7. 8605	11. 7424	-61. 05	-69. 12
002905	金逸影视	2019	148. 4924	44. 2943	36. 2701	152. 59	68. 55	5. 4001	5. 1326	3. 432	5. 4463	3. 5403	5. 1527	7. 5892	-58. 03	-64. 65
300027	华谊兄弟	2017	171. 4297	83. 8655	47. 6434	45. 38	19. 73	8. 5733	7. 0539	4. 8974	26. 3435	4. 9343	20. 989	20. 682	-10. 74	-18. 04
300027	华谊兄弟	2018	103. 806	36. 3983	48. 01	48. 1	20. 16	-12. 7809	-2. 397	-4. 9291	-24. 439	-4. 7101	-28. 093	-22. 0975	-31. 58	-32. 2
300027	华谊兄弟	2019	64. 8134	11. 0431	54. 5096	40. 55	14. 84	-89. 1224	41. 7966	36. 5	142. 92	27. 3121	181. 136	173. 946	-11. 18	-8. 08
300133	华策影视	2017	179. 7666	32. 4006	44. 1192	64. 53	45. 77	9. 1929	6. 4508	5. 0715	13. 8877	5. 5483	12. 0946	13. 3883	-28. 01	-26. 45
300133	华策影视	2018	174. 7364	38. 5488	45. 622	60. 54	45. 63	3. 0506	3. 8315	1. 9426	4. 7922	1. 9681	3. 6435	6. 5759	-1007. 76	-1131. 51
300133	华策影视	2019	185. 7061	47. 9272	46. 2649	29. 21	23. 13	-27. 9192	16. 8347	14. 9499	51. 4441	12. 9747	55. 7699	53. 1511	98. 57	99. 01
300144	宋城演艺	2017	183. 1618	123. 848	14. 5854	145. 91	37. 05	14. 5643	14. 9474	12. 2137	63. 1942	13. 1022	35. 3066	44. 5207	95. 97	96. 65
300144	宋城演艺	2018	250. 557	148. 2509	10. 4346	125. 79	32. 81	15. 1951	14. 2848	11. 8105	76. 5142	13. 0551	40. 0844	49. 9273	97. 92	99. 74
300144	宋城演艺	2019	381. 8154	233. 3369	10. 4943	91. 31	23. 9	13. 9357	14. 9243	12. 3621	120. 275	12. 4887	51. 2985	66. 0696	122. 97	139. 4
300148	天舟文化	2017	299. 4469	207. 3404	10. 4601	58. 52	19. 26	3. 2101	3. 6527	2. 8812	19. 3938	2. 8305	14. 3177	18. 6236	-95. 87	-97. 68
300148	天舟文化	2018	190. 6752	103. 1441	16. 9778	90. 82	26. 23	-35. 364	-28. 1818	-28. 5496	-108. 737	-25. 3429	-96. 4352	-95. 0378	-111. 75	-109. 09
300148	天舟文化	2019	181. 4567	86. 9485	17. 2211	115. 54	31. 94	0. 9804	1. 3421	0. 892	3. 7063	0. 9084	2. 523	4. 3965	-112. 54	-113. 49

续表

证券代码	名称	年度	A 流动比率（%）	A 现金比率（%）	B 资产负债率（%）	B 流动资产周转率	B 总资产周转率	C 净资产收益率 ROE	C 总资产报酬率（ROA）×100	C 总资产净利率	C 成本费用利用率	C 总资产净利率 TTM	C 净利润率	C 营业利润率	D 营业利润增长率（%）	D 综合收益增长率
300182	捷成股份	2017	163. 5015	27. 2121	35. 1469	75. 11	31. 38	10. 9433	8. 3306	7. 1459	35. 5167	7. 7827	24. 6092	25. 5507	-87. 09	-87. 91
300182	捷成股份	2018	155. 3065	10. 5752	38. 5881	68. 36	32. 31	0. 955	2. 2482	0. 5698	2. 3307	0. 585	1. 8624	3. 0424	-57. 18	-58. 36
300182	捷成股份	2019	124. 4465	3. 5574	41. 6276	51. 47	25. 11	-32. 0448	20. 6171	18. 7066	73. 555	16. 5933	66. 0269	67. 3639	-25. 87	-30. 24
300251	光线传媒	2017	283. 4108	140. 3719	28. 8587	51. 51	17. 53	9. 6816	7. 3519	6. 91	59. 5825	7. 8085	44. 219	36. 4537	30. 84	27. 34
300251	光线传媒	2018	402. 6907	155. 7721	20. 3162	34. 21	13. 12	15. 8866	18. 5957	12. 5955	121. 552	12. 0201	92. 0727	129. 281	-85. 49	-90. 76
300251	光线传媒	2019	245. 5656	128. 4742	18. 2977	58. 72	25. 92	10. 6056	10. 631	8. 6141	53. 6353	8. 6705	33. 4902	39. 2843	-55. 02	-52. 87
300291	华录百纳	2017	606. 4863	94. 0097	11. 2208	45. 99	31. 29	1. 7222	1. 5388	1. 5485	5. 7248	1. 5595	4. 9029	4. 9259	-25. 31	-17. 53
300291	华录百纳	2018	813. 9647	183. 7634	11. 073	15. 86	11. 89	-115. 509	-101. 6684	-102. 012	-343. 194	-64. 5981	-542. 8673	-529. 2	10. 93	19. 29
300291	华录百纳	2019	1641. 1595	185. 6809	5. 7133	20. 55	18. 43	3. 6968	4. 2834	3. 4719	19. 7141	3. 4363	18. 6108	21. 0427	-83. 4	-86. 17
300336	新文化	2017	421. 0912	197. 9713	41. 2317	42. 37	25. 76	8. 2204	7. 2873	4. 8013	25. 272	5. 1439	19. 9792	23. 7655	-59. 31	-61
300336	新文化	2018	579. 0214	180. 8509	37. 4385	29. 47	16. 25	1. 0602	1. 986	0. 6085	4. 0668	0. 5878	3. 9237	1. 6602	-35. 2	-32. 5
300336	新文化	2019	138. 2489	12. 3793	37. 404	32. 82	13. 82	-46. 8303	34. 5574	29. 2219	88. 4166	23. 6476	170. 5674	184. 751	-33. 09	-36. 05
300364	中文在线	2017	420. 5965	316. 774	9. 803	52. 2	24. 65	2. 9102	3. 3096	2. 7365	12. 0932	2. 7886	10. 816	13. 0102	-86. 39	-84. 17
300364	中文在线	2018	354. 116	186. 8156	15. 9983	75. 77	31. 89	-69. 2083	-58. 3508	-58. 0925	-142. 006	-54. 1936	-170. 3533	-171. 917	-66. 78	-64. 44
300364	中文在线	2019	289. 9037	193. 2575	21. 3283	62. 78	32. 11	-42. 6098	34. 0082	33. 232	65. 0093	27. 2712	85. 5274	82. 3845	-45. 08	-55. 84
300426	唐德影视	2017	149. 9085	15. 2442	62. 2216	45. 96	40. 7	15. 9436	7. 8581	5. 8775	24. 8228	6. 6165	16. 3187	16. 3533	-86. 05	-86. 85

续表

证券代码	名称	年度	A 流动比率（%）	A 现金比率（%）	B 资产负债率（%）	B 流动资产周转率	B 总资产周转率	C 净资产收益率 ROE	C 总资产报酬率（ROA）×100	C 总资产净利率	C 成本费用利用率	C 总资产净利率 TTM	C 净利润率	C 营业利润率	D 营业利润增长率（%）	D 综合收益增长率
300426	唐德影视	2018	112. 8344	3. 742	89. 6232	13. 87	12. 86	-356. 8988	-31. 7009	-37. 8851	-162. 768	-32. 9537	-249. 6366	-238. 178	-49. 06	-53. 55
300426	唐德影视	2019	114. 6984	9. 873	94. 0363	5. 2	4. 79	-67. 2056	10. 1161	5. 5444	23. 6605	5. 2851	92. 9451	110. 394	-32. 63	-32. 77
300528	幸福蓝海	2017	159. 4612	58. 7406	40. 2773	79. 53	52. 91	5. 8381	3. 5934	3. 4144	8. 0367	3. 9997	7. 4124	7. 4691	7. 9	2. 75
300528	幸福蓝海	2018	164. 3445	34. 772	42. 9462	87. 49	57. 81	-39. 1709	-24. 0609	-26. 3009	-37. 0123	-21. 7361	-32. 1306	-50. 5833	-88. 2	-89. 11
300528	幸福蓝海	2019	157. 7041	37. 9377	48. 1645	121. 99	86. 84	0. 4818	2. 4818	1. 0004	1. 1729	1. 0396	0. 3074	1. 043	-50. 42	-52. 43
300592	华凯创意	2017	174. 4829	28. 3512	52. 6954	73. 41	62. 97	9. 8348	6. 0835	4. 6523	9. 8921	5. 4626	8. 6746	9. 9485	-27. 58	-31. 18
300592	华凯创意	2018	165. 6067	26. 9614	53. 2278	51. 52	42. 16	3. 1066	2. 2753	1. 453	3. 7041	1. 4752	3. 4988	3. 7436	14. 52	0. 84
300592	华凯创意	2019	155. 4411	28. 8138	54. 3272	47. 64	37. 38	1. 5555	1. 5609	0. 7104	2. 1094	0. 7244	1. 9381	2. 458	-88. 48	-87. 89
300640	德艺文创	2017	596. 8801	320. 7263	16. 5398	217. 4	183. 18	12. 5333	12. 0055	10. 4603	8. 1719	13. 8766	7. 5754	8. 5897	-52. 71	-49. 7
300640	德艺文创	2018	405. 5518	203. 7989	22. 8486	173. 3	151. 3	13. 1589	11. 4161	10. 1523	7. 7494	10. 9129	7. 2127	8. 1507	-29. 94	-27
300640	德艺文创	2019	447. 4301	224. 1307	18. 1106	190. 71	153. 33	13. 4531	13. 053	11. 0166	8. 0891	11. 1738	7. 2875	8. 2282	11. 26	16. 61
300654	世纪天鸿	2017	254. 0355	50. 5374	33. 2051	90. 12	69. 14	7. 3804	6. 603	4. 9489	9. 5474	5. 7248	8. 2326	12. 247	-89. 92	-90. 21
300654	世纪天鸿	2018	286. 892	96. 6161	29. 6465	74. 69	59. 56	7. 1202	6. 7052	4. 9948	9. 4867	5. 0187	8. 3387	11. 6488	-52. 3	-52. 58
300654	世纪天鸿	2019	253. 3958	54. 2378	33. 4735	70. 25	56. 61	7. 1431	6. 7612	4. 6649	9. 6533	4. 9241	8. 7139	12. 9315	-30	-31. 56
600088	中视传媒	2017	337. 8367	278. 9054	20. 4403	76. 75	51. 84	7. 5377	8. 3477	6. 2249	14. 5138	6. 3356	11. 4503	16. 6104	-94. 05	-93. 83
600088	中视传媒	2018	280. 9009	226. 9222	23. 0275	81. 16	54. 17	9. 7141	10. 4699	7. 8459	19. 3822	8. 3034	14. 1228	20. 6184	-59. 71	-49. 51

续表

证券代码	名称	年度	A 流动比率（%）	A 现金比率（%）	B 资产负债率（%）	B 流动资产周转率	B 总资产周转率	C 净资产收益率 ROE	C 总资产报酬率（ROA）×100	C 总资产净利率	C 成本费用利用率	C 总资产净利率 TTM	C 净利润率	C 营业利润率	D 营业利润增长率（%）	D 综合收益增长率
600088	中视传媒	2019	296. 1058	235. 0032	21. 533	82. 87	53. 21	7. 2741	8. 4406	5. 8458	12. 5553	5. 9332	10. 5036	15. 368	-51. 07	-37. 09
600136	当代明诚	2017	278. 0499	47. 6555	46. 4332	34. 81	20. 95	5. 0773	5. 6675	2. 9002	21. 9581	3. 4153	14. 0505	21. 0388	-52. 47	-52. 14
600136	当代明诚	2018	142. 8273	23. 1654	60. 1681	62. 59	33. 86	5. 3142	5. 0181	0. 7603	3. 3341	1. 026	6. 6702	7. 4243	-93. 25	-93. 72
600136	当代明诚	2019	103. 9849	4. 5797	55. 8962	40. 21	16. 95	2. 4425	4. 8291	0. 6573	3. 21	0. 65	5. 8958	2. 2661	-79. 64	-79. 88
600229	城市传媒	2017	148. 2122	74. 8538	34. 2383	112. 52	61. 35	14. 2127	9. 5137	9. 4192	19. 8567	10. 3539	16. 7233	16. 2357	-86. 99	-90. 11
600229	城市传媒	2018	200. 212	110. 1741	31. 8034	116. 22	59. 52	13. 5935	9. 3767	9. 2433	18. 5545	9. 5406	16. 0359	16. 1666	-962. 66	-1402. 38
600229	城市传媒	2019	221. 1253	116. 759	31. 4901	111. 22	59. 06	13. 4456	9. 476	9. 1623	18. 4612	9. 5257	16. 1823	16. 1347	101. 19	100. 97
600373	中文传媒	2017	184. 331	88. 2298	39. 4914	109. 11	67. 66	11. 906	7. 5615	7. 0898	12. 4472	7. 3835	10. 9104	11. 6141	105. 83	105. 59
600373	中文传媒	2018	185. 3447	85. 9231	43. 1211	78. 81	52. 09	12. 1834	7. 6209	6. 8544	16. 5052	7. 3576	14. 0637	15. 3303	107. 96	106. 68
600373	中文传媒	2019	228. 8489	135. 8519	37. 5909	71. 72	48. 38	12. 2972	8. 5201	7. 5889	18. 7226	7. 4403	15. 3265	16. 9579	110. 93	114. 95
600551	时代出版	2017	263. 8236	95. 9253	28. 2717	132. 94	91. 81	6. 378	5. 083	4. 5163	4. 7626	4. 2312	4. 5439	4. 8772	-94. 24	-92. 1
600551	时代出版	2018	259. 4471	110. 4455	29. 8955	133. 27	95. 18	7. 1205	5. 208	4. 8985	5. 3081	4. 9137	5. 1206	5. 1672	-127. 72	-127. 2
600551	时代出版	2019	246. 3287	94. 4949	32. 0405	128. 28	95. 12	5. 1072	3. 6681	3. 2947	3. 5802	3. 3042	3. 5987	3. 7304	-125. 25	-139. 66
600576	祥源文化	2017	747. 1392	465. 4164	9. 9193	83. 74	39. 22	4. 869	5. 2173	4. 4318	14. 0525	4. 578	11. 5466	6. 5078	-99. 05	-99. 15
600576	祥源文化	2018	567. 1546	191. 1776	9. 4059	71. 22	34. 74	0. 7654	0. 9712	0. 6171	2. 0203	0. 6137	1. 98	-4. 1751	-94. 43	-92. 82
600576	祥源文化	2019	435. 3692	84. 7996	20. 1034	46. 02	25. 79	-85. 2707	72. 8778	72. 4188	243. 736	53. 5974	202. 062	206. 506	-97. 4	-96. 68

续表

证券代码	名称	年度	A 流动比率（%）	A 现金比率（%）	B 资产负债率（%）	B 流动资产周转率	B 总资产周转率	C 净资产收益率 ROE	C 总资产报酬率（ROA）×100	C 总资产净利率	C 成本费用利用率	C 总资产净利率 TTM	C 净利润率	C 营业利润率	D 营业利润增长率（%）	D 综合收益增长率
600715	文投控股	2017	284. 1986	102. 6384	31. 2285	61. 11	25. 54	6. 0445	6. 34	4. 1989	25. 1156	4. 9436	19. 0554	25. 642	-37. 15	-38. 89
600715	文投控股	2018	216. 0623	73. 1521	33. 6328	52. 94	20. 72	-10. 7941	-5. 935	-7. 2282	-28. 2714	-6. 9186	-32. 9165	-32. 3493	-96. 05	-96. 03
600715	文投控股	2019	183. 6318	32. 1055	41. 8809	54. 43	21. 51	0. 2026	1. 9726	0. 0369	0. 1964	0. 0394	0. 583	3. 6303	-84. 93	-86. 23
600757	长江传媒	2017	214. 3024	21. 8739	38. 0419	144. 55	113. 55	10. 0755	6. 5289	6. 3145	5. 8772	6. 4069	5. 4609	5. 4915	-84. 05	-85. 63
600757	长江传媒	2018	246. 5561	35. 2306	33. 9737	129. 08	101. 63	10. 9616	7. 3884	7. 2867	7. 7058	7. 401	7. 0705	7. 6155	6. 36	1. 22
600757	长江传媒	2019	261. 4824	51. 177	31. 0987	92. 09	72. 46	10. 7905	7. 5858	7. 4267	11. 5133	7. 5887	10. 2507	10. 8638	-106. 08	-109. 66
600825	新华传媒	2017	184. 2986	46. 9777	32. 7301	62. 16	36. 39	1. 7182	1. 1757	1. 0468	2. 9817	1. 0397	3. 1538	2. 6805	-112. 73	-118. 4
600825	新华传媒	2018	186. 7955	67. 7092	31. 8935	59. 78	35. 84	1. 2018	0. 8883	0. 7817	2. 2102	0. 779	2. 2754	2. 21	-72. 02	-65. 07
600825	新华传媒	2019	190. 5438	104. 2486	32. 7206	56. 99	34. 32	0. 7689	1. 6531	0. 5079	1. 4237	0. 5149	1. 528	2. 2513	457. 83	627. 44
600880	博瑞传播	2017	308. 9689	170. 5148	10. 6888	75. 04	20. 84	0. 9557	0. 7537	0. 5607	2. 4121	0. 5537	3. 9958	3. 1844	-99. 67	-99. 18
600880	博瑞传播	2018	460. 2484	274. 0685	10. 7623	50. 48	15. 68	-30. 198	-24. 4075	-26. 2138	-133. 051	-22. 6372	-153. 9486	-136. 411	-102. 8	-102. 82
600880	博瑞传播	2019	578. 3271	438. 8282	8. 9621	36. 58	13. 18	2. 3053	2. 8998	2. 1224	19. 2323	2. 131	17. 4061	16. 6299	-105. 23	-105. 05
600977	中国电影	2017	287. 1098	203. 2207	28. 0558	83. 73	60. 6	9. 3389	10. 0203	7. 4232	14. 76	7. 6599	10. 7397	16. 9251	-110. 71	-110. 93
600977	中国电影	2018	319. 649	202. 4588	26. 4512	79. 49	57. 13	13. 3777	12. 3845	9. 927	20. 9358	10. 251	16. 5395	22. 1954	-112. 58	-114. 96
600977	中国电影	2019	340. 2259	235. 1657	25. 0322	76. 64	53. 99	8. 8506	9. 8902	7. 1881	15. 3526	7. 3853	11. 7049	18. 5732	-107. 16	-107. 79
601019	山东出版	2017	297. 1468	184. 0257	34. 9415	108. 04	76. 37	15. 6823	10. 1447	10. 1566	17. 8823	11. 6601	15. 3336	15. 3061	68. 28	59. 07

续表

证券代码	名称	年度	A 流动比率（%）	A 现金比率（%）	B 资产负债率（%）	B 流动资产周转率	B 总资产周转率	C 净资产收益率 ROE	C 总资产报酬率（ROA）×100	C 总资产净利率	C 成本费用利用率	C 总资产净利率 TTM	C 净利润率	C 营业利润率	D 营业利润增长率（%）	D 综合收益增长率
601019	山东出版	2018	298. 1864	140. 5993	33. 8569	91. 05	66. 86	15. 374	10. 1799	10. 1132	18. 3364	10. 5513	15. 8803	15. 8331	-97. 45	-98. 13
601019	山东出版	2019	283. 2246	132. 9182	33. 3726	87. 6	63. 55	14. 3502	9. 5753	9. 5463	18. 2761	10. 0291	15. 8092	15. 1288	-84. 62	-88. 34
601098	中南传媒	2017	301. 9794	228. 4749	29. 1878	62. 5	54. 11	11. 3675	8. 3833	8. 1992	18. 3099	8. 4251	14. 6059	16. 1437	-54. 73	-59. 36
601098	中南传媒	2018	295. 8254	208. 9085	30. 0385	55. 67	47. 96	9. 186	6. 9389	6. 7668	16. 5566	6. 8662	12. 9275	14. 8226	-19. 11	-23. 33
601098	中南传媒	2019	261. 9178	198. 3062	33. 7249	57. 13	48. 78	9. 3324	7. 1419	6. 4539	15. 5771	6. 6911	12. 4326	14. 1665	-93. 73	-96. 63
601595	上海电影	2017	272. 1899	193. 7842	28. 4289	58. 88	39. 12	12. 2523	10. 6087	8. 5041	26. 7173	8. 8561	22. 9073	27. 4387	-90. 77	-94. 36
601595	上海电影	2018	270. 0616	211. 2662	24. 9519	55. 06	34. 33	10. 1256	8. 7794	7. 2899	22. 7139	7. 4987	22. 2501	25. 9819	-93. 14	-98. 25
601595	上海电影	2019	232. 3339	199. 2207	29. 5889	55. 16	32. 74	5. 517	4. 4722	3. 5361	12. 05	3. 7619	12. 3935	14. 4066	59. 57	70. 5
601801	皖新传媒	2017	364. 4432	173. 2697	22. 1259	95. 61	74. 75	11. 9907	9. 3854	9. 2303	14. 0404	9. 7352	12. 8214	13. 5426	-94. 57	-97. 4
601801	皖新传媒	2018	356. 9998	215. 7166	22. 0168	101. 34	77. 24	10. 8469	8. 5728	8. 3959	12. 1218	8. 6871	11. 0544	11. 8311	-120. 66	-122. 36
601801	皖新传媒	2019	319. 2472	175. 1946	24. 4045	86. 74	64. 84	5. 3839	5. 2498	4. 1141	6. 9027	4. 2507	6. 3064	7. 0373	-122. 72	-126. 91
601811	新华文轩	2017	156. 766	44. 8991	35. 2404	123. 95	59. 86	11. 5088	7. 4637	7. 4591	13. 7533	7. 4687	12. 5764	12. 819	-93. 62	-93. 74
601811	新华文轩	2018	160. 0853	54. 5813	36. 7383	115. 02	64. 02	10. 992	6. 8969	6. 9742	12. 752	7. 2472	11. 3867	11. 3704	-68. 66	-73. 69
601811	新华文轩	2019	158. 3436	61. 2115	40. 4877	105. 67	61. 81	12. 3712	7. 6236	7. 339	14. 2187	7. 8614	12. 8816	13. 3378	-51. 66	-53. 7
601858	中国科传	2017	361. 2268	282. 9657	27. 6399	61. 1	52. 82	11. 4128	8. 0695	7. 9348	21. 0576	9. 4673	18. 4613	17. 3021	-50. 08	-28. 51
601858	中国科传	2018	361. 7323	274. 1179	27. 8898	52. 63	46. 88	12. 0171	8. 7444	8. 6076	23. 5427	8. 9785	19. 0813	18. 8818	-76. 73	-87. 05

续表

证券代码	名称	年度	A 流动比率（%）	A 现金比率（%）	B 资产负债率（%）	B 流动资产周转率	B 总资产周转率	C 净资产收益率 ROE	C 总资产报酬率（ROA）×100	C 总资产净利率	C 成本费用利用率	C 总资产净利率 TTM	C 净利润率	C 营业利润率	D 营业利润增长率（%）	D 综合收益增长率
601858	中国科传	2019	334.9161	261.127	29.0871	53.89	47.48	11.7727	8.3661	8.2257	20.5809	8.7431	18.5438	17.7626	-30.24	-58.79
601900	南方传媒	2017	118.2615	50.9787	45.7707	119.23	59.3	12.5262	7.2288	7.1396	13.5745	7.338	11.6438	11.8082	13.77	-33.16
601900	南方传媒	2018	113.8141	41.2148	40.6882	140.45	60.77	11.9697	7.1689	7.1124	13.0071	7.1964	11.7071	11.71	-313.97	-269.35
601900	南方传媒	2019	122.2775	50.6449	41.9509	156.86	65.04	12.1275	7.015	6.9038	12.3472	7.3945	11.2348	11.2256	103.43	103.54
601928	凤凰传媒	2017	185.3816	90.0522	36.2753	100.57	55.4	9.4123	6.1602	5.8829	12.2465	6.0686	10.5509	11.5274	99.07	98.46
601928	凤凰传媒	2018	201.2917	135.6851	35.9379	93.09	55.69	9.9371	6.5153	6.3847	13.3526	6.5634	11.2387	12.0854	89.39	90.41
601928	凤凰传媒	2019	187.8045	125.3852	38.9006	87.03	55.22	9.6588	6.0747	5.9349	12.3291	6.203	10.676	11.2874	-154.66	-154.59
601949	中国出版	2017	270.0799	156.5578	39.2232	64.58	47.17	9.262	5.2881	4.8083	12.074	5.2784	11.2988	12.0406	103.59	102.77
601949	中国出版	2018	291.5728	147.3275	39.4726	61.75	47.06	9.7983	5.6215	5.2767	12.7323	5.4616	11.282	12.382	93.31	94.75
601949	中国出版	2019	271.0925	137.6462	41.605	66.29	50.64	10.566	6.0372	5.615	12.9476	5.95	11.1292	12.597	84.32	91.93
601999	出版传媒	2017	167.2558	35.57	38.8663	93.83	59.97	7.8247	4.7921	4.781	8.4672	5.0056	8.3423	8.3894	-93.58	-90.48
601999	出版传媒	2018	175.532	22.853	34.5571	116.9	69.5	8.1072	5.3167	5.2923	7.7099	5.2813	7.5846	7.644	-78.4	-74.15
601999	出版传媒	2019	162.0343	52.995	38.0023	134.4	76.95	6.5596	4.4332	4.0722	5.6809	4.2636	5.4705	5.5246	-59.68	-49.48
603096	新经典	2017	735.942	109.0238	12.6296	78.12	72.49	15.2378	17.8614	13.4254	35.3638	18.3846	24.6112	33.7902	10.78	35.82
603096	新经典	2018	896.0261	244.9062	10.2828	53.29	49.16	13.8036	16.0229	12.4008	36.6468	13.0635	26.0044	35.0688	-75.47	-78.73
603096	新经典	2019	1251.6144	236.0141	7.4742	48.92	45.38	12.59	15.3064	11.6553	36.3773	11.9678	25.9672	35.0016	-43.48	-52.36

续表

证券代码	名称	年度	A 流动比率（%）	A 现金比率（%）	B 资产负债率（%）	B 流动资产周转率	B 总资产周转率	C 净资产收益率 ROE	C 总资产报酬率（ROA）×100	C 总资产净利率	C 成本费用利用率	C 总资产净利率 TTM	C 净利润率	C 营业利润率	D 营业利润增长率（%）	D 综合收益增长率
603103	横店影视	2017	168. 9166	37. 5532	35. 2275	254. 8	101. 02	16. 748	14. 5222	10. 8481	15. 285	13. 2631	13. 1292	15. 429	-26. 33	-38. 71
603103	横店影视	2018	184. 4057	27. 2905	32. 1301	182. 94	86. 85	14. 6425	13. 1805	9. 9378	13. 328	10. 2229	11. 7705	14. 1958	-352. 63	-366. 97
603103	横店影视	2019	193. 5336	34. 3554	30. 8101	178. 52	84. 27	12. 965	11. 8672	8. 9705	12. 2389	9. 2706	11. 0006	13. 0626	100. 8	100. 5
603466	风语筑	2017	167. 8582	63. 6709	53. 1804	76. 43	66. 61	12. 8778	7. 1708	6. 0293	13. 0809	7. 3824	11. 083	12. 3527	108. 6	107. 28
603466	风语筑	2018	151. 2915	56. 9005	59. 1872	61. 7	55. 17	15. 0382	7. 1251	6. 1375	14. 7503	6. 8128	12. 3485	14. 4249	109. 03	107. 71
603466	风语筑	2019	161. 5817	61. 7204	55. 3535	63. 21	56. 56	15. 7045	8. 3884	7. 009	15. 7263	7. 3053	12. 9171	14. 623	116. 45	114. 22
603721	中广天择	2017	486. 201	263. 1756	17. 2881	102. 55	73. 83	11. 8057	9. 7647	9. 7647	18. 8075	11. 991	16. 2422	16. 4253	-91. 23	-89. 68
603721	中广天择	2018	634. 0187	248. 8179	13. 5249	62. 66	49. 19	5. 0959	4. 4067	4. 4067	9. 4556	4. 298	8. 7382	8. 2382	-107. 44	-106. 76
603721	中广天择	2019	463. 1131	68. 4163	18. 7269	50. 46	41. 68	3. 5587	3. 9712	2. 8923	6. 9841	2. 9989	7. 1948	11. 4734	-115. 01	-114. 76
603999	读者传媒	2017	717. 2651	382. 2254	12. 188	62. 29	40. 29	4. 4543	3. 6303	3. 6002	9. 6974	3. 6428	9. 5317	7. 5502	-85. 61	-84. 82
603999	读者传媒	2018	657. 877	355. 1728	13. 6092	65. 16	38. 17	2. 5284	2. 1021	2. 0195	5. 5807	2. 0288	5. 5833	4. 9798	-38. 91	-38. 2
603999	读者传媒	2019	609. 1821	348. 5691	15. 1742	78. 87	47. 93	3. 8155	3. 0892	3. 0456	6. 753	3. 0844	6. 6521	5. 8185	-18. 93	-18. 91

附表 2　　文化传媒上市公司控制变量和工具变量原始数据

证券代码	ShortName	性质	年度	总股本	在职员工人数	CR_10 指数	前十股东中国有股占比	前十股东中其他内资占比
000156	华数传媒	国企	2017	1541929781	4937	0. 7807	0. 650441911	0. 342128859
000156	华数传媒	国企	2018	1541929781	4919	0. 7524	0. 638623073	0. 29585327
000156	华数传媒	国企	2019	1433351902	4998	0. 7292	0. 671009325	0. 284832693
000607	华媒控股	国企	2017	1017698410	3175	0. 6513	0. 799631506	0. 200368494
000607	华媒控股	国企	2018	1017698410	3155	0. 6516	0. 799263352	0. 200736648
000607	华媒控股	国企	2019	1017698410	2797	0. 6492	0. 802218115	0. 197781885
000665	湖北广电	国企	2017	636217448	8399	0. 6579	1	0
000665	湖北广电	国企	2018	636217448	8120	0. 6579	1	0
000665	湖北广电	国企	2019	963577097	7855	0. 608	1	0
000673	当代东方	民营	2017	791550442	783	0. 5892	0	0. 974202308
000673	当代东方	民营	2018	791550442	575	0. 5667	0	0. 74554438
000673	当代东方	民营	2019	791550442	341	0. 5194	0	0. 709279938
000681	视觉中国	民营	2017	738928950	611	0. 627	0. 066028708	0. 915789474
000681	视觉中国	民营	2018	738928950	591	0. 5994	0. 054888222	0. 884718051
000681	视觉中国	民营	2019	700577436	521	0. 569	0. 057820738	0. 910896309
000719	大地传媒	国企	2017	1023203749	15429	0. 008549782	0. 945951305	0. 029311722
000719	中原传媒	国企	2018	1023203749	14747	0. 8666	0. 748557581	0. 00992384
000719	中原传媒	国企	2019	1023203749	14597	0. 8429	0. 795705303	0. 005220074

续表

证券代码	ShortName	性质	年度	总股本	在职员工人数	CR_10 指数	前十股东中国有股占比	前十股东中其他内资占比
000793	华闻传媒	国企	2017	2001294740	5181	0. 3945	0. 065145754	0. 308745247
000793	华闻传媒	国企	2018	1997245457	5247	0. 3549	0	0. 326852635
000793	华闻传媒	国企	2019	1997245457	3934	0. 3549	0. 231051	0. 177796562
000802	北京文化	民营	2017	725550255	662	0. 6352	0. 031486146	0. 947103275
000802	北京文化	民营	2018	715900255	671	0. 6694	0	0. 934418883
000802	北京文化	民营	2019	715900255	226	0. 5413	0	0. 964529836
000892	欢瑞世纪	民营	2017	980980473	214	0. 4578	0	1
000892	欢瑞世纪	民营	2018	980980473	205	0. 4597	0	1
000892	欢瑞世纪	民营	2019	980980473	153	0. 4801	0	0. 910018746
002071	长城影视	民营	2017	525429878	805	0. 5174	0. 023386162	0. 943563974
002071	长城影视	民营	2018	525429878	668	0. 5348	0. 02262528	0. 97737472
002071	长城影视	民营	2019	525429878	479	0. 5019	0	1
002343	慈文传媒	国企	2017	465872329	216	0. 4183	0	0. 924217069
002343	慈文传媒	民营	2018	601572239	213	0. 4169	0	0. 65723195
002343	慈文传媒	民营	2019	474949686	186	0. 498	0. 402610442	0. 2562249
002502	骅威文化	民营	2017	859828874	289	0. 5096	0	1
002502	骅威文化	民营	2018	859828874	364	0. 4868	0	1
002502	骅威文化	民营	2019	859828874	279	0. 4475	0	0. 981675978

续表

证券代码	ShortName	性质	年度	总股本	在职员工人数	CR_10 指数	前十股东中国有股占比	前十股东中其他内资占比
002699	美盛文化	民营	2017	909572725	1443	0. 7928	0	0. 934661958
002699	美盛文化	民营	2018	909572725	1377	0. 7564	0	0. 985589635
002699	美盛文化	民营	2019	909572725	3529	0. 7099	0. 021552331	0. 978447669
002739	万达电影	民营	2017	1174294974	16293	0. 7127	0	0. 990037884
002739	万达电影	民营	2018	1761442461	18036	0. 7033	0	0. 987203185
002739	万达电影	民营	2019	2078428288	14260	0. 6487	0	0. 98412209
002905	金逸影视	民营	2017	168000000	4881	0. 7741	0	0. 977263919
002905	金逸影视	民营	2018	268800000	4982	0. 7677	0	0. 996092224
002905	金逸影视	民营	2019	268800000	5039	0. 7867	0	0. 962120249
300027	华谊兄弟	民营	2017	2774505919	2017	0. 004752265	0	0. 93252522
300027	华谊兄弟	民营	2018	2794955919	2010	0. 4977	0	0. 933092224
300027	华谊兄弟	民营	2019	2787959919	959	0. 4794	0. 01230705	0. 96057572
300133	华策影视	民营	2017	1769704221	1085	0. 6505	0. 015219062	0. 941275942
300133	华策影视	民营	2018	1773208621	1204	0. 6709	0	0. 967655388
300133	华策影视	民营	2019	1755673701	821	0. 6186	0	0. 932104753
300144	宋城演艺	民营	2017	1452607800	1764	0. 00624391	0	0. 905178037
300144	宋城演艺	民营	2018	1452607800	1708	0. 6244	0	0. 877322229
300144	宋城演艺	民营	2019	1452607800	1451	0. 6233	0	0. 905502968

续表

证券代码	ShortName	性质	年度	总股本	在职员工人数	CR_10 指数	前十股东中国有股占比	前十股东中其他内资占比
300148	天舟文化	民营	2017	844934446	939	0. 4553	0	0. 913244015
300148	天舟文化	民营	2018	844934446	1097	0. 4221	0	0. 907841744
300148	天舟文化	民营	2019	844934446	828	0. 3559	0	0. 95391964
300182	捷成股份	民营	2017	2574960807	1281	0. 5629	0	0. 869781489
300182	捷成股份	民营	2018	2568863807	879	0. 4956	0	0. 89205004
300182	捷成股份	民营	2019	2574960807	919	0. 4477	0	0. 955103864
300251	光线传媒	民营	2017	2933608432	413	0. 7323	0	0. 992079749
300251	光线传媒	民营	2018	2933608432	376	0. 7304	0	0. 990826944
300251	光线传媒	民营	2019	2933608432	601	0. 7378	0	0. 987530496
300291	华录百纳	国企	2017	812461176	304	0. 5143	0. 495819561	0. 504180439
300291	华录百纳	民营	2018	812461176	216	0. 4759	0. 167051902	0. 832948098
300291	华录百纳	民营	2019	817461176	92	0. 5183	0. 152421378	0. 81420027
300336	新文化	民营	2017	537548070	341	0. 4849	0. 019797896	0. 916683852
300336	新文化	民营	2018	806322105	314	0. 4287	0	0. 978306508
300336	新文化	民营	2019	806230192	209	0. 3844	0	1
300364	中文在线	民营	2017	711157430	799	0. 4524	0. 064986737	0. 860079576
300364	中文在线	民营	2018	771998250	769	0. 4554	0. 229029425	0. 692138779
300364	中文在线	民营	2019	727295310	614	0. 3678	0	1

续表

证券代码	ShortName	性质	年度	总股本	在职员工人数	CR_10 指数	前十股东中国有股占比	前十股东中其他内资占比
300426	唐德影视	民营	2017	400000000	400	0. 6754	0	1
300426	唐德影视	民营	2018	400000000	343	0. 6448	0	1
300426	唐德影视	民营	2019	420775000	177	0. 5912	0	1
300528	幸福蓝海	国企	2017	372608054	1545	0. 690395163	0. 854876613	0. 145123387
300528	幸福蓝海	国企	2018	372608054	1641	0. 6745	0. 834988881	0. 158487769
300528	幸福蓝海	国企	2019	372608054	1525	0. 6599	0. 839672678	0. 141385058
300592	华凯创意	民营	2017	122381100	354	0. 6207	0. 146286451	0. 853713549
300592	华凯创意	民营	2018	122381100	359	0. 5257	0. 18946167	0. 81053833
300592	华凯创意	民营	2019	122381100	355	0. 4701	0. 046160391	0. 953839609
300640	德艺文创	民营	2017	80000000	296	0. 7275	0	1
300640	德艺文创	民营	2018	147066000	300	0. 6941	0	1
300640	德艺文创	民营	2019	220864000	311	0. 7185	0	1
300654	世纪天鸿	民营	2017	93350000	567	0. 7158	0	1
300654	世纪天鸿	民营	2018	140025000	541	0. 7224	0	1
300654	世纪天鸿	民营	2019	140025000	597	0. 6291	0	1
600088	中视传媒	国企	2017	331422000	874	0. 6584	0. 913578372	0. 054526124
600088	中视传媒	国企	2018	397706400	902	0. 6436	0. 896364201	0. 06308266
600088	中视传媒	国企	2019	397706400	1103	0. 6301	0. 946675131	0. 022536105

续表

证券代码	ShortName	性质	年度	总股本	在职员工人数	CR_10 指数	前十股东中国有股占比	前十股东中其他内资占比
600136	当代明诚	民营	2017	487182186	392	0. 6296	0	1
600136	当代明诚	民营	2018	487182186	527	0. 628	0	0. 947770701
600136	当代明诚	民营	2019	584618623	449	0. 635	0	0. 951496063
600229	城市传媒	国企	2017	702096010	1674	0. 6499	0. 949684567	0. 04446838
600229	城市传媒	国企	2018	702096010	1766	0. 6521	0. 925624904	0. 045545162
600229	城市传媒	国企	2019	702096000	1779	0. 643	0	0. 994090202
600373	中文传媒	国企	2017	1377940025	6911	0. 006931098	0. 887465789	0. 09894203
600373	中文传媒	国企	2018	1377940025	6092	0. 6959	0. 803851128	0. 096565599
600373	中文传媒	国企	2019	1355063719	6417	0. 7184	0. 842706013	0. 149359688
600551	时代出版	国企	2017	505825296	3068	0. 6973	0. 962569913	0. 037430087
600551	时代出版	国企	2018	505825296	2907	0. 7031	0. 967998862	0. 027734319
600551	时代出版	国企	2019	505825300	2669	0. 7448	0. 924274973	0. 075725027
600576	祥源文化	民营	2017	655301627	432	0. 5473	0. 003654303	0. 996345697
600576	祥源文化	民营	2018	648299953	200	0. 5605	0	0. 976449599
600576	祥源文化	民营	2019	619402409	270	0. 5555	0	1
600715	文投控股	国企	2017	1854853500	2582	0. 710060048	0. 371315535	0. 597507007
600715	文投控股	国企	2018	1854853500	2075	0. 6874	0. 383619436	0. 570992144
600715	文投控股	国企	2019	1649128900	1886	0. 6367	0. 414166798	0. 502120308

续表

证券代码	ShortName	性质	年度	总股本	在职员工人数	CR_10 指数	前十股东中国有股占比	前十股东中其他内资占比
600757	长江传媒	国企	2017	1213650273	4523	0. 626369799	0. 940100096	0. 040304083
600757	长江传媒	国企	2018	1213650273	4441	0. 6481	0. 908810369	0. 046597747
600757	长江传媒	国企	2019	1213650300	4591	0. 6335	0. 929913181	0. 03851618
600825	新华传媒	国企	2017	1044887850	1890	0. 5938	0. 930784776	0. 048164365
600825	新华传媒	国企	2018	1044887850	1709	0. 5782	0. 928398478	0. 029228641
600825	新华传媒	国企	2019	1044887900	1598	0. 5817	0. 95685061	0. 031975245
600880	博瑞传播	国企	2017	1093332092	1649	0. 4008	0. 935129741	0. 02994012
600880	博瑞传播	国企	2018	1093332092	1043	0. 3998	0. 878189095	0. 032016008
600880	博瑞传播	国企	2019	1093332092	1018	0. 4271	0. 915476469	0. 065558417
600977	中国电影	国企	2017	1867000000	4229	0. 7363	0. 989949749	0. 003395355
600977	中国电影	国企	2018	1867000000	4303	0. 7688	0. 946149844	0. 008844953
600977	中国电影	国企	2019	1867000000	4285	0. 7674	0. 946312223	0. 015637217
601019	山东出版	其他	2017	2086900000	10488	0. 87257	0. 999461361	0
601019	山东出版	其他	2018	2086900000	10239	0. 8655	0. 96129405	0. 036857308
601019	山东出版	其他	2019	2086900000	10184	0. 8515	0. 976042278	0. 005637111
601098	中南传媒	国企	2017	1796000000	13474	0. 7494	0. 939017881	0. 040432346
601098	中南传媒	国企	2018	1796000000	13490	0. 8047	0. 815956257	0. 079532745
601098	中南传媒	国企	2019	1796000000	13346	0. 8219	0. 798880642	0. 147584864

续表

证券代码	ShortName	性质	年度	总股本	在职员工人数	CR_10 指数	前十股东中国有股占比	前十股东中其他内资占比
601595	上海电影	国企	2017	373500000	1526	0. 7747	0. 967729444	0. 018846005
601595	上海电影	国企	2018	373500000	1293	0. 7803	0. 960784314	0. 026400103
601595	上海电影	国企	2019	373500000	1313	0. 7698	0. 959469992	0. 006105482
601801	皖新传媒	国企	2017	1989204737	5711	0. 8154	0. 949840569	0. 018886436
601801	皖新传媒	国企	2018	1989204737	6187	0. 8268	0. 759917755	0. 011369134
601801	皖新传媒	国企	2019	1820000000	6265	0. 8228	0. 75352455	0. 031113272
601811	新华文轩	国企	2017	1233841000	7642	0. 009179214	0. 577790062	0. 421618363
601811	新华文轩	国企	2018	1233841000	7724	0. 9187	0. 580711875	0. 41613149
601811	新华文轩	国企	2019	1233841000	7728	0. 9253	0	0. 996865881
601858	中国科传	国企	2017	790500000	1400	0. 8402	0. 993691978	0. 005593906
601858	中国科传	国企	2018	790500000	1393	0. 8511	0. 980965809	0. 016096816
601858	中国科传	国企	2019	790462938	1433	0. 8595	0. 952181501	0. 030366492
601900	南方传媒	国企	2017	895876566	5151	0. 756151927	1	0
601900	南方传媒	国企	2018	895876566	5171	0. 7551	0. 988345914	0. 004900013
601900	南方传媒	国企	2019	895876566	5639	0. 7383	0. 985100907	0. 010564811
601928	凤凰传媒	国企	2017	2544900000	7703	0. 8132	0. 990039351	0. 001721594
601928	凤凰传媒	国企	2018	2544900000	6557	0. 8022	0. 606083271	0
601928	凤凰传媒	国企	2019	2544900200	7039	0. 7995	0. 95409631	0. 004627892

续表

证券代码	ShortName	性质	年度	总股本	在职员工人数	CR_10 指数	前十股东中国有股占比	前十股东中其他内资占比
601949	中国出版	国企	2017	1822500000	4126	0. 807	0. 995662949	0. 004337051
601949	中国出版	国企	2018	1822500000	4033	0. 8164	0. 970357668	0. 017638413
601949	中国出版	国企	2019	1822428670	4175	0. 8315	0. 93806374	0. 006614552
601999	出版传媒	国企	2017	550914700	2079	0. 7085	0. 978405081	0. 021594919
601999	出版传媒	国企	2018	550914700	2247	0. 7164	0. 967615857	0. 029731993
601999	出版传媒	国企	2019	550914700	2374	0. 7245	0. 956797792	0. 043202208
603096	新经典	民营	2017	134660000	410	0. 789191831	0	0. 925398183
603096	新经典	民营	2018	135308000	508	0. 8179	0	0. 898031544
603096	新经典	民营	2019	135308000	389	0. 777	0	0. 857657658
603103	横店影视	其他	2017	453000000	6846	0. 8869	0	0. 998195963
603103	横店影视	其他	2018	453000000	7434	0. 9089	0	0. 974034547
603103	横店影视	其他	2019	634200000	6540	0. 9209	0	0. 96416549
603466	风语筑	民营	2017	144000000	1265	0. 772251035	0	0. 980610894
603466	风语筑	民营	2018	291951000	1403	0. 7277	0	0. 951216161
603466	风语筑	民营	2019	291951000	1540	0. 709	0	0. 995627645
603721	中广天择	国企	2017	100000000	500	0. 75	0. 772063347	0. 227936653
603721	中广天择	国企	2018	100000000	479	0. 7449	0. 777285542	0. 222714458
603721	中广天择	国企	2019	130000000	483	0. 6906	0. 786272806	0. 092238633

续表

证券代码	ShortName	性质	年度	总股本	在职员工人数	CR_10 指数	前十股东中国有股占比	前十股东中其他内资占比
603999	读者传媒	国企	2017	576000000	452	0. 6859	0. 958740341	0. 018224231
603999	读者传媒	国企	2018	576000000	426	0. 6883	0. 951910504	0. 048089496
603999	读者传媒	国企	2019	575978464	468	0. 6451	0. 957215936	0. 011781119

附表 3　　申万传媒原始数据示例（每年随机展示两个交易日）

申万传媒	交易日期	开盘指数	最高指数	最低指数	收盘指数	成分证券成交量	成分证券成交金额	指数回报率	振幅公式	上证振幅	Rn 风险公式
801760	2011 - 05 - 03	519. 57	530. 11	511. 44	525	14020. 28	191346. 72	1. 6595	0. 035561905	0. 035561905	
801760	2011 - 05 - 04	525. 31	529. 17	511. 56	515. 84	13190. 22	180257. 65	- 1. 7448	0. 033542857	0. 033542857	- 0. 017601623
801760	2012 - 05 - 10	463. 93	472. 42	459. 76	465. 16	26479. 32	397076. 53	0. 6382	0. 027390147	0. 027390147	0. 006362099
801760	2012 - 05 - 11	465. 64	472. 57	459. 13	461. 88	23418. 15	357589. 46	- 0. 7051	0. 028893284	0. 028893284	- 0. 007076315
801760	2013 - 05 - 02	517. 14	542. 41	510. 01	537. 27	36772. 6	606109. 88	3. 2417	0. 0622598	0. 0622598	0. 031903015
801760	2013 - 05 - 03	538. 44	555. 92	532. 86	549. 67	43289. 76	715905. 26	2. 308	0. 042920692	0. 042920692	0. 022817337
801760	2014 - 04 - 10	901. 02	910. 43	897. 85	904. 22	37446. 36	770001. 2	0. 5683	0. 013991614	0. 013991614	0. 005667308
801760	2014 - 04 - 11	898. 43	902. 91	894. 38	900. 87	31439. 09	624317. 91	- 0. 3705	0. 009433545	0. 009433545	- 0. 003711731
801760	2015 - 03 - 16	1433. 63	1474. 77	1433. 63	1474. 77	145765. 7	4048539. 21	3. 7299	0. 028936374	0. 028936374	0. 036620572
801760	2015 - 03 - 17	1481. 7	1487. 78	1460. 76	1474. 57	144143. 17	3812091. 74	- 0. 0136	0. 018321501	0. 018321501	- 0. 000135624
801760	2016 - 09 - 06	1348. 66	1367. 54	1335. 34	1367. 48	114508. 69	2719398. 6	1. 3834	0. 023872718	0. 023872718	0. 013739494

续表

申万传媒	交易日期	开盘指数	最高指数	最低指数	收盘指数	成分证券成交量	成分证券成交金额	指数回报率	振幅公式	上证振幅	Rn 风险公式
801760	2016 - 09 - 07	1366. 51	1368. 9	1355. 17	1355. 82	98955. 69	2248360. 79	-0. 8527	0. 010040366	0. 010040366	-0. 008563193
801760	2017 - 01 - 19	1145. 8	1153. 08	1138. 47	1147. 84	63307. 89	1411967. 33	-0. 0618	0. 012720387	0. 012720387	-0. 000618362
801760	2017 - 01 - 20	1145. 13	1171. 19	1145. 11	1166. 59	81952. 25	1891323. 7	1. 6335	0. 022720937	0. 022720937	0. 016203048
801760	2018 - 09 - 11	616. 38	621. 5	612. 46	617. 14	141141. 29	977904. 6	-0. 1812	0. 01462168	0. 01462168	-0. 001813178
801760	2018 - 09 - 12	616. 26	624. 55	615. 87	619. 75	130266. 45	904208. 22	0. 4229	0. 01406488	0. 01406488	0. 004220268
801760	2019 - 02 - 15	591. 97	594. 98	587. 6	588. 4	219849. 47	1534337. 35	-1. 0277	0. 012413584	0. 012413584	-0. 010330548
801760	2019 - 02 - 18	591. 45	609. 83	591. 44	609. 83	281928. 34	2007979. 22	3. 6421	0. 031254249	0. 031254249	0. 035773241
801760	2020 - 04 - 21	671. 3	672. 79	662. 57	672. 11	363273	2859095	-0. 2405	0. 015169281	0. 015169281	-0. 00240742
801760	2020 - 04 - 22	666. 52	677. 94	665. 73	677. 94	316274	2651918	0. 8674	0. 018166669	0. 018166669	0. 008636771
801760	2021 - 04 - 29	689. 23	695. 04	687. 36	692. 75	227348. 09	1854507. 38	0. 0404	0. 011090733	0. 011090733	0. 000404268
801760	2021 - 04 - 30	690. 76	694. 4	682. 88	685. 26	244906. 49	1922845. 25	-1. 0812	0. 016629376	0. 016629376	-0. 010870855

附表 4　　上证指数原始数据示例（每年随机展示两个交易日）

上证指数	交易日期	开盘指数	最高指数	最低指数	收盘指数	成分证券成交量	成分证券成交金额	指数回报率	振幅公式	上证振幅	Rn 风险公式
000001	2011 - 05 - 03	2911. 51	2933. 46	2890. 23	2932. 19	964027. 22	10270897. 66	0. 7103	0. 014743247	0. 014743247	
000001	2011 - 05 - 04	2916. 85	2916. 97	2860. 08	2866. 02	1114811. 31	12535569. 45	-2. 2567	0. 019401881	0. 019401881	-0. 022825276

续表

上证指数	交易日期	开盘指数	最高指数	最低指数	收盘指数	成分证券成交量	成分证券成交金额	指数回报率	振幅公式	上证振幅	Rn 风险公式
000001	2012－03－19	2401. 22	2412. 34	2383. 67	2410. 18	1021534. 9	10298166. 75	0. 2262	0. 011922287	0. 011922287	0. 002259644
000001	2012－03－20	2407. 54	2407. 54	2376. 03	2376. 84	979039. 35	9462091. 52	－1. 3833	0. 013073712	0. 013073712	－0. 013929559
000001	2013－04－19	2201. 122	2250. 11	2200. 584	2244. 643	1096605. 56	9538301. 2	2. 1406	0. 022536383	0. 022536383	0. 021179723
000001	2013－04－22	2236. 402	2245. 119	2232. 258	2242. 169	952337. 3	8224499. 82	－0. 1102	0. 005729642	0. 005729642	－0. 001102788
000001	2014－08－15	2207. 226	2230. 872	2203. 242	2226. 734	1499786. 91	12940690. 64	0. 9186	0. 012522287	0. 012522287	0. 009143797
000001	2014－08－18	2229. 804	2242. 035	2228. 134	2239. 466	1639286. 26	14149284. 29	0. 5718	0. 006242775	0. 006242775	0. 005701507
000001	2015－06－23	4471. 613	4577. 939	4264. 772	4576. 492	4735261. 28	69361719. 13	2. 1912	0. 069928885	0. 069928885	0. 021674965
000001	2015－06－24	4604. 579	4691. 768	4552. 129	4690. 15	5430037. 09	81506269. 17	2. 4835	0. 030512235	0. 030512235	0. 024531799
000001	2016－06－15	2814. 693	2894. 264	2811. 781	2887. 21	1666710. 69	19719933. 08	1. 584	0. 029020941	0. 029020941	0. 015716108
000001	2016－06－16	2878. 402	2887. 743	2865. 388	2872. 817	1738827. 67	20195715. 5	－0. 4985	0. 007742769	0. 007742769	－0. 004997556
000001	2017－03－29	3252. 865	3262. 098	3233. 28	3241. 314	2161055. 75	24537185. 26	－0. 3576	0. 008859041	0. 008859041	－0. 003582859
000001	2017－03－30	3235. 137	3240. 017	3195. 852	3210. 237	2471354. 79	26569487. 16	－0. 9588	0. 013625647	0. 013625647	－0. 009634037
000001	2018－02－05	3411. 67	3487. 721	3406. 241	3487. 497	2176737. 54	25219876. 93	0. 7341	0. 023534978	0. 023534978	0. 007314434
000001	2018－02－06	3418. 01	3440. 124	3364. 216	3370. 652	2805554. 77	31881854. 18	－3. 3504	0. 021765753	0. 021765753	－0. 034078089
000001	2019－10－30	2949. 463	2953. 299	2934. 828	2939. 321	1587981. 1	18152950. 13	－0. 5028	0. 006252505	0. 006252505	－0. 00504116
000001	2019－10－31	2944. 843	2946. 752	2923. 517	2929. 056	1615714. 83	18180193. 74	－0. 3492	0. 007904887	0. 007904887	－0. 003498415

续表

上证指数	交易日期	开盘指数	最高指数	最低指数	收盘指数	成分证券成交量	成分证券成交金额	指数回报率	振幅公式	上证振幅	Rn 风险公式
000001	2020 - 11 - 10	3387. 622	3387. 622	3346. 172	3360. 149	2787011. 13	39000839. 17	-0. 4027	0. 01228609	0. 01228609	-0. 004034825
000001	2020 - 11 - 11	3354. 025	3365. 836	3339. 041	3342. 203	2712046. 53	35580206. 55	-0. 5341	0. 007974349	0. 007974349	-0. 005355148
000001	2021 - 04 - 29	3458. 082	3478. 228	3447. 588	3474. 901	2766313. 87	37161158. 99	0. 5158	0. 008863002	0. 008863002	0. 005145158
000001	2021 - 04 - 30	3468. 302	3469. 087	3426. 902	3446. 856	3126603. 54	40144233. 47	-0. 8071	0. 012139914	0. 012139914	-0. 008103478

后　记

依托国家社会科学基金艺术学一般项目的资助，书稿终于迎来最后一个字符的敲定。五年前，与学校主要领导聊工作时，谈到学院学科发展，进而个人学术旨趣，领导无意中聊到我们岳阳、湖南乃至全国有的是各种文化资源，资源禀赋非常丰富，问题是怎么把这些丰富的文化资源转化为文化资本，真正把文化产业做大做强？并提议我好好研究研究。当时我一时语塞，不知从何谈起，觉得这个命题太宏大太抽象，也就礼节性搪塞过去了，没当回事。后来在准备国家社科基金课题申报时，全面爬梳了自己已有研究，遴选了几个选题，都被自我否决。正在一筹莫展的时候，忽然想起与领导聊到的话题，觉得可以试试。经过系统的文献梳理，越来越感觉该课题值得研究，心中一片豁然，并一气呵成写成申请书。意外中标的短暂窃喜之后，便是陷入长达五年之久的艰难研究。

按照研究计划，先是基于已有研究基础做了大量的文献收集、整理与归纳，对相关研究进行了认真细致的梳理，对项目研究关涉的核心概念与理论进行界定与厘清，提出研究分析的理论框架。然后，针对研究的主要议题，开展大量的实证调研和数据分析。最后，基于理论分析和实证研究结果，提出研究的政策建议。但由于实际研究的复杂性和难度超乎最初申请拟定的研究计划，特别是新冠肺炎疫情的暴发，严重影响和阻碍了项目研究的实证调研和数据采集，致使项目研究一再延缓至今。

五年研究，坚苦卓绝。课题主持人王文锋主要负责研究的总体设计与组织实施，撰写书稿第一章、第二章、第三章、第六章以及全稿的修订、审校。杨珊主要负责撰写第五章以及第六章文化资本市场风险计量分析部分。吴旖旎主要负责撰写第四章。此外，刘姿均、王红强、侯雨薇老师以及研究生张佳博、王思维、张健、曲芮萱、姜宗德、付佳等协助撰写了部分内容。正是由于他们的辛苦付出，课题研究才得以艰难进行至此。非常感谢他们的辛勤劳动！

当然，必须感谢课题研究的源头——原湖南理工学院党委书记李明教授，正是他的不经意间建议，促发我们五年的艰辛探索，感谢他的睿智与远见。课题研究需要大量的实证调研，在研究过程中，先后得到众多文化产业学界的专家、业界主管及相关文化部门领导的大力支持，在此不一一列举，感谢他们为课题研究提供许多鲜活的第一手资料。还要感谢经济科学出版社的编辑，如果没有他们专业与细致的工作，书稿不可能如此高效地付梓面世。感谢我的同事和家人，是他们在工作与生活中给我提供了足够宽松的环境，使我科研之路得以安心前行。

书稿是国家社会科学基金艺术学一般项目“我国文化资源资本转换路径及政策选择研究”（项目批准号：17BH170）的最终研究成果，感谢该项目的立项资助。同时，课题研究也获得湖南省传媒与文化传播研究生培养创新应用基地的资助，一并表示感谢！

王文锋

2022 年 8 月 28 日